Christian Zgoll

Römische Prosodie und Metrik

Christian Zgoll

Römische Prosodie und Metrik

Ein Studienbuch mit Audiodateien

3., überarbeitete Auflage

Audiodateien (Kompositionen zur Harfe von Katharina Kimm
und Rezitationen des Autors) sind zu finden unter:
https://owncloud.gwdg.de/index.php/s/YdSRpjIemnGj94S

Bibliografische Information der Deutschen Nationalbibliothek: Die Deutsche Nationalbibliothek verzeichnet diese Publikation in der Deutschen Nationalbibliografie;
detaillierte bibliografische Daten sind im Internet über http://dnb.d-nb.de abrufbar.

3., überarbeitete Auflage 2025
(1. Aufl. 2012, Wissenschaftliche Buchgesellschaft Darmstadt)
© 2025 Christian Zgoll

Verlag: BoD · Books on Demand GmbH, Überseering 33, 22297 Hamburg,
bod@bod.de
Druck: Libri Plureos GmbH, Friedensallee 273, 22763 Hamburg
Covergestaltung: C. Zgoll; Bild: *Rhapsody in Red*

ISBN 978-3-7693-5839-1

Inhaltsverzeichnis

Vorwort zur 1. Auflage

Die geneigten Leserinnen und Leser mögen annehmen, der Autor habe bereits alle an dieser Stelle üblichen und erforderlichen Apologien, die Fülle der Forschungsliteratur, die Weite des Gegenstandes und die Enge des zugestandenen Raumes betreffend, ausgesprochen und die damit verbundenen Unzulänglichkeiten bedauert, so dass sogleich die Absichten dieses Buches ins Auge gefasst werden können.

Es soll lateinische Metrik und Ausspracheregeln mit Übungsbeispielen möglichst verständlich, übersichtlich und klar strukturiert vermitteln und somit als Lernhilfe für Studierende und Interessierte dienen. Darüber hinaus soll es auch für die Fortgeschrittenen und Lehrenden ein nützliches Handwerkszeug sein und beim Nachschlagen auch Details, Selteneres und Ausnahmeerscheinungen benennen.

In stärkerem Umfang als üblich wird auf die Verknüpfung zwischen den analysierten metrischen *Fakten* und ihrer jeweiligen *Funktion* Wert gelegt. Metrik und Semantik, Form und Inhalt durchdringen sich gegenseitig und bilden eine Einheit. Das Studium der Metrik soll dazu verhelfen, ein dichterisches Werk vertiefter verstehen und seine künstlerische Gestaltung besser schätzen zu können.

Eine Besonderheit des vorliegenden Unternehmens ist die Ergänzung der schriftlich ausgeführten und visuell aufbereiteten Darlegungen durch Audiodateien, die das theoretisch Besprochene und textlich Analysierte auch praktisch zum Klingen bringen. Das Besondere an dieser Besonderheit ist, dass es sich dabei nicht nur um die Rezitation zahlreicher *exempla* durch den – im Vergleich zu Demosthenes, der an der Meeresbrandung trainieren konnte, sicher nicht so stimmgewaltigen – Autor handelt, sondern auch um den künstlerischen (nicht historisch-kritischen) Versuch einer Annäherung an die *musikalische Seite* antiker Lyrik: Katharina Kimm, Studentin der Klassischen Philologie, gilt an dieser Stelle Anerkennung und ein herzlicher Dank für Vertonung, Harfenspiel und Gesang.

Auf einen allzu expressionistischen Ausdruck wurde bei den Vertonungen bewusst verzichtet: der Vortrag längerer poetischer Texte in der Antike dürfte eher dem nahestehen, was wir heute als „Sprechgesang" bezeichnen würden, als der bisweilen gesuchten Emotionalität romantischer Kunstlieder. Vom Kunstlied wie vom Sprechgesang sind die Vertonungen etwa gleich weit entfernt; aber jeder mag sich selbst einen Eindruck verschaffen. Bei aller künstlerischen Freiheit in Bezug auf Harmonik und Melodik – die sich immerhin an den Wortbetonungen orientiert – wurde auf die Einhaltung der Quantitäten und auf eine möglichst „originalgetreue" Aussprache des Lateinischen (*pronuntiatus restitutus*) größter Wert gelegt.

Wie Seminare und Aufführungsabende gezeigt haben, kann man durch eine rhythmisch-lebendige Vortragsweise, welche die Silbenquantitäten korrekt wiedergibt und gleichermaßen den natürlichen Wortakzent berücksichtigt, antike Lyrik aus dem „Elfenbeinturm" herausholen. Eine solche Vortragsweise will gelernt sein, gilt es doch auf etliche „Fallen" und Sonderregeln zu achten. Diese Überlegungen sind der Anlass für ein weiteres neuartiges Experiment: Im Anhang finden sich einige schon im Hauptteil des Buches analysierte Texte in einer „poetischen Transkription", die mit schlichten optischen Hinweisen anzeigt, wie in etwa die Verse zu lesen sind. Mit Hilfe dieser „Lesetexte" und in Kombination mit den Audiodateien soll der Einstieg ins richtige Lesen erleichtert werden.

Das Buch ist aus dem Unterricht an der Universität entstanden. Mein Dank gilt den Göttinger Studentinnen und Studenten, die sich von der Begeisterung für antike Dichtung und ihre Form haben anstecken lassen und die durch ihre Rückmeldungen gute Anregungen gegeben haben, auch den Göttinger Kolleginnen und Kollegen für ihre konstruktiven Bemerkungen, oft am gemeinsamen Mensa-Tisch. Zur kritischen Durchsicht lag das Manuskript einer Fachfremden, einem Studenten und einem Professor der Klassischen Philologie vor. Sie alle haben aus ihren unterschiedlichen Blickwinkeln wertvolle Verbesserungen eingebracht und noch so manche Falte ausgebügelt. Mein besonderer Dank gilt deshalb meiner Frau Annette Zgoll, Jörg von Alvensleben und Marcus Deufert.

Zuletzt noch zwei Dankesworte, die etwas weiter zurückreichende Wurzeln betreffen. Meine Freude an lebendig gewordener antiker Dichtung verdanke ich zum einen meinem Vater Josef Zgoll, der etwa mit einem Leistungskurs Latein an Original-Schauplätzen die sogenannte Schwätzersatire (*sat.* 1,9) von Horaz voller Pioniergeist, damals noch mit einer Super-8-Kamera, Schnitt mit Klemmbrett und Klebepresse und separater Tonspur, für den schulischen Unterricht verfilmt hat; zum anderen meinem Lehrer Wilfried Stroh, von dessen mitreißender Art, antike Texte, Prosa wie Poesie, zum Leben zu erwecken ich dem Kenner der Szene nichts berichten muss und von der sich wenn möglich selbst einen Eindruck zu verschaffen ich den „Neuen" nur empfehlen kann.

Göttingen, im Juli 2011

Christian Zgoll

Vorwort zur 2. Auflage

Seit dem Erscheinen der 1. Auflage sind wichtige Arbeiten zur Metrik erschienen wie der u. a. von Foucher (2013) unternommene Vorstoß, der in eine Richtung geht, die dem Verfasser selbst am Herzen liegt, nämlich neben statistischen Auswertungen und formalen Beschreibungen dezidiert auch literarisch-ästhetische Gestaltungsmerkmale in die Versanalyse mit einzubeziehen (s. dazu Zgoll, 2017), des weiteren der monumentale *Conspectus metrorum* von Luque Moreno (2018), der auf über 1.000 Seiten Formen lateinischer Verskunst, Versarten und deren Verteilung auf verschiedene Gattungen und historische Entwicklungen beschreibt sowie nach Dichtern gegliederte Überblicke über die jeweils verwendeten Versarten und die Behandlung von Spezialfragen enthält, oder der von Frisch (2018) herausgegebene Sammelband zur *Metrik im altsprachlichen Unterricht*, um nur drei Arbeiten herauszugreifen.

Für die 2. Auflage dieses Studienbuches wurde neuere Forschung eingearbeitet, die Bibliographie ergänzt, Versehen wurden ausgebessert, Aufbau und Text der Kapitel grundlegend überarbeitet und Anregungen aus Rezensionen aufgenommen. Trotz eines „stillen Nachdrucks" der bald verkauften 1. Auflage wurde dafür von Verlagsseite eine Erweiterung des Umfangs von maximal 8 Seiten eingeräumt, so dass die Überarbeitungen sich in Grenzen halten mussten. Neben der bereits in der 1. Auflage eingeführten Polyklise als Stilmittel-Bezeichnung wird als Terminus zur Beschreibung der Pausenregelung in daktylischen Langversen (v. a. im Hexameter) die Benennung der Dihärese nach dem ersten Metrum als Protodihärese vorgeschlagen.

Für eine Durchsicht des (fast) fertigen Manuskripts, um zu finden, was vorher kein(e) andere(r) fand, danke ich herzlich Friedemann Weitz. Mein Dank gilt auch etlichen anderen, die durch ihre Rückmeldungen mitgewirkt haben, das vorliegende Studienbuch zu verbessern; explizit genannt seien hier Nils Jäger, Thomas Kuhn, Wilfried H. Lingenberg, Dennis Miedek, Nicolina Rink, Meike Rühl, Benedikt Simons, Pol Tordeur und natürlich Meister Wilfried Stroh.

Göttingen, im August 2019

Christian Zgoll

Vorwort zur 3. Auflage

Wenn in jüngerer Zeit mächtige Banken in Deutschland, nicht immer ohne eigenes Verschulden, zugrundezugehen drohten, wurden sie oft durch Eingriffe von staatlicher Seite (und damit letztlich von den Steuerzahlern) vor der Insolvenz gerettet. Man fragt sich, wo der Staat geblieben ist, als u. a. aufgrund von Software-Problemen, also weitgehend ohne eigenes Verschulden, eine so traditionsreiche Institution der öffentlichen Bildung wie die *Wissenschaftliche Buchgesellschaft* im Herbst 2023 Insolvenz anmelden musste.

Durch die Verlagsinsolvenz sind die Rechte an dem vorliegenden Buch an den Autor zurückgefallen. Für die nunmehr dritte, überarbeitete und leicht erweiterte Auflage dieses Studienbuches wurde die Bibliographie aktualisiert, an einigen Stellen neuere Forschung eingearbeitet und eine Berichtigung einzelner Versehen oder Ungenauigkeiten vorgenommen.

Ich bedanke mich bei allen, die dieses Buch im schulischen oder universitären Unterricht einsetzen, durch Rückmeldungen zu Verbesserungen beigetragen haben und durch Nachfragen, ob und ab wann das Buch wieder erhältlich sein würde, den nötigen Schwung gegeben haben, die Arbeiten für eine Neuauflage in Angriff zu nehmen.

Göttingen, im Februar 2025

Christian Zgoll

Hinweise zur Benutzung

Den Textbeispielen wird eine metrische Analyse beigegeben, und zwar so, dass man zur Übung den Text selbst analysieren kann und zur Korrektur jeweils *unter* dem zitierten Vers als ‚Lösung' die metrische Analyse findet, die man vorerst abdecken kann. Bei diesen Analysen werden jeweils nicht alle möglichen, sondern nur die syntaktisch oder stilistisch bedeutsamsten Pausen angegeben (zur Begründung dieser Vorgehensweise s. das Kapitel IV,2,f „Pausen und Brücken"). Erläuterungen zur Analyse und Kommentare zur literarischen Funktion stehen entweder direkt neben der metrischen Analyse, oder, wenn sie umfangreicher sind, aus Platzgründen in den Fußnoten.

Wenn zu den Textbeispielen eine Vertonung existiert, wird dies durch entsprechende Symbole angezeigt; dabei steht 🎤 für Rezitation und ♬ für gesanglichen Vortrag zur Harfe. Die insgesamt 58 Audio-Dateien können über folgenden Link https://owncloud.gwdg.de/index.php/s/YdSRpjIemnGj94S oder über einen Link unter der Rubrik „Publikationen – Monographien" als Zusatzmaterial von der Homepage des Autors (https://www.uni-goettingen.de/de/666663.html) heruntergeladen werden.

Nicht alle Begriffe werden im ersten Einführungsteil geklärt und besprochen, das wäre allzu trocken geworden. Stößt man auf einen unbekannten Terminus, wird man seine Erklärung hinten im Buch in den Terminologie-Kapiteln finden. Es ließ sich auch nicht vermeiden, schon im Einleitungsteil von Daktylen, Iamben, Spondeen und dergleichen zu schreiben; man findet die Erklärung für alle diese Versfüße in Kapitel V,1 „Versfüße".

Einsteiger können Regeln, die für ein vertieftes Verständnis des Versbaues und für eine aktive Beherrschung der Verskunst nötig sind, zunächst getrost beiseite lassen, also beispielsweise alles, was unter dem Punkt „Metrische Regeln bzw. Regelmäßigkeiten" (Kapitel VII,2) zusammengefasst ist und bei den jeweiligen Versarten dann im Einzelnen dazu ausgeführt wird. Auch vieles, was in den Fußnoten steht, und ganze Kapitel zu selteneren Versarten kann man für den Anfang ohne Not überblättern (z. B. die Kapitel VI,4-6: Anapästische, Kretische und Bakcheische Versmaße). Absätze für Fortgeschrittene sind darüber hinaus in der Regel durch entsprechende Überschriften (Für Spezialisten) gesondert ausgewiesen.

I. Praeludium

1. Dichtung und Musik

Genausowenig wie die Tempel und Statuen der Antike weiß waren, genausowenig waren die Gedichte des Altertums Gedichte. Die Tempel waren in Wirklichkeit bunt, und die Gedichte waren eigentlich Gesänge. Auch mit den „Dichtern" hatte es eine eigene Bewandtnis: Sie waren in der Regel nicht nur Wortkünstler, sondern gleichzeitig Komponisten und Musiker, zuständig für Text *und* Vertonung *und* Aufführung[1].

Der übliche Rahmen für unterhaltsame Gesänge mit oder ohne instrumentale Begleitung, vor allem, wenn sie sich um Liebe und Literatur, um Heldentum und mythische Geschichten drehten, war nach einem gemeinsamen Abendessen das fröhliche Beisammensein beim Wein, das Symposion – bei den Griechen genauso wie später bei den Römern[2]. Während iambische Verse in der Regel rezitiert wurden[3], hat man Elegien beim Symposion entweder rezitiert oder unter instrumentaler Begleitung vorgesungen[4]. Kriegsgesänge im elegischen Versmaß konnten aber auch in der Öffentlichkeit angestimmt werden, genauso wie die griechische „Lieddichtung", die sogenannte „Melik"[5], nicht nur während eines Symposions von einem Sänger mit einer Leier als Instrument, sondern auch bei größeren öffentlichen Veranstaltungen

---

[1] Vgl. Plat. *symp.* 205c: Dichtung im engeren Sinn ist das, „was mit Musik und Metren zu tun hat" (τὸ περὶ τὴν μουσικὴν καὶ τὰ μέτρα).

[2] Vgl. Schmitt, 1953, 29 f; Koller, 1963; Wille, 1967; West, 1992; Deufert, 2004; Hagel, 2000 und 2009; Szlezák, 2010, 61 (mit Verweis auf Ps.-Plut., *De musica* 1141a) und 68.

[3] Wahrscheinlich sowohl im Kontext des Symposions als auch bei öffentlichen Festen, aber das ist unsicher.

[4] Oder sie wurden auf eine Weise vorgetragen, die es erlaubte, zwischen Sprechen und Gesang hin- und herzuwechseln; dafür argumentieren Budelmann/ Power, 2013. Zu neueren Erkenntnissen über die Aufführungspraxis von iambischen und elegischen Dichtungen s. die Beiträge im 1. Teil („Poetry in Performance") des Sammelbandes von Swift/ Carey, 2016.

[5] Darin steckt griechisch τὸ μέλος, vgl. deutsch „Melodie"; zu Alkman als Erfinder zugleich von Worten (ἔπη) und zugehöriger Melodie (μέλος) s. Alkman fr. 39 PMG (Athen. 9,389f f). Die „melische Dichtung" setzt sich nach Platon (*rep.* 3,398d) zusammen aus den drei Komponenten λόγος, ἁρμονία, ῥυθμός (Sprache, Tonart, Rhythmus). Zur Frage, wie es im Lauf der Geschichte von der Bezeichnung „Melik" zur Prägung des Begriffs „Lyrik" kam, vgl. den Beitrag von Görgemanns, 1990.

und von einem ganzen Chor vorgetragen werden konnte[6]. Auch epische Dichtung
war „vertont", allerdings im Vergleich zur Lieddichtung, die mit einer erstaunlichen
Vielfalt an metrischen Bauformen experimentiert[7], in ihrer musikalischen Ausgestal-
tung wesentlich schlichter[8]. Unbestritten zentral war die Rolle der Musik schließlich
im griechischen und römischen Drama, sowohl in der Tragödie als auch in der Komödie[9].

Beim Lesen antiker Lyrik bleibt dieser musikalische Aspekt meistens unberücksichtigt: Gedichte wurden in der überwiegenden Zahl der Fälle nicht rezitiert, sondern unter instrumentaler Begleitung vorgesungen. Das gilt für die Griechen wie
später für die Römer, auch wenn dies in der Forschung im einzelnen umstritten
bleibt. Dass in Rom zu Catulls Zeiten manche seiner Lieder vertont und auch gesungen wurden, ist eine Annahme, die sich immerhin auf einige Argumente stützen
kann[10]. Was die Oden des Horaz angeht, so gibt es eine starke Fraktion, die sich gegen einen gesanglichen Vortrag ausspricht[11], während andere mit mindestens ebenso
guten Argumenten die Meinung vertreten, dass es sehr verwunderlich wäre, wenn
sie *nicht* vertont und gesungen worden wären[12]. Für Horazens *carmen saeculare*, das

---

[6] Zur gesellschaftlichen Verortung („Sitz im Leben") der verschiedenen Arten von Dichtung
in Griechenland vgl. Kurke, 2000, 46 und 50.

[7] Vgl. Kannicht, 1997, 353: „In den Chorliedern der Lyrik und des Dramas ist bisher keine
Wiederholung derselben Struktur aufgetaucht, d. h. jedes Chorlied ist metrisch (und war musikalisch) eine neue Schöpfung."

[8] S. Kannicht, 1997, 353. Als Beispiel für ein antikes Zeugnis zu den bei Homer mit seiner
Dichtung verbundenen „Melodien" s. Athen. 14,632d.

[9] Zur Musik in der griechisch-römischen Antike allgemein s. bspw. den Überblick bei
Lynch/ Rocconi, 2020; zur Rolle der Musik in der römischen Komödie s. Moore, 2012, in der
römischen Tragödie Moore, 2016.

[10] S. Wille, 1967, 220 f. Als einen textlichen Beleg s. Hor. *sat.* 1,10,18 f (Horaz tadelt einen
Gesangsvirtuosen): *simius iste ‖ nil praeter Calvum et doctus cantare Catullum.*

[11] Stellvertretend seien hier Syndikus, 2001, Bd. 2, 244-249 und Holzberg, 2009, 42-48, genannt.

[12] Vgl. Wille, 1954, 71-83; Wille, 1967, 234-253; ihm pflichtet Stroh, 1981, 80, Anm. 35, bei.
West, 2002, 265, hält eine Vertonung der Oden nicht für ausgeschlossen und erwägt bei seiner
Exegese des berühmten Dictums *carm.* 3,30,13 f (*princeps Aeolium carmen ad Italos ‖ deduxisse
modos*) sogar, ob Horaz als Komponist „may well have set his poems to his own melodies".
Noch dezidierter in diese Richtung geht Lyons, 2007 und 2010. Einschränkend geht Zinn, 1997,
30, zumindest von der Möglichkeit aus, dass einige horazische Gedichte vertont gewesen sein

Lied zu der von Kaiser Augustus initiierten nationalen „Jahrhundertfeier" im Jahr 17 v. Chr. ist die Vertonung und musikalische Aufführung durch einen Chor aus Mädchen und Knaben jedenfalls sicher bezeugt[13]. Desgleichen gibt es keinen Grund, an der Nachricht Plinius' des Jüngeren (um 100 n. Chr.) zu zweifeln, nach der seine Frau, sogar ohne spezielle Unterweisung durch einen Musiker, manche Gedichte ihres Mannes vertont und zur Kithara vorgesungen hat[14]. Solches gilt nicht nur für einen streng privaten Rahmen; nach einer anderen Stelle wurden Elfsilbler des Plinius nicht nur gelesen und abgeschrieben, sondern sogar vorgesungen und von Griechen, durch die Gedichte zum Lernen des Lateinischen animiert, mit Kithara- oder Lyra-Begleitung vorgetragen[15]. Und Gellius berichtet uns von einem Gastmahl, auf dem der Rhetoriklehrer Antonius Iulianus (ca. Mitte des 2. Jhdts. n. Chr.) Verse von älteren römischen Dichtern nicht vorgetragen, sondern vorgesungen hat[16].

Dass wir heute diese musikalische Praxis normalerweise unbeachtet lassen, hat einen guten Grund: Obwohl wir viel über antike Musik wissen, wissen wir über ihre *praktische* Seite, also darüber, wie sie *wirklich geklungen* hat, so gut wie nichts.

Wir besitzen Abbildungen und Beschreibungen vom Aufbau, sogar Originale antiker Instrumente. Zwei der wichtigsten Saiteninstrumente sind Lyra und Kithara[17]. Die Lyra (λύρα) hat eine Schildkrötenschale (später Holz) als Schallkörper, eine Resonanzdecke aus Ochsenhaut (später Holz), als Arme v. a. Antilopenhörner und wenige Saiten (4-7). Eingesetzt wurde sie nur zur Begleitung von Gesang, sie war kein Soloinstrument. Dagegen wurde die Kithara (κιθάρα), die einen größeren und eckigeren Schallkörper aus Holz aufweist, bespannt mit 5-12 Schafdarmsaiten, auch als

---

können. Was elegische Dichtung angeht, so wurde sie in Rom wohl zumindest *auch* zu Musikbegleitung gesungen (vgl. Wille, 1967, 282 ff).

[13] S. die Inschrift CIL 6,32323 (Dessau, Inscr. Lat. Sel. Nr. 5050).

[14] Plin. *epist.* 4,19,4: *versus quidem meos cantat etiam formatque cithara non artifice aliquo docente.* Unsicherer ist das Zeugnis in der *Sueton-Donat-Vita* (26) von Vergil, nach der die *Bucolica* aufgrund ihres Erfolgs häufig von Sängern (*per cantores*) auf der Bühne vorgetragen worden sein sollen.

[15] Plin. *epist.* 7,4,8 f, *hendecasyllaborum volumen … legitur, describitur, cantatur etiam et a Graecis quoque, quos Latine huius libelli amor docuit, nunc cithara, nunc lyra personatur.*

[16] Gell. 19,9,9 f; 19,9,10: *voce admodum quam suavi versus cecinit Valerii Aeditui, veteris poetae, item Porcii Licini et Q. Catuli …*

[17] Vgl. Wille, 1967, 212.

konzertantes Soloinstrument genutzt[18]. Eines der wichtigsten Blasinstrumente war der Aulos (αὐλός): er gehört zu den Rohrblattinstrumenten, war also keine „Flöte", sondern einer Oboe ähnlich, in der Antike in der Regel mit Doppelrohrblatt. Das zylindrische oder leicht konische Rohr hat ursprünglich an der Oberseite vier Löcher, an der Unterseite ein Loch[19].

Wir wissen einiges darüber, zu welchen Gelegenheiten und in welchem Umfang antike Musik zum Einsatz kam[20]. Vor allem bei herausragenden Anlässen, beispielsweise zu Lebenswenden wie Hochzeit, Siegesfeiern oder Begräbnissen, an besonderen Punkten im Jahreskreis wie zur Ernte, im Rahmen kultischer Zeremonien (vgl. den Dithyrambos als Kultlied für Dionysos, den Paian als Kultlied für Apollon), und, eng damit zusammenhängend, bei der Aufführung von Dramen. Neben dieser „Festmusik" gab es freilich auch „Volkslieder"; wir wissen von Schiffer-, Jäger-, Handwerker-, Bauern-, Winzer-, Soldaten- und Hirtenliedern, ja selbst Wander- und Schlaflieder sind bezeugt. Überliefert ist vor allem noch die „gehobenere" Musik im Alltagsleben, also gewissermaßen das in höheren Gesellschaftskreisen gepflegte „Kunstlied" (Elegien, melische Dichtung).

Wir wissen vieles über die antike Musiktheorie (man erinnert sich vielleicht an die Tonsysteme mit den fremdartigen Namen wie „dorisch", „phrygisch" oder „mixolydisch" aus dem Musikunterricht)[21], wir haben Kenntnis von antiken Notationssystemen[22], ja wir besitzen sogar Überreste antiker Notenzeilen[23].

Aber wie diese Noten original-klanggetreu wiedergegeben werden müssten, dazu bräuchten wir wenigstens ein paar wenige auf Tonträgern gespeicherte Aufnahmen aus der Antike. Archäologen können mit hochspezialisierter Technik noch so geringe Farbreste auf antiken Monumenten aufspüren und für eine Rekonstruktion benutzen, aber den Gesang, den Alkaios an einem Abend vor rund 2600 Jahren

---

[18] Lyra und Kithara haben eine lange Vorgeschichte, man denke etwa an die berühmte „Leier" aus den Königsgräbern von Ur in Mesopotamien aus dem 3. Jahrtausend v. Chr. mit ihrem goldverzierten Stierkopf und Einlegearbeiten aus Muschelschale und Lapislazuli. Zu den Instrumenten im einzelnen s. ausführlich West, 1992, 48-128.

[19] Gewöhnlich spielt man mit zwei Auloi gleichzeitig, die dann V-förmig vom Mund weg auseinander gehalten werden.

[20] Vgl. dazu im einzelnen Wille, 1967; West, 1992, 13-38.

[21] S. ausführlicher West, 1992, 218-253.

[22] S. dazu mit Beispielen Zaminer, DNP 8, 2000, 527-533; West, 1992, 254-273.

[23] S. dazu die Sammlung von Pöhlmann/ West, 2001; Katalog und Transkriptionen bei West, 1992, 277-326; Abbildung bspw. der „Seikilos-Stele" (1. Jhdt. n. Chr.) in Zaminer, 1989, 198.

in geselliger Runde auf Lesbos einmal angestimmt hat, diesen Gesang und seine instrumentale Begleitung wieder hörbar zu machen, das ist leider bislang auch der besten Technik noch nicht gelungen.

Was uns dadurch verlorengegangen ist, kann man vielleicht annähernd ermessen, wenn man einmal an ein beliebiges Textstück aus dem Libretto zu Mozarts *Zauberflöte* denkt, z. B. „Der Vógelfáenger bín ich já, stets lústig, héißa hópsassá!" Der Rhythmus beim bloßen Vorlesen ist einer der monotonsten überhaupt und erweckt den nur mäßig espritvollen Text nicht unbedingt zu blühendem Leben – aber mit Mozarts Musik! Wenn die antiken „Dichtermusiker" mitbekämen, wie verstümmelt ihre Kompositionen an modernen Schulen und Universitäten zur „Wiederaufführung" gelangen … Zum Glück bekommen sie es nicht mit.

2. Rhythmik und Metrik

Aber wir wollen nicht klagen. Immerhin ist es den Philologen gelungen, wenigstens noch so etwas wie das Gerippe oder Grundgerüst dieser antiken Musikstücke zu rekonstruieren, und das ist ihre Rhythmik[24]. Diese Rhythmik ist mittlerweile gut erforscht und lebt unter einem anderen Namen und auf Schemata und Gesetzmäßigkeiten reduziert als eine Teildisziplin der Klassischen Philologie fort. Gemeint ist die Metrik[25], die vermutlich die rhythmischen Realitäten konkreter musikalischer Vortragspraxis nicht identisch abbildet[26], von diesen aber doch zumindest eine Vorstellung zu vermitteln vermag. Mit dieser Metrik werden seit Generationen Schülerinnen und Schüler, Studentinnen und Studenten traktiert, die teilweise ihre liebe Müh und Not damit haben[27]. Warum? Schlicht deshalb, weil das alles erleichternde Substrat fehlt, nämlich die Musik. Dies gilt besonders für die kompliziertere griechische „Lieddichtung". Cicero schreibt an einer Stelle (*orat.* 183):

---

[24] Zur Problematik des Begriffs und zu antiken Rhythmustheorien s. die Arbeiten von Vandvik, 1937, und Neumaier, 1989, außerdem den Überblick bei Allen, 1973, 96-102. Als antike Annäherung an den Begriff „Rhythmus" vgl. Aug. *De musica* 5,1.

[25] Vgl. Maas, 1923, 1: „Metrik als Kunst nennen wir die Regelung des natürlichen Sprachrhythmus im literarischen Kunstwerk; wir würden also besser Rhythmik sagen."

[26] So die Bedenken bei Musäus, 2018, 321.

[27] Dass das auch anders geht, zeigt bspw. der Aufsatz von Radke, 2018.

Dass also in der Prosa ein gewisser Rhythmus vorhanden ist, das ist nicht schwer zu erkennen. … Aber bei den Versen liegt dies deutlicher zutage. Obwohl, entkleidet man einmal bestimmte Versmaße ihrer musikalischen Begleitung, erscheint die Rede wie Prosa, und dies ist gerade bei den besten jener Dichter der Fall, welche die Griechen 'Lyriker' nennen. Beraubt man sie der musikalischen Begleitung, dann bleibt fast nur noch nackte Prosa.

esse ergo in oratione numerum quendam non est difficile cognoscere; … sed in versibus res est apertior, quamquam etiam a modis quibusdam cantu remoto soluta esse videatur oratio maximeque id in optimo quoque eorum poetarum, qui Λυρικοὶ *a Graecis nominantur, quos cum cantu spoliaveris, nuda paene remanet oratio.*

Keiner käme auf die Idee, beim zentralen Song „I am a man of constant sorrow"[28] der durch Homers *Odyssee* inspirierten Filmproduktion *O Brother, Where Art Thou?*[29] danach zu fragen, ob sich hier ein trochäischer Dimeter mit einem teilweise hypermetrischen iambischen Quaternar abwechselt. Die Musik sorgt dafür, dass der Sänger ganz von selbst und völlig natürlich im rhythmischen System bleibt, und genau diese Hilfestellung fehlt uns beim Lesen antiker Dichtung.

Aber wie gesagt: wir wollen nicht klagen, sondern uns daran freuen, dass uns von den antiken Gedichtgesängen wenigstens noch die Rhythmik erhalten geblieben ist. Und was gibt es da für eine Vielfalt! Rhythmen, die teilweise nach ihren tatsächlichen oder vermeintlichen „Erfindern" oder doch hauptsächlichen Anwendern, den Dichterkomponisten selbst, benannt sind, wie die Sapphischen oder Alkäischen, die Archilochischen oder Asklepiadeischen Rhythmen und Strophenformen; bestimmten Gattungen zugeordnete Rhythmen wie das „elegische" Distichon oder der „epische" (daktylische) Hexameter; vermutlich kultischen Kontexten entsprungene Rhythmen wie der mit dem Garten- und Fruchtbarkeitsgott Priap assoziierte Priapeische Vers oder die dem Kybelekult zugehörigen Galliamben, um nur einige wenige zu nennen. Manche von diesen Rhythmen, wie etwa die daktylischen Hexameter, sind relativ frei gebaut und lassen von daher ein breiteres Spektrum verschiedener Variationsmöglichkeiten zu, andere wiederum, wie die äolischen Versmaße, sind strenger gebaut und weisen für jeden Vers normalerweise die gleiche Anzahl von Silben auf.

---

[28] Die früheste bekannte Version dieses Liedes erschien 1913 unter dem Titel „Farewell Song" in einem Liederbuch des in Kentucky geborenen Musikers Richard Burnett.

[29] Erscheinungsjahr 2000, Regie Ethan und Joel Coen.

3. Metrik und Musik

Stellt man in Rechnung, dass antike Dichtung meistens etwas mit Gesang und manchmal sogar auch etwas mit Tanz zu tun hatte[30], dann ist es nicht verwunderlich, dass innerhalb der Disziplin „Metrik" ursprünglich aus dem Bereich der Musik stammende Terminologie zu finden ist[31]. So spricht man beispielsweise von einem „steigenden" Rhythmus, wenn in einem Vers oder Kolon lange Silben auf kurze, oder von einem „fallenden" Rhythmus, wenn kurze Silben auf lange folgen[32]. Oder man unterscheidet eine Arsis („Hebung"), in welcher der Fuß oder die Stimme sich „hebt" (ἄρσις, sublevatio), von einer Thesis („Senkung"), in welcher der Fuß oder die Stimme sich „senkt" (θέσις, positio), und diese beiden Begriffe werden dann auf die Unterscheidung von zwei Teilen eines Versfußes übertragen.

Für Spezialisten:
Bei den Griechen wurden die Begriffe Arsis und Thesis nicht auf die Stimme, sondern auf den Fuß beim Tanz bezogen: Arsis = Hebung des tanzenden Fußes, Thesis = Aufstampfen des tanzenden Fußes[33]. Dabei wird die Thesis in der Regel mit einem elementum longum eines Versfußes gleichgesetzt und liegt daher manchmal am Ende (z. B. beim Iambus), manchmal am Anfang des Versfußes (z. B. beim Daktylus); bei Aristoxenos jedoch bezeichnet die Thesis unabhängig von Quantitäten immer die zweite Hälfte eines Versfußes[34]. Erst die lateinischen grammatici sprechen von einem Heben bzw. Senken der Stimme oder des Tons: sublevatio (o. ä.) = Hebung der Stimme, positio = Senken der Stimme[35]. Außerdem bezeichnen die lateinischen Grammatiker nun einstimmig die erste Hälfte eines Versfußes als Arsis, die zweite Hälfte als Thesis, unabhängig davon, ob ein Versfuß mit einer Länge oder mit einer Kürze beginnt[36].

---

[30] Das zeigen u. a. bereits die Begriffe wie z. B. „Enhoplier" („Waffentanz-Rhythmus") oder die alternative Bezeichnung des Trochäus als χορεῖος („Tanzvers"; s. dazu unter Kapitel V,1 „Versfüße").

[31] S. zum Thema auch den Aufsatz „Metrik und Musik" von Musäus, 2018.

[32] Vgl. Quint. 9,4,92: acres quae ex brevibus ad longas insurgunt, leviores quae a longis in breves descendunt. Vgl. Sicking, 1993, 46, mit weiteren Kategorien; Boldrini, 1999, 71.

[33] Diese Thesis der griechischen Musikwissenschaftler hatte aber nichts mit einer Hebung der Stimme zu tun, s. Stroh, 1990, 94-96.

[34] S. Stroh, 1990, 97 f.

[35] S. Stroh, 1990, 99 f. Vgl. auch Christ, 1879, 52-54; Drexler, 1967, 10 f; Boldrini, 1999, 23 f; Zeleny, 2008, 213-220.

[36] Zur Erstpositionierung der Arsis bei den lateinischen Metrikern s. Stroh, 1990, 102 f; Zeleny, 2008, 214.

Anders wird seit Bentley[37] in vielen modernen Metriken mit „Arsis" ein „starker" Taktteil bzw. ein *longum*, und mit „Thesis" ein „schwacher" Taktteil bezeichnet[38]. Es handelt sich dabei aber ursprünglich nicht um Angaben zur Betonung oder Nicht-Betonung beim Versvortrag, sondern um rein formal-metrische Analysekategorien[39]; in einer Arsis der lateinischen *grammatici* kann beispielsweise durchaus eine unbetonte Wortsilbe zu stehen kommen[40]. Von daher ist die Verwendung von Begriffen wie Arsis bzw. Hebung (oder „starker Taktteil") und Thesis bzw. Senkung (oder „schwacher Taktteil"), die unvermeidlich Assoziationen wie „stärkere/ schwächere Betonung" evozieren, nicht unproblematisch und für eine an den Quantitäten und am Wortakzent orientierten Metrik eher irreführend[41]. In der vorliegenden Metrik werden sie vermieden und ersetzt durch die „neutraleren" Kategorien „1. Hälfte" bzw. „1. Element" und „2. Hälfte" bzw. „2. (3., 4. …) Element" eines Versfußes[42].

Wiederum analog zur Musik gibt es im Vers auch „Pausen"; sie heißen: Zäsur („Zerschneid-Pause" inmitten eines Metrums) und Dihärese („Trenn-Pause" zwischen zwei Metren).

Die Rede von „Taktteilen" darf allerdings nicht zur Annahme verleiten, die griechische Musik (und Dichtung) habe ein festes Taktsystem mit unterschiedlichen Betonungen auf einzelnen Taktteilen gehabt („Akzentstufentakt") wie in der abendländischen Orchestermusik (Dreiviertel-, Sechsachteltakt usw.). Es gab keinen festen Takt, sondern gerade der vielfältige „Taktwechsel" im Rhythmus ist kennzeichnend für die antike Dichtung – und für uns ungewohnt[43].

Auch der Begriff vom „Skandieren" hat ursprünglich mit Musik und Tanz zu tun: *scandere* als Übersetzung des griechischen Verbums βαίνειν bedeutet eigentlich „auftreten, aufstampfen". Übertragen verwendet wird beim „Skandieren" der Rhythmus

---

[37] S. Stroh, 1990, 114-116.

[38] Vgl. bspw. Boldrini, 1999: dort bezeichnet „Arsis" positionsunabhängig den von ihm so genannten „starken Taktteil" (bspw. 23 f und 71).

[39] S. Stroh, 1990, 103-107.

[40] Näheres dazu unter dem Kapitel I,5 „Wortakzent und Versrhythmus".

[41] In diese Richtung geht auch Deufert, 2012, 78, Anm. 7.

[42] Diese Aufteilung in zwei Hälften ist bei den kürzeren und geläufigeren Versfüßen unproblematisch, problematisch hingegen bei längeren Versfüßen wie etwa dem Kretikus (— ◡ —), der aus 5 Moren besteht (s. zu diesem Begriff unten) und bei dem die Zuordnung der mittleren Kürze schwankt; s. dazu Stroh, 1990, 104 f.

[43] Vgl. zur Taktproblematik v. a. Musäus, 2018, 319-321; außerdem Snell, 1982, 38, und die Arbeit von Zeleny, 2008, die im Hexameter einen sich an den natürlichen Wortakzenten orientierenden Wechsel von Zweier- und Dreiertakten herauspräpariert (vergleichbar mit den „Zwiefachen" in der Volksmusik).

eines Verses analysiert („abgeschritten"), indem man über die einzelnen Silben je nach ihrer Quantität ein Längen- oder ein Kürzenzeichen setzt. Dabei geht es ausschließlich um die Quantität der betreffenden *Silbe*, nicht um die Quantität des jeweiligen Silben*vokals*. Am Anfang von Vergils *Aeneis*, *ārmă vĭrūmquĕ cănō*, ist das erste „a" von *arma* genauso kurz wie das zweite (ebenso das „u" von *virum*), aber durch den Umstand, dass die beiden Vokale sich in geschlossenen Silben befinden, zählen diese Silben als lange Silben und werden dementsprechend jeweils mit einem *longum* (einem Längenstrich über dem Vokal der betreffenden Silbe) versehen.

Metrik in ihrer analytischen Variante ist zunächst einmal also eine „Messkunst" von Längen und Kürzen. Der Fachausdruck „Metrik" leitet sich vom griechischen ἡ μετρικὴ τέχνη bzw. von τὸ μέτρον her („Messkunst" bzw. „Maß"). Als messbare Ordnungsprinzipien kommen u. a. in Frage:

- Silbenlängen und Silbenkürzen
- kurze Silbenkombinationen ähnlicher Struktur (Versfüße)
- mittlere Silbenkombinationen ähnlicher Struktur (Kola)
- längere Silbenkombinationen ähnlicher Struktur (Verse)
- Kombination mehrerer unterschiedlicher Verse zu sich wiederholenden Einheiten (Strophen)

Wichtigster „Messgegenstand" sind die Silbenlängen und Silbenkürzen. Deshalb sind die wichtigsten Zeichen für die metrische Analyse:

⏑ = *elementum breve* (Kürze)

— = *elementum longum* (Länge)

Die kleinste Zeiteinheit (*mora*, „More") ist das *elementum breve*. Schon in der Antike wurde die Beobachtung festgehalten, dass ein *longum* ziemlich exakt der Dauer von zwei Kürzen entspricht[44]. Von daher kann man in der Metrik oft eine Länge durch zwei Kürzen „ersetzen", und das unter Beibehaltung des insgesamt für einen Vers geltenden „Zeitschemas"[45].

---

[44] Vgl. Quint. 9,4,47; Aug. *De musica* 2,3.

[45] Vgl. Boldrini, 1999, 19. Davon abweichend lassen sich bereits in der antiken Theorie auch Aussagen über Längen finden, welche die Zeitdauer von drei, vier oder sogar fünf Kürzen umfassen (vgl. dazu ausführlicher Christ, 1879, 90-99); selbst hinsichtlich des Daktylus wurde der Auffassung, nach der ein *longum* genau zwei *brevia* entspricht, auch widersprochen (vgl. dazu Snell, 1982, 38; Musäus, 2018, 316-318).

4. Quantitäten und Akzente

Der Blick auf Metrik als „Messkunst" zeigt, dass für den richtigen Vortrag antiker Dichtung neben der Rekonstruktion der rhythmischen Struktur die Berücksichtigung von „Längen" und „Kürzen" ausschlaggebend ist. Das hängt mit einem ganz grundlegenden Merkmal des Griechischen und des Lateinischen zusammen. In beiden Sprachen kommt es wesentlich auf die korrekte Aussprache*dauer* einzelner Vokale und Silben an. Es handelt sich um vornehmlich *quantitierende* Sprachen. Im Gegensatz dazu ist beispielsweise das Deutsche eine *akzentuierende* Sprache; hier kommt es bei der Aussprache vor allem auf die richtige Wort*betonung* an, und diese Betonung erzeugen wir vor allem durch einen Anstieg der Lautstärke, daneben auch noch durch eine höhere Tonlage[46]. Der Umstand, dass Griechisch und Latein quantitierende Sprachen sind, ist ein Glück; wenn wir das nicht wüssten und keine entsprechenden Hinweise von Grammatikern zu Aussprache und Metrik hätten, dann könnten wir nicht einmal mehr den Rhythmus der antiken Dichtung rekonstruieren.

Natürlich geht es in den alten Sprachen neben den Quantitäten *auch* noch um den richtigen Wortakzent. Anders als im Deutschen wird dieser nicht so sehr durch eine Steigerung der Ton*stärke*, sondern vor allem melodisch, also durch veränderte Ton*höhen* erzeugt. Und natürlich achtet das Deutsche wiederum neben der korrekten Betonung *auch* auf die richtigen Quantitäten; aber in beiden Fällen ist die Gewichtung genau gespiegelt. Für Griechen und Römer waren die Quantitäten wichtig, der Akzent untergeordnet; für uns ist der Intensitätsakzent entscheidend, die Silbenquantitäten weniger wichtig[47]. Weil dieser Unterschied so grundlegend ist, soll noch etwas näher darauf eingegangen werden.

Es ist – ganz unabhängig von der Dichtung, also auch schon in Prosa! – ein völlig anderes Sprachempfinden, mit dem wir hier konfrontiert werden[48]. Landläufig interessiert meistens nur die Aussprache der Einzellaute (wurde *Caesar* „kaisar" oder „tsäsar" ausgesprochen? etc.), aber das ist nicht das entscheidend Trennende; viel

---

[46] Ein Beispiel ist das eben verwendete Wort „Tónlage": Das „o" sprechen wir auf einem höheren Ton als die beiden folgenden Silben, außerdem erhält es einen Akzent.

[47] Vgl. Maas, 1923, 21. Zur Komplexität des Sprachrhythmus und zu einer kritischen Auseinandersetzung mit dem Axiom eines quantitierenden Rhythmus in den alten Sprachen s. ausführlich Vandvik, 1937, 216-234; zur Theorie einer im Lateinischen stärkeren Akzentbetonung als im Griechischen s. Raven, 1965, 31.

[48] Vgl. Stroh, 2007a, 319-321.

fundamentaler ist der ganz andere *Sprachrhythmus* in einer quantitierenden als in unserer akzentuierenden Sprache. Wir können uns nur schwer vorstellen, wie wichtig eine richtig quantitierende Aussprache für die Römer war, und lernen lateinische Vokabeln nach unserem Akzentempfinden, nicht nach den Quantitätsregeln[49]. Wenn wir das lateinische Wort für „Rose" aussprechen, ist für unser Sprachgefühl allein entscheidend, dass wir die erste Silbe betonen, und weil im Deutschen eine betonte offene Silbe lang ist, sprechen wir „Róse" mit langem „o", übertragen diese Aussprache auch auf die lateinische Vokabel und sprechen *rōsa* (mit langem „ō"). Korrekt ist aber *rŏsa* (mit kurzem „ŏ")[50]. Es kümmert uns auch wenig, ob wir *mālus* oder *mălus*, ob wir *ēst* oder *ĕst* sagen, aber der Römer unterscheidet in der Aussprache genau zwischen *mālus*, dem Apfelbaum, und *mălus*, dem Bösewicht, sowie zwischen *ĕst* „er ist" und *ēst* „er isst"[51].

Als Kuriosum seien hier vier Hexameterverse aus einer alten Metriklehre zitiert, die vor Augen führen, wie wichtig es ist, die Unterschiede in den Quantitäten zu kennen, und die zeigen, dass eine metrische Analyse für die Enträtselung des Inhalts entscheidende Hilfestellungen bieten kann[52]:

> *Deceptura viros pingit mala femina malas:*
> *Malo tamen malo decerpere dulcia mala.*
> *Cernis triste malum, fractum iam turbine malum?*
> *Mala mali malo meruit mala maxima mundo.*
> Um die Männer zu täuschen schminkt die üble Frau ihre Wangen:

---

[49] Vgl. Maas, 1923, 1: „Schwerlich stehen wir einem Zweig der antiken Kultur so fremd gegenüber wie der quantitierenden Metrik." Dazu auch Stroh, 2007a, 320: „Nichts ist so entscheidend wichtig für eine korrekte lateinische Aussprache wie die Beachtung dieser Tatsache."

[50] Vgl. Erasmus von Rotterdam, *De recta Latini Graecique sermonis pronuntiatione dialogus* 939 (Kramer, 1978, 120), zum Akzent, der hinsichtlich der Silbenquantität in die Irre führen kann: *frequenter accentus ducit in errorem, dum facit videri longam, quae brevis est, et contra.*

[51] Einmal kurzes *ĕ* wie das kurze „e" im deutschen Wort „fest", einmal gedehntes *ē* wie im deutschen „stehst". Weitere Beispiele für solche Homogramme ließen sich anführen wie etwa *pālŭs* („Pfahl") und *pălŭs* („Sumpf"), *pīlă* („Pfeiler") und *pĭlă* („Ball"), *ŏs* („Knochen") und *ōs* („Mund"), *lĭbĕr* („Buch") und *lībĕr* („frei") etc. Merkverse und Regeln zu den Quantitäten und buchstabengleichen, von den Quantitäten her aber ungleichen Wörtern findet man u. a. bei Ross, 1818 (u. ö.), 163-166.

[52] Der letzte Vers mit einer siebenfachen (!) m-Alliteration. Der lateinische Text stammt aus Fiedler, 1858, 40-42. Zur Überlieferung des letzten Verses vgl. Walther, 1964, Bd. II/2, Nr. 14301 und Bd. II-8, 1983, Nr. 38062 c1.

Ich will doch lieber vom Apfelbaum süße Äpfel pflücken.
Siehst du das traurige Übel, den durch Sturm schon gebrochenen Apfelbaum?
Der Kiefer des Sünders hat durch einen Apfel der Welt größte Übel gebracht.

Ohne die Kenntnis der Gesetzmäßigkeiten des Versbaus hätten wir kaum einen An-
haltspunkt für die Unterscheidung und genaue Bestimmung der Wörter *malas, malo,
malum, mala* und *mali*; im Hexameter ist aber die Aufteilung von langen und kurzen
Silben genau festgelegt, so dass wir durch eine metrische Analyse in Vers 2 *mălŏ* („ich
will lieber"[53]) genau unterscheiden können von *mālō* („vom Apfelbaum"), in Vers 3
mălum („Unheil") von *mālum* („Apfelbaum" im Akkusativ[54]) oder in Vers 4 *mālă* („Ba-
cke/ Kiefer") von *mălă* („Übel").

Exkurs für Spezialisten zum Vers *mala mali malo meruit mala maxima mundo*:
Der lateinische Text lässt offen, ob der „Kiefer" (*mālă*) Evas oder Adams gemeint ist. *mala mali
malo* kann entweder bedeuten „der Kiefer des Sünders (= Adam) hat durch einen Apfel …",
oder „der Kiefer (sc. Evas) hat durch den Apfel des Satans …" (oder: „durch den
Sündenapfel") größte Übel gebracht. Keine unbedeutende Frage: Wer wird nun hier für alle
Übel der Welt schuldig gesprochen – Adam oder Eva? Obwohl man zunächst vermuten
würde, dass nach mittelalterlichem Weltbild Eva die „Sünderin" (Antitypos zu Maria), Adam
nur der „Verführte" ist, wird doch in zahlreichen Sprichwörtern tatsächlich Adam, der dann
für den Menschen schlechthin steht, für die Misere verantwortlich gemacht, in Anlehnung an
die schon von Paulus vorgenommene Gegenüberstellung vom *„einen* Menschen", durch den
die Sünde und damit der Tod in die Welt gekommen ist, und Christus, durch den der Welt die
Erlösung vom Tod und das ewige Leben zuteil wurde (Röm 5,12-21)[55]. In diese Richtung gehen

---

[53] Kurzes *–o* am Ende in Analogie zum Iambenkürzungsgesetz und entsprechend der allgemeinen Tendenz in der späteren Entwicklung der lateinischen Sprache, lange Silben am Wortende zu verkürzen (s. Kapitel III,2,b; zur Konvergenz dieser beiden Phänomene vgl. Boldrini,
1999, 46).

[54] Statt „Apfelbaum" (vom Kontext her wahrscheinlicher) könnte man hier in Vers 3 auch
„Mast" übersetzen; *alle* Probleme und Vieldeutigkeiten des Textes werden durch eine metrische Analyse allein freilich nicht beseitigt.

[55] So trifft bereits die Erklärung von Spangenberg (1621, 309 f) das Richtige: „Mala mali
malo mala contulit omnia mundo. Da das erste wort bedeut und heist ein Wange / oder
Backen: das andere heist deß boᵉsen Menschen: das dritte den Apffel: das vierdte bedeut
Suᵉnde / Boßheit oder Unglueᶜck. Und will auff Teutsch so viel sagen: Die Wangen oder Backen
zart / Deß Adams / der da Boßhafft ward / Die haben durch deß Apffels Biß / All Suᵉnd und
Unfall bracht gewiß / Dem gantzen Weltkreyß / mercket diß: Und ist eben die Meinung deß
H<eiligen> Apostels Pauli Rom. 5 v. 12. Da er spricht / durch einen Menschen ist Suᵉnde
kommen in die Welt."

auch zahlreiche deutsche Sprichwörter wie „Adam mit Naschen hat verricht', all das Uebel, das uns anficht"; „Adam's Apfelbiss bringt uns den Tod gewiss"; „Adam's Apfelmus macht uns allen viel Verdruss"[56]. Von der metrischen Analyse her spricht für eine solche Interpretation im übrigen auch die „Trithemimeres" genannte Pause, die *mala mali* vom folgenden abtrennt und damit nahelegt, die beiden Wörter als zusammengehörige Einheit anzusehen[57].

Es sind freilich nicht nur die Längen und Kürzen *einzelner Vokale,* die wir nicht richtig mitlernen und deshalb falsch aussprechen (z. B. bei *amīcus* oder *rēx*), sondern wir vernachlässigen die korrekten Zeiteinheiten bei *jeder* Silbe, und damit vernachlässigen wir im Satzzusammenhang natürlich auch insgesamt den für das Lateinische typischen *Wort- und Satzrhythmus.* So ist z. B. für unser akzentuierendes Sprachempfinden allein wichtig, dass das Wort *indifferens* auf der drittletzten Silbe betont werden muss, um es richtig auszusprechen: *indífferens.* Dabei wird jede Silbe in etwa gleich lang ausgesprochen, also ◡́◡◡◡ (ta-tá-ta-ta). Für römische Ohren wäre das geradezu barbarisch; der Lateiner würde bei der Aussprache viel genauer darauf achten, dass nur die dritte Silbe kurz, alle anderen lang sind, und dabei die Ausprache*dauer* viel genauer befolgen: —◡́—, lang-lang-kurz-lang (tam-tám-ta-tam). Das ergibt, wenn wir für jede Länge zwei und für jede Kürze einen Taktschlag (eine „More") ansetzen, eine Aussprachelänge von insgesamt 7 Taktschlägen, im Gegensatz zum Deutschen mit nur 4 (!) Taktschlägen. Außerdem ergibt für die Römer die Aussprache dieses einen Wortes schon einen gewissen abwechslungsreichen, nämlich iambischen Rhythmus[58], während der Deutsche alle vier Taktteile in ihrer Länge annähernd gleichwertig behandelt. Ein anderes Beispiel für einen trochäischen Rhythmus, den der Lateiner schon in der normalen Aussprache hört, der Deutsche hingegen weitgehend unberücksichtigt lässt, wäre *interesse:* —◡◡́◡, lang-kurz-lang-kurz (tam-ta-tám-ta); grob vereinfacht liest ein Deutscher dieses lateinische Verbum in etwa ◡◡◡́◡ (ta-ta-tá-ta). Näher am Lateinischen im Sprachduktus ist z. B. italienisch *lentamente,* wo

---

[56] Vgl. Wander, 1867, 26 f s. v. „Adam". Vgl. auch den Hexameter *Adam primus homo dampnavit secula pomo* in TPMA, Bd. 1, 1995, 26. Zu deutschen Übersetzungen des Hexameters *mala mali malo* etc. vgl. Weis, 1941, 27; Lautenbach, 2002, 433 f (mit dem Pentameter-Zusatz *causa mali tanti femina sola fuit*).

[57] Der Spruch findet sich auch in leicht abgewandelter Form (*mala mali malo mala contulit omnia mundo*) als Inschrift am Sturz des Portals zur Sakristei in der evangelischen Kirche von Altdorf bei Böblingen.

[58] Man vgl. dazu Ciceros Äußerung (*orat.* 189), *quod versus saepe in oratione per imprudentiam dicimus* – „dass wir in Prosa oft ganz unabsichtlich Verse produzieren".

bei der Aussprache durch Silbenlängung eine ähnlich quantitierende Aussprache erreicht wird („*lennntamennnte*", $-\smile-\smile$)[59], wie sie für das Lateinische üblich war.

5. Wortakzent und Versrhythmus

Mit etwas Disziplin und Lerneifer kommt man so weit, dass man bei den meisten und gebräuchlicheren lateinischen Vokabeln zumindest die wichtigen Vokale und Silben in ihrer Länge (oder Kürze) korrekt ausspricht, ohne dabei den natürlichen Wortakzent zu vernachlässigen, den es ja auch noch zu berücksichtigen gilt.

Wesentlich dafür ist ein korrektes Vorsprechen lateinischer Vokabeln durch die Lehrerinnen und Lehrer im schulischen Unterricht[60]. Es ist allerdings nicht nur das manches Mal zu Unrecht geschmähte Lehrpersonal an der Schule, welches den Schülern eine ungenaue Aussprache beibringt, ohne die Beachtung der richtigen Quantitäten; auch an der *Alma Mater* beschränkt man sich bei der Aussprache des Lateinischen in aller Regel auf die Einhaltung der richtigen *Vokallängen* – die korrekten Zeitlängen von geschlossenen Silben insgesamt hingegen werden auch hier meist nicht eingehalten. So spricht man zwar gewöhnlich *indifferēns* aus und zeigt damit, dass man um die Regel weiß, nach der Vokale vor den Konsonantenfolgen „*nf*" bzw. „*ns*" lang ausgesprochen wurden; aber die ersten beiden (langen) Silben werden meist nach deutschem Sprachempfinden ausgesprochen und nehmen jeweils genauso viel Zeitdauer in Anspruch wie die (kurze) dritte. Eine völlige Umstellung wäre zwar wünschenswert, ist aber freilich schwer realisierbar und auch nicht gefordert; es geht hier vor allem um eine Sensibilisierung für das Andere der lateinischen Aussprache.

Bei der Dichtung wartet nun ein weiteres Problem auf die Interessierten: die mühsam erlernte korrekte Aussprache wird jetzt noch zusätzlich in ein rhythmisches Korsett gezwängt, und da kommt es immer wieder vor, dass vom Rhythmus her „gewichtige", mit einem *longum* versehene Versteile auf eine Wortsilbe treffen, die gerade *nicht* den natürlichen Wortakzent trägt. Als Beispiel der Beginn von Vergils *Aeneis*: *Árma virúmque canó*. Bei den Wörtern *arma* und *virumque* liegen die Längen im Rhythmus des Hexameters jeweils an derselben Stelle, an der in normaler Aussprache auch

---

[59] Das Beispiel des Italienischen in diesem Zusammenhang auch bei Stroh, 2007a, 320 f.
[60] Vgl. Schmitt, 1953, 39 f.

der natürliche Wortakzent liegt, nicht aber bei *cano*. Normal spricht man *cáno*, nicht *canó* – so wenig, wie man im Deutschen „ich singé" betonen würde.

Das Problem einer gewissen Inkongruenz zwischen Wortbetonung und Längen im Versrhythmus stellt sich gerade beim Hexameter vor allem in der ersten Vershälfte regelmäßig, während in der zweiten Hälfte des Hexameters Wortakzent und Verslängen in der Regel übereinstimmen[61]. Nur in seltenen Fällen liegen die Betonungen von (mehrsilbigen) Wörtern im ganzen Vers jeweils auf einem *longum* (sog. *versus partipedes*)[62], wie z. B. in den Versen *impius haec tam culta novalia miles habebit* (Verg. *ecl.* 1,70) oder *spargens umida mella soporiferumque papaver* (Verg. *Aen.* 4,486)[63]. Im lateinischen „Sprechvers" der Komödie sind die Divergenzen zwischen Wortakzent und Längen im Vers deutlich geringer[64].

Wie beim Vortrag antiker Dichtung mit diesem Problem umzugehen sei, darüber gab es eine Zeit lang kontroverse Ansichten. Die einen waren dafür, beim Vortrag rein dem Rhythmus zu folgen und den natürlichen Wortakzent einem angenommenen, sich an den Längen orientierenden rhythmischen Akzent, dem sog. „Iktus", unterzuordnen[65], historisch bedingt oft noch einhergehend mit einer Vernachlässigung der Silbenquantitäten (also *árma virúmque canó*)[66]. Die anderen plädierten

---

[61] Vgl. Sturtevant, 1919; Crusius/ Rubenbauer, 1958, 54 f; Allen, 1973, 337-340.

[62] Im Hinblick auf einzelne Versfüße im Hexameter hat Knight, 1939, 12 f, für die Übereinstimmung von Wortakzent und *longum* die Bezeichnung „homodyn" geprägt, für die Nicht-Übereinstimmung „heterodyn".

[63] Soll bei Verg. *Aen.* 4,486 vielleicht die „einschläfernde" Koinzidenz von Wortbetonung und Längen im Versmaß den Inhalt – es geht um Mohn als Schlafmittel – unterstreichen? Weitere Beispiele für solche *versus partipedes* bei Zeleny, 2008, 18.

[64] Vgl. dazu die Untersuchung von Fraenkel, 1928; kritisch dazu Soubiran, 1988, 319-336. Zur Rolle des Wortakzents und seinem Verhältnis zu einem angenommenen „Iktus" in der lyrischen Dichtung von Horaz s. Zinn, 1940.

[65] Zur schon spätantiken Verwechslung des „musikalischen" mit dem „vokalischen" Iktus s. die luzide und kurze Zusammenfassung bei Korzeniowski, 1998, 37 f. Ursprünglich bezeichnet der „Iktus" rein mechanisch die Abtrennung zwischen einzelnen Versfüßen bzw. Metren (vergleichbar dem Taktstrich in der modernen Musik), fällt also *zwischen* die Silben und hat nichts mit einer Silbenbetonung zu tun. Zur Unterscheidung von Iktus und Arsis s. Stroh, 1990, 99-107.

[66] So meinen beispielsweise Crusius/Rubenbauer, 1958, 30, im quantitierenden lateinischen Vers sei ein „Widerspruch zwischen Wort- und Versakzent im allgemeinen nicht als störend angesehen" worden, mit der durchaus ernstzunehmenden Begründung, dass im Lateinischen (im Gegensatz zum Deutschen) auch sonst der Wortakzent nicht an die Stammsilbe gebunden ist, sondern sich ändern kann (z. B. *lábor, labóris*). Vgl. auch Fraenkel, 1928, 5-8. Zum „Iktus-

dafür, dass man neben einer sorgfältig quantitierenden Aussprache rhythmisch sich naheliegende Betonungen dem natürlichen Wortakzent unterzuordnen habe (also *ármă vĭrúmquĕ cánō*).

Das hat bereits Wilamowitz gefordert[67]: „Vergil und Ovid wollen so gelesen sein, daß der Wortakzent befolgt wird, aber jede Silbe die Zeit ausfüllt, die ihrer Quantität zukommt". Dem schließt sich Boldrini an[68]: „Die Römer lasen ihre Verse genau so wie Prosa; der Rhythmus ergab sich durch die Abfolge von Quantitäten, die als Vers erkennbar waren, wenn sie den Erwartungen entsprachen, die das Idealmodell hervorrief." So äußert sich bereits auch Stroh: „Diesen Iktus, den wir in der Schulaussprache verwenden, hat es in der ganzen Antike, der griechischen wie der römischen, nie gegeben", und an anderer Stelle[69]: „Grundsätzlich gilt, dass der Vers in der Poesie genauso zu lesen ist wie das Kolon in Prosa"[70]. Aufgekommen ist der Iktus nach den Forschungen von Stroh erst um 1600, um die verlorengegangenen Quantitäten annähernd wiederherzustellen, und in Zusammenhang mit der Entstehung des Taktsystems in der Musik[71]. Allerdings ist Stroh zu Recht etwas vorsichtiger als Boldrini und sagt selbst beim iambischen Senar, der ja der Alltagssprache von der Rhythmisierung her mit am nächsten steht, ausdrücklich, dass diese Verse „prosaähnlich", nicht „*wie* Prosa" klingen[72]. Resümierend schreibt Leonhardt[73]: „Bei der künstlerischen Rezitation lateinischer Verse wurden ... wie im Griechischen Wortakzente und Versstruktur gleichzeitig zu Gehör gebracht; künstliche Wortakzente zur Verdeutlichung der Versstruktur (seit G. Hermann „Iktus" genannt ... [wohl aber schon bei Bentley]) hat es in der Antike nur ... zu Lehrzwecken gegeben. Nachvollziehbar wurde der Vers bei der Rezitation ... allein durch die richtige ... Realisierung der Silbenquantitäten."

Die zweite Partei hat den Sieg davongetragen, und das mit guten Gründen. Es ist unter anderem wirklich nur sehr schwer vorstellbar, dass die Menschen früher in

---

Streit" s. auch die zusammenfassenden Darstellungen bei Stroh, 1990, 88-93; Zeleny, 2008, 23-32, mit Literaturhinweisen.

[67] S. Wilamowitz, 1921, 5. Schon vor ihm schreibt Karl Lachmann in einem Brief vom 8.3.1829 an die Gebrüder Grimm, „daß es auch in lateinischen Versen eigentlich Barbarei ist zu lesen *Italiám fató profugús Lavínaque venit*" (s. Leitzmann, 1927, 527).

[68] S. Boldrini, 1999, 22.

[69] S. Stroh, 1981, 64 und 2007a, 323.

[70] Vgl. auch Stroh, 1997, in Zinn, 1940, 131 mit weiteren Literaturhinweisen; Vandvik, 1937, 7.

[71] S. Stroh, 1981, 75 und 78, Anm. 29; zur Geschichte des Iktus vgl. v. a. Stroh, 1979; auch Allen, 1973, 341-359, und die kurze Zusammenfassung bei Hengelbrock, 2009, 24-26.

[72] S. Stroh, 2007b, 40. Vgl. auch Schmitt, 1953, 34 f.

[73] S. Leonhardt, DNP 8, 2000, 124.

rhythmisch gebundener Sprache die Worte zum Teil *völlig* anders ausgesprochen haben sollten als im normalen Alltag. Besser als bei obigem Vergilbeispiel mag das anhand einer Passage aus der Tragödie *Thyestes* von Seneca verdeutlicht werden. Abgefasst ist der betreffende Abschnitt in anapästischen Dimetern, die man nach der alten, sog. „iktierenden" Schulaussprache so vortragen müsste (Sen. *Thyest.* 789-792):

> *Quo, térrarúm superúmque paréns,*
> *cuiús ad ortús noctís opacáe*
> *decus ómne fugít, quo vértis itér*
> *medióque diém perdís Olympó?*

Nun mag man vielleicht denken: Warum nicht? Aber in freilich nur grober Annäherung würde das im Deutschen analog etwa so klingen:

> Wohín, der Erdén und Oberén Erzeugér,
> bei dessén Aufgáng der Nácht, der dunklén,
> ganze Ziérde entfliéht, wohin dréhst du die Báhn,
> lässt mittén am Himmél den Tág verschwindén?

So kann es kaum gewesen sein. Ein rhythmisch durch Längen besonders „gewichtiger" Taktteil führte in der Antike *nicht* zur Vernachlässigung des natürlichen Wortakzents.

Dafür lassen sich auch aus linguistischer Perspektive Argumente anführen. Zum einen besitzt der Wortakzent große Wichtigkeit für die Unterscheidung von Wortbedeutungen; eine Akzentuierung an „falscher" Stelle kann sinnentstellend sein (vgl. bspw. den Unterschied zwischen *itáque*, „und so", und *ítaque*, „deshalb", oder *vólvere*, „wälzen", und *volvére*, „sie haben gewälzt" etc.). Zum zweiten ist eine korrekte Betonung der Wörter immer auch diastratisch (also auf die sozialen Schichten der Sprecher bezogen) bedeutsam, insofern sie den „Hochsprachler" vom falsch betonenden „Barbaren" unterscheidet[74]. Passagen bei Cicero zeigen darüber hinaus, dass seine Hörer durchaus imstande waren, „quantitierende Versmaße auch ohne

---

[74] Vgl. dezidiert C. Fry, 2009, Rezension zu Zeleny, 2008, in: Bryn Mawr Classical Review 2009.08.37: „C'est pourquoi la valeur sémantique et sociologique de l'accent exclut absolument la présence vocalement réalisée de l'*ictus*", und Zeleny, 2008, 61 und insgesamt zur Frage 60-82.

Unterstützung durch einen Iktus zu erfassen"[75]. Schließlich sprechen historische und vortrags-
technische Gründe dagegen, dass der Versrhythmus dem natürlichen Wortakzent übergeord-
net war[76].

Genausowenig wie wir im Deutschen sagen würden „Wáffen und Mánn besingé
ich", genausowenig haben die Römer *árma virúmque canó* gesprochen. Man kann
durchaus – im Deutschen wie im Lateinischen – Versrhythmus und Wortakzent
gleichermaßen berücksichtigen, ohne gegen das natürliche Sprachgefühl zu verletzen, und ohne dabei den Rhythmus völlig aus den Augen zu verlieren, indem man
den natürlichen Wortakzent nicht durch *Tonstärke*, sondern durch *Tonhöhe* heraus-
hebt[77].

Es ist wahrscheinlich, dass eine solche Praxis der antiken Aussprache nahekommt; mit letzter
Sicherheit zu beweisen ist das nicht. Die Sprachmelodie ist etwas äußerst Komplexes, sich auch
nach dem Sinn der Aussage vielfältig Veränderndes. Zur praktischen Durchführbarkeit: Man
kann unter Beibehaltung des durch die Quantitäten vorgezeichneten Rhythmus die ursprünglichen Wort*akzente* dadurch leichter beibehalten, dass man sie in einer *höheren Tonlage* ausspricht. Dadurch ergibt sich eine Hervorhebung, die fast unvermeidlich auch einen leichten
Akzent nach sich zieht, also: *arma virumque cáno* (dabei ist das „*a*" von *cano* höher zu sprechen,
aber die Kürze des „*a*" und natürlich die Länge des „*o*" streng zu wahren). Zur Übung kann
man ein Metronom aufstellen, das dazu hilft, sich in den quantitierenden Rhythmus einzufin-
den: für jede lange Silbe zwei Schläge, für jede kurze einen Schlag. Man wird auf diese Weise
gezwungen, die Längen auch wirklich auszuhalten und bekommt dadurch eine gute Hilfestellung, die man später, wenn man den „quantitierenden Swing" verinnerlicht hat, bald nicht
mehr benötigt.

Bei musikalischer Begleitung käme das Problem von Wortakzenten, die sich nicht
mit Verslängen decken, erst gar nicht zum Tragen, weil man diese Diskrepanz kaum
als störend empfände, würde sie doch im musikalischen Gewand viel weniger wahr-
genommen als bei einer reinen Rezitation[78]. Bleibt man bei der Rezitation, so ist freilich die strikte Beachtung der Silbenlängen entscheidend, sonst geht der Rhythmus

---

[75] Zitat von Schmitt, 1953, 31; vgl. etwa Cic. *orat.* 189; Cic. *de orat.* 3,175.

[76] Mit fortschreitender Beherrschung der metrischen Technik nimmt in der lateinischen
Dichtung ein akzentwidriger Versbau ab, vgl. Vandvik, 1937, 30 und 124; zur Beiziehung der
Vortragspraxis Vandvik, 1937, 34-43.

[77] Zum lateinischen Wortakzent s. ausführlicher die Einleitung zu Kapitel II,2.

[78] Vgl. Crusius/ Rubenbauer, 1958, 30, mit dem Verweis auf Beethovens Vertonung des Verses „Hímmlisché, dein Heíligtum" aus Schillers Ode „An die Freude" im Schlusssatz der 9.
Symphonie. Zur Freiheit der Musik gegenüber grammatischen Ausspracheregeln s. Aug. *De*

verloren. Wenn man einmal einen Wortakzent vergisst oder vernachlässigt oder falsch setzt, spielt das für den Rhythmus des Verses kaum eine Rolle. Liest man jedoch eine Quantität falsch, dann gerät man sofort aus dem Takt, dann ist der rhythmische Fluss zerstört. Auf *solche* Störungen reagierte der antike Mensch äußerst empfindlich, selbst wenn er keinerlei metrisches Grundwissen besaß, wie wir aus einer Stelle bei Cicero erfahren (Cic. *orat.* 173):

> Bei einem Vers, da schreit das ganze Theater laut auf, wenn auch nur eine einzige Silbe zu kurz oder zu lang gesprochen war. Dabei kennt die breite Masse weder Versfüße, noch erfasst sie irgendwelche Rhythmen, noch erkennt sie, was Anstoß erregt oder warum oder gegen was es verstößt! Trotzdem hat die Natur selbst unseren Ohren die Fähigkeit verliehen, bei den Lauten alle Längen und Kürzen sowie die Höhe oder Tiefe der Wortbetonungen richtig zu beurteilen.
>
> *in versu quidem theatra tota exclamant, si fuit una syllaba aut brevior aut longior; nec vero multitudo pedes novit nec ullos numeros tenet nec illud, quod offendit, aut cur aut in quo offendat intellegit, et tamen omnium longitudinum et brevitatum in sonis, sicut acutarum graviumque vocum, iudicium ipsa natura in auribus nostris collocavit.*

Darin liegt letztlich das Geheimnis, warum Römer und Griechen eine mögliche Diskrepanz zwischen Wortakzent und Längen im Versrhythmus als lange nicht so störend empfunden haben wie wir heute. Bei ihnen waren die Quantitäten das Wichtigste, der Akzent hingegen war untergeordnet und auf einer anderen Stufe, nämlich unter anderem durch Ton*höhe* unterschieden, nicht durch Ton*stärke*. Bei uns ist die Quantität eher untergeordnet und vor allem der Akzent ausschlaggebend[79]. Im Deutschen kann man Lŏgik oder Lōgik sagen, ohne das Sprachgefühl ernsthaft zu verletzen; verletzt wird es im Deutschen erst, wenn man Logík sagen würde[80]. Für einen Griechen wäre hingegen die Aussprache Lōgik ähnlich schlimm wie für uns Logík, und er würde sich im Stillen denken: βάρβαρος – welch ein Barbar, da er λόγος („Vernunft") so ähnlich ausspricht wie λωγάς („Hure")!

---

musica 2,1. Vandvik, 1937, 144 f, weist zudem darauf hin, dass beim Vortrag auch durch die im Vers vorfindlichen Pausen akzentwidrige Iktierungen gewissermaßen „kompensiert" werden können.

[79] Vgl. Drexler, 1967, 15: „Im deutschen Vers sind Iktierungen, die mit dem Sprachakzent im Widerspruch stehen, Akzentverletzungen, im lateinischen Vers *Akzentverschiebungen*, und an diese war die Sprache gewöhnt."

[80] Natürlich kennt das Deutsche auch bedeutungstragende Quantitätsunterschiede (z. B. bei Wēg im Gegensatz zu wĕg), aber darum geht es hier nicht.

Wenn wir die quantitierende Aussprache lateinischer Wörter streng einhalten und auch die sonstigen prosodischen Regeln des Lateinischen vollkommen beherrschen würden, dann könnten wir jeden lateinischen Vers lesen, ohne das Versmaß zu kennen, und ohne dabei aus dem Takt zu geraten[81]. So wie auch jeder Deutsche Schillers Verse „Festgemauert in der Erden ‖ steht die Form aus Lehm gebrannt" problemlos und fehlerfrei lesen kann, ohne zu wissen, in welchem Versmaß sie abgefasst wurden[82]. Auch der antike Mensch hat sich die Dichtung nicht erst über die Metrik erschlossen; Metrik ist erst nachträgliche Reflexion über eine sinnliche Erfahrung (Cic. *orat.* 183)[83]:

> Sind wir doch auch zur Kenntnis des Verses selbst nicht durch unsere Vernunft gelangt, sondern durch unsere natürlichen Sinne, die erst durch die Vernunft und ihre Abmessungen über das Phänomen belehrt wurden. So hat sorgfältige Beobachtung der Praxis die Theorie hervorgebracht.
> *neque enim ipse versus ratione est cognitus, sed natura atque sensu, quem dimensa ratio docuit, quid acciderit; ita notatio naturae et animadversio peperit artem.*

Da wir aber den „quantitierenden Swing" des Lateinischen nicht mitgelernt haben und uns selbst nach dem Lernen noch sehr schwer tun, unser akzentuierendes Sprachempfinden abzulegen und „umzustellen" auf ein quantitierendes, müssen wir auch das Lesen lateinischer Verse regelrecht üben. Jede andere fremdsprachige Dichtung bereitet uns keine Probleme – solange sie akzentuierend ist. Beim Lateinischen (wie auch im Griechischen) geht es aber um das Sich-Einfinden in einen ganz anderen Sprachrhythmus.

---

[81] Vgl. Frisch, 2018, 16, zum Lateinunterricht: „Die konsequente Beachtung des Wortakzents und der Quantitäten bereits ab der ersten Stunde macht auch die Verwendung des Iktus als 'Krücke' zum Erlernen der antiken Versmaße völlig überflüssig."

[82] Anfang des „Liedes von der Glocke" (ein trochäischer, im zweiten Vers katalektischer Quaternar).

[83] Vgl. auch Quint. 9,4,112-116, besonders 115: *ante enim carmen ortum est quam observatio carminis.*

6. Dichtung und Prosa

Die Notwendigkeit, sich in einen anderen Sprachrhythmus einfinden zu müssen, gilt, dies sei hier nochmals betont, nicht nur für die Dichtung, sondern auch schon beim Lesen von Prosa. So schreibt etwa Longinus leicht kritisierend (Περὶ ὕψους 41,2):

> Und noch das Schlimmste daran: Wie Gesangseinlagen die Zuhörer von der Handlung ablenken und die Aufmerksamkeit mit Gewalt auf sich ziehen, so vermittelt auch eine zu stark rhythmisierte Prosa den Hörern nicht das Pathos der Worte, sondern des Rhythmus, so dass sie manchmal, die geforderten Schlusskadenzen im voraus kennend, selbst den Takt zu den Worten schlagen und wie im Chor die Klausel vorwegnehmen.

> καὶ ἔτι τούτων τὸ χείριστον, ὅτι, ὥσπερ τὰ ᾠδάρια τοὺς ἀκροατὰς ἀπὸ τοῦ πράγματος ἀφέλκει καὶ ἐφ' αὑτὰ βιάζεται, οὕτως καὶ τὰ κατερρυθμισμένα τῶν λεγομένων οὐ τὸ τοῦ λόγου πάθος ἐνδίδωσι τοῖς ἀκούουσι, τὸ δὲ τοῦ ῥυθμοῦ, ὡς ἐνίοτε προειδότας τὰς ὀφειλομένας καταλήξεις αὐτοὺς ὑποκρούειν τοῖς λέγουσι καὶ φθάνοντας ὡς ἐν χορῷ τινι προαποδιδόναι τὴν βάσιν.

Ebenso verdeutlicht dies die folgende Passage aus Ciceros *Orator*[84]. Cicero fragt nicht, ob man in Prosa *überhaupt* rhythmisch spricht oder sprechen sollte, sondern *welcher* Rhythmus sich in Prosa schickt und welcher nicht:

> Es ist nun aber die Frage, welchen Rhythmus oder welche Rhythmen wir am ehesten gebrauchen sollen. Dass sie tatsächlich allesamt in unsere Prosa hineingeraten, lässt sich schon allein daran erkennen, dass wir in Prosa oft ganz unabsichtlich Verse produzieren. Das ist aufs äußerste zu tadeln; aber wir geben darauf eben nicht acht und hören uns selbst nicht genau zu. Freilich können wir Senare und Hipponakteen[85] kaum vermeiden, besteht doch unsere Prosa zu einem großen Teil aus iambischen Rhythmen[86]. Dennoch lässt der Hörer diese Verse gerne gelten, denn ihr Gebrauch ist absolut üblich. Wir streuen aber oft unabsichtlich auch andere ein, weniger gebräuchliche zwar, aber dennoch Verse: ein fehlerhaftes Verhalten und eines, das es mit aller Vorsicht zu vermeiden gilt.

---

[84] Cic. *orat.* 189; vgl. auch Cic. *de orat.* 3,175; Quint. 9,4,72. S. auch Stroh, 2009, 379 f.

[85] Mit „Senaren" sind iambische Senare gemeint; mit „Hipponakteen" meint Cicero ebenfalls einen iambischen Rhythmus, nämlich die *Íamboi* des Iambendichters Hipponax aus Ephesos, der hauptsächlich in choliambischen Trimetern gedichtet hat (diese „Hipponakteen" haben also nichts mit dem äolischen Versmaß des „Hipponakteus" zu tun).

[86] Wie zur Illustration hat Cicero dieses Kolon weitgehend „iambisch" gestaltet (mit Synalöphe zwischen *partem* und *ex*): *enim partem ex iambis nostra constat or-* = ᴗ— — — ᴗ— — — ᴗ— ᴗ— (*iambis* ist dreisilbig).

38 I. Praeludium

🔊 *sed quaeritur, quo numero aut quibus potissimum sit utendum. incidere vero omnes in orationem etiam ex hoc intellegi potest, quod versus saepe in oratione per imprudentiam dicimus; est id vehementer vitiosum; sed non attendimus neque exaudimus nosmet ipsos. senarios vero et Hipponacteos effugere vix possumus; magnam enim partem ex iambis nostra constat oratio. sed tamen eos versus facile agnoscit auditor; sunt enim usitatissimi. inculcamus autem per imprudentiam saepe etiam minus usitatos, sed tamen versus: vitiosum genus et longa animi provisione fugiendum.*

Auch die Alltagssprache ist nach Cicero also so rhythmisch, dass man manchmal unwillkürlich „in Versen" spricht[87]. Als fehlerhaft brandmarkt er nicht die gelegentliche Übereinstimmung eines Prosarhythmus mit dichterischen Rhythmen überhaupt, sondern wenn der Redner eine längere Folge von gleichen Versfüßen oder gar ganze (ausgefallenere) Verse in seine Rede einbaut[88].

Für Spezialisten:

Hier spricht Cicero als Purist in Sachen Stilistik, und *nach* seinem Dictum werden sich die meisten auch an dieses gehalten haben. Aber schon ein Zitat von Longinus belegt, dass diese „Vorschrift" nicht uneingeschränkt gegolten hat, denn in seiner Schrift Περὶ ὕψους (39,4 f) lobt Longinus einen daktylischen (= heroischen = erhabenen) Rhythmus in einer Rede des Demosthenes und bemerkt, wenn man nur *ein* Wort von der Stelle rücke, zerstöre man den ganzen Einklang von Wortfügung und Inhalt. Ob im Griechischen in der Frage, in welchem Umfang Verse in eine Prosarede einfließen dürfen oder nicht, ein anderes Stilempfinden geherrscht hat, mag dahingestellt bleiben. Auch im Bereich der lateinischen Literatur hat man sich jedenfalls nicht grundsätzlich an Ciceros Verdikt gehalten, zumindest nicht in allen Prosagattungen. Beispielsweise hat sich Livius nicht gescheut, sein monumentales Geschichtswerk hexametrisch beginnen zu lassen (Liv. *praef.* 1):

> Ob ich etwas tue, was die Mühe lohnt, wenn ich die Angelegenheiten des römischen Volkes vom Anbeginn der Stadt an ausführlich aufzeichne, weiß ich nicht recht ...

---

[87] Natürlich nur, wenn man die richtig quantitierende Aussprache befolgt; wer sich darum bemüht, wird also nicht nur für das Verselesen lernen, sondern der „wird dann auch die Kunstprosa der Römer mit anderen Ohren hören" (Stroh, 2007a, 324). Die Einsicht, dass bei quantitierenden Sprachen bereits in Prosa Rhythmen bzw. Versfüße zu hören waren und damit zu beachten sind, versucht schon Erasmus von Rotterdam wieder ins Gedächtnis zu rufen, s. *De recta Latini Graecique sermonis pronuntiatione dialogus* 941 (Kramer, 1978, 124): *est enim et in oratione soluta pedum ratio.* Zur Berücksichtigung des Prosarhythmus s. auch Dunsch, 2018.

[88] Vgl. auch Cic. *orat.* 194. Die Regel, in Prosa poetische Metren in größerem Umfang möglichst zu vermeiden, geht bereits auf die aristotelische *Rhetorik* zurück; s. dazu Stroh, 2009, 183.

facturusne͜operae pretium sim, si͜a primordio urbis res populi Romani perscripserim, nec satis scio ...

Das ergibt, von *facturusne* bis *primordi(o)*, einen hypermetrischen Hexameter: — — —◡◡ —◡◡ — — — — —◡(—); auch ab *urbis* bis *perscrips*- ergibt sich wieder ein hexametrischer Rhythmus: — — —◡◡ — — — — — — (◡◡). Mit Synalöphe zwischen *primordio͜urbis* kommt man also auf fast zwei (!) vollständige, durch Synaphie aneinander gebundene Hexameter (allerdings sog. *versus spondiaci*, eine in Gedichten seltene Sonderform). Freilich wird man das nicht häufig antreffen, schon wegen des Verdikts Ciceros, was u. a. dazu geführt hat, dass man glaubte, durch eine Umstellung (*facturusne sim operae pretium ...*) in den Wortlaut des überlieferten Textes (!) eingreifen zu müssen – sicher zu Unrecht, denn Tacitus hat den Beginn seiner *Annales* ebenfalls hexametrisch gestaltet: „Die Stadt Rom haben am Anfang Könige beherrscht ..." – *urbem Romam͜a principio reges habuere* (— — — — —◡◡ — — —◡◡ —◡).

7. Latein und Deutsch

Wie kommt es zu diesem fundamentalen Unterschied zwischen der quantitierenden Aussprache des Griechischen und Lateinischen und den modernen akzentuierenden Sprachen, die sich doch zu einem großen Teil aus den antiken Sprachen heraus entwickelt haben? Im einzelnen kann dies hier nicht nachgezeichnet werden[89]; jedenfalls setzt durch die zunehmende Vermischung mit anderssprachlichen Völkern im Griechischen wie im Lateinischen eine komplexe, allmähliche und lang andauernde Entwicklung in der Aussprache ein, die dem Wortakzent im Lauf der Zeit immer größeres Gewicht einräumt und die korrekte Aussprache der Quantitäten zunehmend vernachlässigt, so dass in der Spätantike und im Lauf des Mittelalters aus einer streng quantitierenden Dichtung eine akzentuierende Dichtung wurde. Rhythmisch hervorgehobene Teile des Verses kamen demzufolge immer mehr zur Deckung mit dem Akzent der Wörter. Bei der quantitierenden Dichtung können „gewichtige" Taktteile

---

[89] S. dazu knapp Halporn/ Ostwald, 1983, 50-53; ausführlich Norberg, 1958; Leonhardt, 1989, v. a. 24-71; Stroh, 2007a, 147-151; speziell für die Entwicklung über das Vulgärlatein zu den romanischen Sprachen ausführlich (mit Graphiken, Tabellen, Quellenangaben und Autorenzeugnissen zu den regional unterschiedlichen Veränderungen in der Aussprache) Tagliavini, 1973, 183-207. Zur neulateinischen Metrik s. Tilg/ Harter, 2019.

wie Längen von der natürlichen Wortbetonung abweichen, ohne dass dies als störend empfunden wird. Bei der akzentuierenden Dichtung wird eine solche Abweichung nur in den seltensten Fällen geduldet. Als Beispiel diene ein nicht zuletzt durch Carl Orffs Vertonung bekanntes Gedicht aus den mittelalterlichen *Carmina Burana* (*Carm. Bur.* 17,1-4):

> *O fortuna,   velud luna*
> > *statu variabilis,*
> *semper crescis   aut decrescis,*
> > *vita detestabilis!*
> O Fortuna, wie Frau Luna
> > wandelbar, veränderlich,
> immer wächst du oder schwindest,
> > scheußlich ist dein Lebensstil!

Hier gelten ganz andere Gesetze als in der antiken Dichtung: der Wortakzent trifft in aller Regel mit rhythmisch betonten Versteilen zusammen, und die einzelnen Satzglieder weisen im Durchschnitt dieselbe Silbenzahl auf, wie das in der Antike nur bei den äolischen Versmaßen der Fall ist. Außerdem fällt eine rhythmisch betonte nicht mehr zwingend mit einer langen Silbe zusammen (z. B. bei *velud* und bei *statu* ist die erste Silbe trotz Kürze betont). Das Bewusstsein für die Quantitäten schwindet, dafür wird der Endreim immer wichtiger.

Mit dieser hier nur kurz angedeuteten Entwicklung hängt das schwindende Bewusstsein von den richtigen Quantitäten zusammen, denn in akzentuierenden Sprachen sind normalerweise unbetonte Silben nicht lang, so dass diese unwillkürlich in der Aussprache „gekürzt" werden. Ein Beispiel: *lăbōrō* richtig auszusprechen ist leicht, weil Akzent und Länge deckungsgleich sind, aber bei *lăbōrāmŭs* wird beim Sprechen oft unwillkürlich die zweite unbetonte, aber lange Silbe gekürzt. Umgekehrt werden ursprünglich kurze offene Silben, wenn sie den Wortakzent haben, automatisch „gelängt".

Gerade bei zweisilbigen Wörtern mit Betonung auf der ersten, eigentlich kurzen Silbe kann man das Phänomen besonders gut beobachten, dass die Wichtigkeit des Akzentes die korrekte Aussprache der Quantität verdrängt, da für das akzentuierende Sprachgefühl die Quantität nur noch untergeordnete Bedeutung hat. Beispiele für Wörter, die im Deutschen fast immer mit einer – gemessen am lateinischen oder griechischen Ursprungswort „falschen" – langen Quantität auf der ersten Silbe ausgesprochen werden: Lŏgik, Chăos, Ămor, Vĕnus, Thĕtis, Rŏse, Ŏpus, quăsi, sŭper, Rătio, Krĭse, Băsis. Mit der deutschen Aussprache „Rātiŏ", „Fīdĕs" oder „Strŏphĕ" liegt regelrecht eine Umkehrung der Quantitäten („quantitative Metathese") in An-gleichung an die veränderte Betonung vor (statt vorne kurz und hinten lang nun vorne lang und hinten kurz). Korrekt müsste man *rătĭō, fĭdēs* oder „Strŏphē" sagen[90].

Weiteres Beispiel: Im Deutschen werden Vokale in geschlossenen Silben gewöhn-lich kurz gesprochen: rĕn-nen, hăl-ten, fĭn-ster, Ăm-pel. Im Lateinischen können Vo-kale in geschlossenen Silben durchaus naturlang sein, was aber bei der heutigen Aus-sprachepraxis meistens unberücksichtigt bleibt (Beispiele: *trīstis, dīgnus, frāctus, tāc-tus, stēlla, lēctor, āctor*).

Die Verteilung der Vokallängen und -kürzen gehorcht im klassischen Latein so-mit anderen Regeln als im Deutschen. Die wichtigsten Unterschiede zusammenge-fasst[91]:

- Kurze Vokale in offenen, betonten Silben werden nicht gelängt (z. B. *rŏsa, lŏcus, lĭber*).
- Folgt auf einen langen Vokal eine Doppelkonsonanz, wird er in seiner Ausspra-chedauer nicht gekürzt (z. B. *lēctor, stēlla, fōrma, frūctus, rēx*).
- Lange Vokale können nicht nur in betonten Silben, sondern in jeder Silbe vorkom-men (z. B. *Rōmānī*, Ablativ *amīcitiā*).

---

[90] Analog zum griechischen στροφή. Im Französischen *strophe* bzw. *catastrophe* ist das kurze „o" bewahrt geblieben.

[91] Vgl. dazu auch das „Kleine lateinische Phoneticum für Deutsche" bei Stroh, 2007a, 316-321.

II. Prosodie 1: Aussprache- und Betonungsregeln

Die sprachwissenschaftlich rekonstruierte, klassische Aussprache des Lateinischen, der sog. *pronuntiatus restitutus* (auch *pronuntiatio restituta*), führt zu einigen Ausspracheregeln, die vom Deutschen her kommend ungewohnt sind[92]. Für Dichtung wie Prosa gleichermaßen wesentlich, sollen die wichtigsten Regeln im folgenden kurz dargestellt werden[93].

1. Aussprache von Vokalen und Konsonanten

a) *Vokale und Diphthonge*

I	zwischen zwei Vokalen sprich	„ij/ji" (z. B. *maior*: *maijor*)[94]
V	als Halbkonsonant sprich wie	englisches w in „water" (z. B. *versus*)[95]
AE	sprich getrennt, annähernd wie „ai" (nicht „ä")[96]	
AV	sprich wie	„au"

---

[92] Bemühungen um eine „originalgetreue" Aussprache des Lateinischen setzen bereits im Humanismus ein, s. Meiser, 1998, 50. Neuerdings ist die Diskussion um den *pronuntiatus restitutus* wieder neu entbrannt, s. Schönberger, 2016a, die Entgegnung von Blänsdorf, 2016, die Replik von Schönberger, 2016b, und dagegen wieder Blänsdorf, 2017.

[93] Vgl. dazu auch die Zusammenstellung bei Stroh, 2007a, 316-321; ausführlich und umfassend die Untersuchung von Allen, 1978, und in einer kürzeren Zusammenfassung das Kapitel „Zur klassisch restituierten Aussprache des Lateins" bei Scherr, 1991, 35-52. Auf eine phonetische Umschrift wird hier mit Blick auf die nicht in erster Linie für Linguisten und Sprachwissenschaftler angelegte Darstellung bewusst verzichtet. Bei Scherr, 1991, 29 f, findet sich eine übersichtliche Tabelle über phonetische Schreibungen, mit jeweils deutschen und italienischen Aussprachebeispielen.

[94] Dies gilt auch bei den Komposita von *iacere* (*abicere* sprich *abjicere*).

[95] Etwa seit dem 1. Jahrhundert n. Chr. wird V zunehmend konsonantisch (teilweise Überschneidung und Verwechslung mit B), vgl. Meiser, 1998, 92 f; Tagliavini, 1973, 193. Zu I und V als Halbvokale s. auch unten S. 55 und Scherr, 1991, 39. In der Schrift werden U und V phonetisch erst seit Petrus Ramus unterschieden (geboren 1515), s. dazu Leumann, 1977, 9, und zu Besonderheiten unten, Anm. 127.

[96] Vgl. dazu Quint. 1,7,18; Varro *ling.* 5,97.

EV	sprich getrennt	„e-u" (z. B. *ne-uter*)
OE	sprich getrennt, annähernd wie „eu" (nicht „ö")	

b) *Konsonanten*

C	sprich wie	„k" (z. B. *Caesar* wie „Kaisar")
CH/ PH/ TH	sprich jeweils getrennt	z. B. *pulc-her, triump-hus*[97]
NC/ NG/ GN	sprich als nasalen Gaumenlaut	z. B. *a^ngulus, ma^ngnus, a^ngnoscere*
QV	sprich wie	„k" + „w" (w wie engl. „water")
R	sprich als Zungenspitzen-r	„rollendes r"
S	sprich als	stimmloses „s"
ST	sprich einzeln wie	„s-t" (nicht „scht")
TI	sprich wie	„ti" (z. B. *ratio*; nicht „zi")

2. Betonung von Wörtern

Man unterscheidet prinzipiell einen „dynamisch-exspiratorischen (Intensitäts-) Akzent" (das betonte Wortelement wird lauter ausgesprochen als unbetonte) und einen „musikalischen (melodischen, chromatischen) Akzent" (das betonte Wortelement unterscheidet sich von den unbetonten durch eine andere Tonhöhe); oft liegen Mischformen vor. Das Altgriechische hatte vorwiegend einen musikalischen Akzent (drei Akzentarten!). Für das Lateinische ist dies nicht gesichert, darüber hinaus möglicherweise sprachhistorisch gesehen unterschiedlich; die Forschung spricht sich mehrheitlich für einen Intensitätsakzent aus, eventuell liegt aber auch eine Mischung aus beiden Akzentformen vor[98].

---

[97] Z. B. wie in „Chor", nicht wie in „Arche".

[98] So plädiert bspw. Drexler, 1967, 14, für einen Intensitätsakzent (ebenso Zeleny, 2008, 32-35), und Haebler, DNP 1, 1996, 424, tendiert vorsichtig abwägend in dieselbe Richtung; Boldrini, 1999, 3 f, geht hingegen entschieden von einem musikalischen Akzent aus, analog zum Griechischen; vgl. dazu auch Leumann, 1977, 235 ff; Soubiran, 1988, 309, entscheidet sich für einen Kompromiss (Kombination aus Intentsitäts- und Tonhöhenakzent); vgl. auch Knight, 1939, 4; Schmitt, 1953, 23.

Wie es den Römern gelungen ist, ihre metrischen Formen fast zur Gänze aus einer fremden Sprache zu übernehmen und darauf ihre eigene lateinische Dichtkunst zu gründen, ist nach Halporn und Ostwald „eines der strittigsten Probleme der klassischen Philologie"[99]. Mag dieses Dictum auch leicht übertrieben erscheinen, eines ist sicher: dieser Prozess der Aneignung stellt eine herausragende kulturelle Leistung dar[100]. Natürlich fordert eine solche Übertragung auch Opfer. Es ist klar, dass eine Metrik, die eigentlich für eine andere Sprache entwickelt wurde, sich nicht hundertprozentig und ohne Verluste auf eine neue Sprache pfropfen lässt, für die z. T. ganz andere prosodische Regeln gelten[101]. Nur der Umstand, dass die Quantitäten in beiden Sprachen Vorrang vor der Wortbetonung haben, hat es überhaupt ermöglicht, dass die Metrik von einer so akzentreichen und melodischen Sprache wie dem Griechischen auf eine in Akzent und Melodie deutlich ärmeren Sprache wie das Lateinische übertragen werden konnte.

a) Lateinische Wortbetonungsregeln

Paenultima-Gesetz

- Zweisilbige Wörter werden auf der vorletzten Silbe betont (z. B. *domus*).
- Drei- und mehrsilbige Wörter werden auf der vorletzten Silbe betont, wenn diese lang (z. B. *amīcus*), auf der drittletzten, wenn die vorletzte Silbe kurz ist (z. B. *profŭgus*).

---

[99] Halporn/ Ostwald, 1983, 7.

[100] Woodman, 1974, 126, schreibt mit Blick auf die Oden von Horaz: „The difficulty of adapting the heavier vocabulary of the Latin language to the lighter metres of Greek lyric poetry must have been a supreme test of sustained effort and poetic competence ..." Vgl. auch Vandvik, 1937, 9; Raven, 1965, 17 f. Zu dem im Vergleich zum lateinischen Hexameter „unkomplizierteren" griechischen s. Hornig, 1972, 172 f.

[101] Vgl. Crusius/ Rubenbauer, 1958, 43: „Die übernommenen griechischen Versmaße wurden von den Nachbildnern *frei umgestaltet*. Die lateinische Sprache sträubte sich gegen das fremde Versgewand, in das sie gezwängt wurde." Mehr Details bei Häuptli, 1995, 266 f; ebd. 266: „... die Wege trennen sich entschieden in der Bewertung von Konsonantengruppen, von Doppelvokalen (die im Griechischen auch kurz sein können), und besonders von Wortgrenzen."

Bis auf wenige Ausnahmen kann im Lateinischen also nur die vorletzte oder die drittletzte Silbe einen Wortakzent haben, niemals die viertletzte (**Gesetz der Dreisilbigkeit**) und auch nicht die letzte (**Gesetz der Barytonese**)[102].

b) Ausnahmen

Ausnahmen vom Gesetz der Barytonese

1. Beibehaltung der ursprünglichen Betonung nach Wegfall des –ĕ *finale*
- bei der Demonstrativpartikel –cĕ: z. B. *illíc* aus *illíce*, *posthác* aus *postháce*[103]
- bei der Interrogativpartikel –nĕ: z. B. *vidén* aus *vidésne*, *satín* aus *satísne*
- bei der 2. Person Singular Imperativ der Komposita von *dicere, ducere, facere*: z. B. *addíc, addúc, olfác*

2. Beibehaltung der Aussprache des einfachen Verbums bei den Komposita von *fieri* in der 2. und 3. Person Singular Indikativ Präsens: z. B. *calefís, calefít*[104]

Ausnahmen vom Paenultima-Gesetz

1. Beibehaltung der Aussprache des einfachen Verbums bei den Komposita von *facere* ohne Ablaut: z. B. *calefácis, satisfácit*[105]

2. Wahrscheinlich ist die Betonung der vorletzten Silbe bei mit Enklitika wie -que, -ve, -ne zusammengesetzten Wörtern, auch wenn diese Silbe kurz ist: z. B. *illáne, omniáque, patréque*[106]

---

[102] Formulierung dieses Gesetzes z. B. bei Quint. 1,5,30 f. Im Altlateinischen galt aller Wahrscheinlichkeit nach ein anderes Betonungsgesetz (der Wortakzent lag immer auf der ersten Silbe; vgl. Meiser, 1998, 53), doch ist dies in der literarischen Periode bereits vom Paenultima-Gesetz abgelöst und nur noch indirekt erschließbar, vgl. Kramer, 1997, 129 f.

[103] Es ist allerdings möglich, dass in klassischer Zeit diese Wörter bereits nach der Paenultima-Regel ausgesprochen worden sind, vgl. Zeleny, 2008, 183-185.

[104] *calefiō* ist regelmäßig; zu weiteren Ausnahmen und den Einzelheiten s. Boldrini, 1999, 5 f.

[105] Dagegen Komposita mit Ablaut nach der Paenultima-Regel: *cónficis, pérficit*.

[106] Unterscheide *ítaque* = „deshalb" und *itáque* = „und so" (aber nur *dénique*, da es in diesem Fall keine Trennung der ursprünglich verschiedenen Elemente mehr gibt). Vgl. Boldrini, 1999, 4.

Für Spezialisten:

Es gibt auch Einwände gegen diese schon von den antiken Grammatikern überlieferte Ausnahmeregel für die Enklitika[107], Stimmen, die auch bei angehängten Enklitika die Paenultima-Regel für gültig halten[108]. Angeführt wird unter anderem, dass beispielsweise im Vers von Ov. *met.* 1,508 *me miserum! ne prona cadas, indignāve laedi* die Betonung *indignáve* auf einer Kürze liegen würde, was gerade beim Hexameterschluss sonst nicht der Fall ist (vgl. auch *Laviniaque venit* bei Verg. *Aen.* 1,2)[109]. Das wird jedoch nur zu einem Problem, wenn man die Existenz eines „Versrhythmus" im Sinne eines „Iktus" annehmen würde, von dem sich Regeln für die Wortbetonung ableiten ließen (dagegen s. Kapitel I,5).

3. Besonderheiten

a) *Hiat*

Das unmittelbare Zusammentreffen eines vokalisch (bzw. diphthongisch) oder eines mit Vokal und schwachem „m" auslautenden Wortes mit einem vokalisch anlautenden Wort wurde offenbar als unschön empfunden. Die dabei „aufklaffende" und in der Regel vermiedene Sprechpause (Offenhalten des Mundes zum neuen Tonansatz) bezeichnet man als „Hiat" (Zeichen: [h])[110].

Allerdings hat man unter bestimmten Umständen den Hiat geduldet. Man unterscheidet dabei den „prosodischen" und den „metrischen" Hiat. Im einen Fall wurde der Hiat schon in der normalen Alltagssprache nicht als unangenehm empfunden („prosodischer Hiat"), im anderen Fall liefern metrische Gestaltungsabsichten den Grund für die Duldung des Hiats („metrischer Hiat").

---

[107] Vgl. Martianus Capella 3,272.

[108] Z. B. Wagener 1886; Hornig, 1972, 214-225 und 226-241; Allen, 1978, 87; Glücklich, 2018, 100, ausführlicher dazu in Anm. 10; mit Einschränkung Soubiran, 1988, 316; strittig sind vor allem auch solche Fälle, wo der Endvokal des Enklitikons durch Synalöphe (oder Aphärese) wegfällt.

[109] Vgl. dazu auch Soubiran, 1988, 316 und 322 f; ausführlich zum Problem Zeleny, 2008, 38-42, die sich bei Versen wie Ov. *met.* 1,508 und Verg. *Aen.* 1,2 (weitere Beispiele dieser nicht seltenen Fälle ebd.) für eine Beibehaltung des ursprünglichen Wortakzentes ausspricht.

[110] Von lat. *hiātus, -ūs* = „Auseinanderklaffen" (vgl. *Rhet. ad Her.* 4,18; Quint. 9,4,33).

Prosodischer Hiat

Der „prosodische Hiat" findet sich nach Monosyllaba[111] und wird geduldet, weil die beiden Wörter gleichsam zu einer Toneinheit (= „metrisches Wort") verschmolzen sind (oft in festen Wendungen wie z. B. Ter. *Heaut.* 308 *me di*[h] *ament*; Hor. *sat.* 1,9,38 *si me*[h] *amas*)[112]. Nach der Regel *vocalis ante vocalem corripitur* (s. Kapitel III,2,b) wird dabei die auslautende Silbe des ersten Wortes, wenn sie lang ist, gekürzt („Hiatkürzung")[113].

Beispiele:

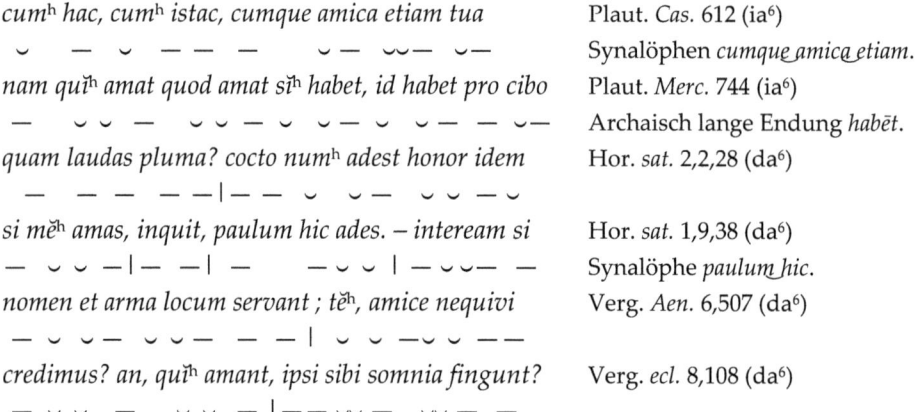

cum[h] *hac, cum*[h] *istac, cumque amica etiam tua*   Plaut. *Cas.* 612 (ia⁶)

Synalöphen *cumque amica etiam*.

nam qui[h] *amat quod amat si*[h] *habet, id habet pro cibo*   Plaut. *Merc.* 744 (ia⁶)

Archaisch lange Endung *habēt*.

quam laudas pluma? cocto num[h] *adest honor idem*   Hor. *sat.* 2,2,28 (da⁶)

si me[h] *amas, inquit, paulum hic ades. – interea si*   Hor. *sat.* 1,9,38 (da⁶)

Synalöphe *paulum hic*.

nomen et arma locum servant ; te[h]*, amice nequivi*   Verg. *Aen.* 6,507 (da⁶)

credimus? an, qui[h] *amant, ipsi sibi somnia fingunt?*   Verg. *ecl.* 8,108 (da⁶)

Metrischer Hiat

Geduldet wurde „metrischer" Hiat:

* An der Schnittstelle zwischen Versende und Versanfang.

---

[111] Nur sehr selten nach zweisilbigen, iambischen oder pyrrhichischen Wörtern (Beispiel Verg. *ecl.* 3,79: *et longum formose vale, vale*[h]*, inquit, Iolla*; Plaut. *Merc.* 845: *domi*[h] *erat quod quaeritabam …*).

[112] Vgl. dazu Boldrini, 1999, 55-57.

[113] Die gekürzte Aussprache eines langen auslautenden Vokals vor anlautendem Vokal bezeichnet man auch als „schwachen Hiat" (Abschwächung des „Aufklaffens" durch Kürzung der Aussprachedauer, ähnlich wie bei der Synalöphe, s. unter Kapitel II,3,b). Der „schwache Hiat" kann auch die Kürzung der Endsilbe eines kretischen (oder kretisch endenden) Wortes betreffen, z. B. *Pēlĭō* zu *Pēlĭŏ* in Verg. *georg.* 1,281: *ter sunt conati*[h] *imponere Pēlĭŏ*[h] *Ossam* (vgl. Crusius/ Rubenbauer, 1958, 19).

- An metrischen Einschnitten innerhalb eines Verses. Z. B. vor Zäsur, etwa Verg. *ecl.* 3,63 *munera sunt, lauri^h et suave rubens hyacinthus*; manchmal auch nach griechischem Vorbild vor dem letzten Versfuß des Hexameters, z. T. mit Hiatkürzung, z. B. Verg. *Aen.* 5,261 *victor apud rapidum Simoenta sub Iliö^h alto.*
- An syntaktischen Einschnitten innerhalb eines Verses (auch „logischer Hiat"), z. B. Verg. *Aen.* 1,405 *et vera incessu patuit dea.^{h} ille ubi matrem*; 1,16 *posthabita coluisse Samo.^{h} hic illius arma.*
- Zu stilistischen Zwecken („stilistischer Hiat"), z. B. oft bei Aufzählungen wie Plaut. *Merc.* 745 (ia^6): *videre, amplecti^h, osculari^h, adloqui* zur Isolierung und damit einhergehenden Hervorhebung der einzelnen Begriffe, oder zur Nachahmung der Klagerufe im Schmerz über Didos Selbstmord Verg. *Aen.* 4,667: *lamentis gemituque et femineo^h ululatu*; zur Steigerung des Pathos vor allem vor und nach Interjektionen, z. B. Verg. *ecl.* 2,65: *te Corydon, o^h Alexi: trahit sua quemque voluptas*[114]; Verg. *Aen.* 10,18 *o pater, o^h hominum rerumque aeterna potestas*; Ov. *met.* 14,832 *o^h et de Latia^h, o^h, et de gente Sabina.*

b) *Synalöphe und Elision*

Vermieden wurde der Hiat in der Regel dadurch, dass der auslautende Vokal (bzw. Vokal+*m*) und der anlautende Vokal miteinander verschliffen wurden. In archaischer und klassischer Zeit wurde der auslautende Vokal noch kurz „angeschlagen"[115]. Diese Verschleifung nennt man **„Synalöphe"** (Zeichen für Synalöphe/ Elision und Aphärese: ‿)[116].

Die Synalöphe kann in der Dichtung auch als stilistisches Gestaltungsmittel eingesetzt werden, vgl. beispielsweise Verg. *Aen.* 3,658:

> *monstrum‿horrendum‿, informe‿ingens, cui lumen ademptum.*

---

[114] In diesem Beispiel unter Kürzung der Interjektion und damit gleichzeitig ein „prosodischer Hiat". Die Zuweisung eines Hiats zu einer bestimmten „Kategorie" ist nicht immer eindeutig (vgl. Boldrini, 1999, 59).

[115] Das ist nicht unumstritten; einer der wenigen Gegner dieser Auffassung ist Hornig, 1972, 204-206. Zu Synalöphen in Ciceros Prosarede s. das Beispiel bei Stroh, 2009, 316 f.

[116] Detailliertes und differenziertes statistisches Material zu Synalöphen/ Elisionen und Aphäresen bietet Siedow, 1911.

Die dreifache Verschleifung und die Spondeenhäufung unterstreichen die unförmige Ungeschlachtheit des riesigen Polyphem[117].

Erst in der späteren Kaiserzeit ging man zu der auch heute meist üblichen Praxis über, den auslautenden Vokal gänzlich zu unterdrücken („**Elision**")[118]. In der deutschen Umgangssprache gibt es ungefähr Vergleichbares (Beispiele: „hab' ich" oder „ich ertrag' es nicht", oder doppelte Auslassung mit Elision und Aphärese: „ich hab's" statt „ich habe es").

Synalöphe (später Elision) tritt ein (Belege aus Vergils *Aeneis*):

- nach Vokal: *causae irarum* (1,25)
- nach auslautendem Vokal+*m*: *magnanimum Aenean* (1,260)
- vor anlautendem *h*: *emissamque hiemem* (1,125)
- bei auslautendem Vokal+*m* und anlautendem *h*: *dicam horrida bella* (7,41)

Elision von schwachem auslautendem „s"

In der älteren lateinischen Dichtung wird häufig auslautendes „s" nach kurzem Vokal vor konsonantischem Anlaut prosodisch unterdrückt, so dass die Endsilbe trotz folgender Doppelkonsonanz kurz gemessen werden kann[119], z. B. Plaut. *Most.* 20: *genu(s) ferratile* (◡◡ — —◡◡).

Diese Erscheinung begegnet dann noch oft bei Lukrez, z. B. 2,53:

quid dubitas quin omni(s) sit haec rationi(s) potestas?

— ◡◡ — — — ◡ — ◡ — ◡◡—◡ —

Sie findet sich zum letzten Mal in einem Pentameter bei Catull (116,8):

at fixus nostris tu dabi(s) supplicium

— — — — — — — ◡◡ — ◡◡◡

---

[117] Vgl. Thraede, 1978, 41 f. Auch lassen sich Unterschiede in der Häufigkeit beobachten, mit der Synalöphen bei den Dichtern auftreten (z. B. bei Vergil deutlich häufiger als bei Ovid).

[118] Es hat sich eingebürgert, den Begriff „Elision" gewissermaßen als eine Art Oberbegriff für alle Arten der Vokalunterdrückung zu verwenden. Korrekter ist die Unterscheidung in die Unterdrückung von Endvokalen (= Apokope, Elision im engeren Sinn) und in die Unterdrückung von Anfangsvokalen (= Aphärese).

[119] Vgl. Soubiran, 1988, 13.

c) *Aphärese*

Sonderfall **„Aphärese"** (auch „Prodelision" oder *elisio inversa*): Wenn auf ein vokalisch oder auf –*m* auslautendes Wort die Formen *est* oder *es* von *esse* folgen, wird nicht
die Endsilbe des ersten Wortes, sondern das „*e*" von *est* bzw. *es* ausgestoßen, und das
verbliebene „*st*" bzw. „*s*" verschmilzt mit der vorhergehenden Silbe (Beispiele: *interea est* > *intereast*, Plaut. *Cist.* 227; *simili est* > *similist*, Plaut. *Amph.* 446; *periculosum est*
> *periculosumst*, Phaedr. 3,10,1).

Für Spezialisten:

Bei den altlateinischen Szenikern verschmilzt *est/ es* in selteneren Fällen auch mit auslautendem –*ŭs* und –*ĭs*[120], z. B.:

fortunatus = *fortunatus es*	Plaut. *Most.* 48
meritus = *meritus es*	Ter. *Andr.* 621
optimust = *optimus est*	Plaut. *Truc.* 173

Die Endung –*ĭs* verschmilzt dabei mit *est* in manchen Fällen zu –*ist*:

quae huius cupiens corporist = *corporis est*	Plaut. *Mil.* 997
primum huius uxorist = *uxoris est mater*	Ter. *Ad.* 929
nostrae omnist = *omnis est fautrix familiae*	Ter. *Eun.* 1052

In anderen Fällen werden –*ĭs* und *est* zu –*est*:

nunc etiam rudest = *rudis est*	Plaut. *Poen.* 189
qualest = *qualis est qui donum dedit*	Plaut. *Amph.* 537
ecquid mei similest = *similis est*	Plaut. *Truc.* 505[121]

---

[120] Vgl. Crusius/ Rubenbauer, 1958, 14; Boldrini, 1999, 54.

[121] Vielleicht zur Unterscheidung von *similist* = *simili est* wie in Plaut. *Amph.* 446? Dafür aber
bleiben *similis est* und *simile est* ununterscheidbar (vgl. bspw. Plaut. *Truc.* 505 *similest* = *similis
est* und dagegen Ter. *Eun.* 334: *nonne hoc monstri similest* = *simile est*?; *Heaut.* 1019: *id quod consi-
milest* = *consimile est moribus*). Vgl. auch Questa, 1967, 25, der konstatiert, dass der Grund für
diese (tatsächlich auf die Handschriften zurückgehenden) Schreibweisen unklar bleibt; ausführlicher s. Questa, 2007, 42-46.

III. Prosodie 2: Quantitäten der Vokale und Silben

1. Quantitäten „von Natur" und „durch Position"

Wichtig für die richtige Aussprache lateinischer Wörter ist neben den Betonungsregeln v. a. die Kenntnis von den Längen und Kürzen der Vokale und Silben.

a) Vokale

Vokale sind von Natur
- lang (z. B. *sōl*; Diphthonge sind immer lang), oder
- kurz (z. B. *lŏcus*)[122],

ganz unabhängig davon, ob es sich um (mit Konsonant) geschlossene (*sōl*) oder um offene Silben (*lŏ–cus*) handelt. Das ist für die richtige *Aussprache* lateinischer Wörter von grundsätzlicher Bedeutung.

Für die *Metrik* ergibt sich daraus:
- Naturlange Vokale müssen im Metrum auch als Länge gemessen werden[123].
- Bei naturkurzen Vokalen richtet sich die Messung (nicht die Aussprache!) im Metrum nach der Messung der Silbe im Verszusammenhang.

b) Silben

Rein *sprachwissenschaftlich* gesehen gelten nur offene Silben mit kurzem Vokal als kurz, z. B. -*quĕ* (enklitisches „und") oder die Silbe *lŏ* von *lŏcus* („Ort"). Alle anderen Silben gelten als lang, also z. B. offene Silben mit langem Vokal wie die Silbe *mī* von *ămīcŭs* und sämtliche durch mindestens einen Konsonanten geschlossenen (und damit „gelängten") Silben, auch wenn der Vokal selbst in diesen Silben kurz ist wie z. B. in *sŭb* oder die Silbe *cŭs* von *ămīcŭs*[124].

---

[122] Vgl. im Deutschen „Tāl" und dagegen „sätt".

[123] Zu den wenigen Ausnahmefällen s. Kapitel III,2 „Kürzung und Dehnung von Vokalen".

[124] Zur Problematik des Silbenbegriffes und verschiedenen Definitionsansätzen s. ausführlich Allen, 1973, 27-46, kürzer Boldrini, 1999, 10-15.

Für die Messung der Silbenquantitäten hinsichtlich der *Prosodie* (Wortbetonungs-regeln) und der *Metrik* gilt Entsprechendes (s. die folgenden Punkte 1-3), bis auf eine Ausnahme, die sich auf kurzvokalische und mit nur einem Konsonanten geschlos-sene Silben bezieht (Punkt 4):

1. **Kurz sind offene Silben** mit kurzem Vokal (z. B. die Silbe *lŏ* in *lŏ-cus*).
2. **Lang sind offene Silben** mit langem Vokal oder Diphthong (z. B. die Silben *mī* und *moe* in *amī-cus* bzw. *amoe-nus*).
3. **Lang sind** mit *zwei oder mehr* Konsonanten **geschlossene Silben**, unabhängig davon, ob der Vokal in dieser Silbe naturlang oder naturkurz ist (z. B. *rēgnum; hinc; fert*). Solchermaßen lang gemessene Silben mit *naturkurzem* Vokal (*hinc; fert*) werden als „durch Position lang" bezeichnet (zu den Ausnahmen s. unten; zur Ausprachepraxis s. unter „Merke 1")[125].
4. **Lang oder kurz** sind mit nur *einem* Konsonanten **geschlossene Silben**, die einen *naturkurzen* Vokal beinhalten, je nachdem, ob die nächste Silbe konsonantisch oder vokalisch beginnt. „Positionslänge" ergibt sich also auch über Wortgrenzen hinweg. So wird die letzte Silbe von *pătĕr* „positionslang" bei der Zusammenstel-lung von *pătĕr dĕōrŭm*; sie bleibt kurz bei der Verbindung *pătĕr Aenēās*[126].

Merke 1:

Durch die „Positionslänge" wird die *Aussprache des Vokals nicht* verändert! Als Bei-spiel zwei Wörter für die „Verstorbenen": *inferi* und *inferni*. Das „e" wird in beiden Fällen kurz ausgesprochen; die Wortbetonung liegt wegen der Paenultima-Regel im ersten Fall auf der drittletzten, im zweiten auf der vorletzten Silbe: *ínferi - inférni*. Nicht der *Vokal*, sondern die geschlossene, positionslange *Silbe* unterscheidet sich

---

[125] Z. B. *sub–ditus*: erste Silbe trotz Kurzvokal *ŭ* lang gemessen, weil vor mehr als einem Konsonanten „positioniert". *syllabae positione longae*: Das *positione* stellt die lateinische Übersetzung des griechischen θέσει dar. Laut Crusius/ Rubenbauer, 1958, 5, Anm. 2, glaubten schon die antiken griechischen Metriker, „die Verwendung solcher Silben als Länge beruhe auf Ab-machung der Dichter. Die Römer konnten den Ausdruck wohl auch in dem Sinn 'durch die Stellung' verstanden haben". Dass solche „Positionslängen" auf einer „Übereinkunft der Dich-ter" beruhen, ist offensichtlich ein im Nachhinein entstandenes, realitätsfernes Konstrukt.

[126] Weiteres Beispiel: ... *latent sub gurgite turres* (Hexameterende Ov. *met.* 1,290: Silbe *sub* positionslang); *quamvis sint sub aqua* ... (Hexameteranfang Ov. *met.* 6,376: Silbe *sub* kurz). Rein *sprachwissenschaftlich* betrachtet gilt auch hier weiterhin die Regel, dass es nur zwei Arten von Silben gibt, kurze (offene Silben mit kurzem Vokal) und lange (alle anderen), da bei der *Aus-sprache* die Syllabifizierung einmal *konform* zu den Wortgrenzen (*sub-gur-gi-te*), das andere Mal *gegen* die Wortgrenzen vorgenommen wird (*su-ba-qua*).

von der offenen, kurzen Silbe durch eine längere Aussprachedauer, die gewahrt wird, indem man den beiden Konsonanten *rn* bei *inferni* ihr volles, je eigenes „Gewicht" einräumt (*inferi* hat 5 „Zeiteinheiten/ Moren": — ◡ —, *inferni* hat 6 „Zeiteinheiten/ Moren": — — —).

Merke 2:
In der Metrik richtet sich die Analyse der Längen und Kürzen *ausschließlich* nach den Quantitäten der *Silben*, nicht nach den Quantitäten der *Vokale*! *In den Wörterbüchern* hingegen geben die Zeichen — und ◡ die Quantitäten der *Vokale* an. Im Wörterbuch stünde also z. B. an den *Vokalen* orientiert *īnfĕrnŭs dŭx*, bei der metrischen Analyse aber ergeben sich wegen der „Positionslängen" vier lange *Silben*: *īnfērnūs dūx*.

Merke 3:
„x" und „z" gelten in der Regel als Doppelkonsonanten, „qu" in der Regel als einfacher Konsonant; der Buchstabe „h" zählt nicht als Konsonant (deshalb zählen auch *ch, ph, th* als einfache Konsonanten).

Merke 4:
„I" und „V" bezeichnen sowohl die Vokale „i" und „u" als auch die Halbvokale (bzw. „Halbkonsonanten") „j" und „w" und können deshalb je nachdem als Konsonanten oder als Vokale gelten (z. B. ist in IVVENIS das erste I konsonantisch, das zweite vokalisch; das erste V ist vokalisch, das zweite konsonantisch; sprich: „juwenis")[127].

Intervokalisches „i" wird als Doppellaut gesprochen und daher wie eine Doppelkonsonanz (nicht mit vokal-, aber mit silbenlängender Wirkung) gewertet (z. B. sprich *maius, eius, cuius* wie *maijus, eijus, cuijus*)[128].

---

[127] Die phonetische Unterscheidung zwischen „v" und „u" im Schriftbild stammt erst aus dem 16. Jhdt. (s. oben, Anm. 95). Bei den Verbindungen -qu+Vokal, -gu+Vokal und -su+Vokal ist allerdings das „u" trotz konsonantischer Geltung stehen geblieben; Beispiele: *equus, lingua, suavis, suadeo, suesco* sind von der Aussprache her eigentlich *eqvus, lingva, svavis, svadeo, svesco*; vgl. auch Rubenbauer/ Hofmann § 1. Bei metrischen Zwangslagen kann ein Dichter aber zu einer prosodischen Dihärese (Zerdehnung) greifen, bspw. *consueras* viersilbig messen (*con-su-er-as*), s. Ov. *epist.* 15,130.

[128] Dasselbe gilt auch für die Komposita von *iacio* (z. B. *adicio* sprich *adjicio*). S. Ruben–bauer/ Hofmann § 4,1,1; vgl. Allen, 1978, 39 f.

Merke 5:

Vor *–nf* und *–ns* wird *jeder* Vokal *lang* gesprochen (z. B. *īnfāns; mēnsa; īnferī*)[129].

Für Spezialisten 1:

Ob im Vers der Vokal in einer *geschlossenen,* durch das nachfolgende Wort positionslangen Endsilbe naturlang oder naturkurz ist (wenn grammatikalisch mehrere Möglichkeiten beste-hen), muss der Kontext entscheiden. So ist z. B. bei *primum Graius homo mortalis tollere contra* ‖ *est oculos ausus* (Hexameter, Lucr. 1,66 f) allein nach metrischen Kriterien nicht entscheidbar, ob *mortalis* zu *homo* (*mortalĭs homo,* Nominativ) oder zu *oculos* zu ziehen ist (*mortalīs oculos,* Akkusativ). Zur Diskussion eines weiteren Beispiels s. Anm. 519, S. 191.

Für Spezialisten 2:

Ist eine *offene* Endsilbe im Vers durch das nachfolgende Wort positionslang, ist der Vokal in aller Regel als naturlang zu interpretieren. So ist beispielsweise in dem Vers *fata regunt orbem, certa stant omnia lege* (daktylischer Hexameter, Manil. 4,14) *certā* auf *lege* zu beziehen und nicht als durch Positionslänge „verschleiertes" kurzes *certă* zu deuten und zu *omnia* gehörig, obwohl rein grammatikalisch beide Möglichkeiten bestehen.

Es gibt allerdings Ausnahmefälle. Vor allem wenn das Folgewort mit einer *muta cum liquida* (oder Frikativ + *liquida*) oder mit einer Konsonantengruppe mit erstpositioniertem „s" beginnt (Näheres dazu unter Kapitel III,1,c-d), kann die offene Endsilbe eines vorangehenden Wortes metrisch „gelängt" werden, auch wenn der Vokal sprachgeschichtlich oder grammatikalisch eindeutig naturkurz ist[130]. Beispiele für solche Ausnahmen bei Catull (jeweils Längung eines eigentlich kurzen „a"): Ende eines iambischen Trimeters (4,18): *impotentiā freta,* ‒◡‒◡‒◡◡; Ende eines Choliambus (44,18): *nefariā scripta,* ◡‒◡‒‒◡; Elemente 6-8 eines Hexameters (64,186): *nullā spes,* ‒‒‒[131].

---

[129] Dass die Römer auch in geschlossenen Silben die Quantität der Vokale genau unterschie-den haben, zeigt eine Stelle bei Cicero (Cic. *orat.* 159), wo er u. a. den Unterschied in der Aus-sprache von *ĭndŏctŭs* und *īnsānŭs* erläutert (die Längen und Kürzen bezeichnen hier die Vokal- , nicht die Silbenquantitäten). Diese Regel der Vokal-Längung betrifft auch Vokale vor der Silbe *-ct* v. a. beim Partizip Perfekt Passiv, wenn dort ursprünglich *-gt* zu rekonstruieren ist (z. B. *āctus* < **agtus* von *agere* oder *tēctus* < **tegtus* von *tegere*).

[130] Vgl. dazu Skutsch, 1985, 57 f. Es gilt jedoch im Lateinischen gerade bei den häufigen Wörtern mit *s*+Konsonant am Anfang des Folgeworts, dass eine „Positionslänge über die Wortfuge hinweg verpönt ist, während im Griechischen Wortfugenkomposition … geradezu ein Klangmerkmal darstellt", s. Häuptli, 1995, 267.

[131] Der oben zitierte Maniliusvers könnte auch ein solcher Ausnahmevers sein (wegen *s*+Konsonant am Beginn des Folgewortes), jedoch erhält die Richtigkeit obiger Deutung zu-sätzlich durch den parallel strukturierten Folgevers eine Bestätigung (*certā … lege* in 4,14 kor-respondiert inhaltlich mit *per certos … casus* in 4,15).

Für Spezialisten 3:

Traditionell wird in der Metrik die letzte Silbe einer Verszeile als *lang* gewertet (nicht gespro-chen), auch dann, wenn sie kurzen Vokal aufweist und offen oder mit nur *einem* Konsonanten geschlossen ist. Das hängt damit zusammen, dass die am Versende eintretende Sprechpause zur letzten Silbe dazugerechnet wird und deshalb beide zusammen als eine (längerdauernde) Einheit gelten[132]. Steht in selteneren Fällen am Ende des Verses (oder eines Versteiles) eine offene Silbe mit kurzem Vokal, redet man von einer *(syllaba) brevis in (elemento) longo*, also von einer kurzen Silbe, die gewissermaßen die „Qualität" eines Longum besitzt oder, korrekter formuliert, durch die Pause am Versende (selten auch im Vers) die „Qualität" eines Longum bekommt[133].

Für die Praxis ist allerdings zu empfehlen, die Endsilbe eines Verses bei der metrischen Analyse immer mit ihrer korrekten Quantität zu bezeichnen, also auch bei einer mit nur einem Konsonanten geschlossenen Silbe anzugeben, ob es sich um einen langen oder kurzen Vokal handelt (z. B. zur Unterscheidung zwischen *omnĭs* und *omnīs*); dies ist jedenfalls hilfreicher, als standardisiert alle geschlossenen Silben am Versende automatisch mit einer Länge zu bezeich-nen.

Zumal es mit Recht bezweifelt werden mag, ob beim Vortrag antiker Texte die Pausen am Versende tatsächlich immer streng eingehalten und immer gleich lang ausgehalten wurden. Schon die antiken Metriker haben von Pausen unterschiedlicher Länge gesprochen[134]. Ein die semantisch-syntaktische Struktur nicht völlig ausblendender Vortrag hat den Übergang zwi-schen Verg. *Aen.* 1,2 und 1,3 (*Laviniaque venit* ‖ *litora*), ein syntaktisch eng zusammengehören-des Kolon mit kurzem Schlussvokal bei *venĭt*, sicher kürzer gestaltet als den zwischen Verg. *Aen.* 1,7 und 1,8 (*altae moenia Romae.* ‖ *Musa, mihi causas memora ...*): starker syntaktischer Ein-schnitt und lange Endsilbe bei *Romae*[135]. Analog dürfte auch bei Enjambements mit einer *brevis in longo* am Versende (z. B. Verg. *Aen.* 1,78 f: *tu sceptra Iovemquĕ* ‖ *concilias;* oder 1,177 f: *Cere-aliaque armă* ‖ *expediunt*) die Dauer der Pause (und damit die Dauer der Endsilbe insgesamt) kürzer gewesen sein als bei einem deutlichen syntaktischen Einschnitt mit einer geschlossenen und langvokalischen Silbe[136].

Noch bequemer, aber auch ungenauer ist die traditionell vor allem im schulischen Unter-richt angewendete Vorgehensweise, Silben am Versende auch beim Skandieren eines *konkreten*

---

[132] Vgl. Maas, 1923, 11: „Da aber die innere Responsion an dieser Stelle sehr oft ein longum fordert, so gut wie nie ein breve, und da mit der Möglichkeit zu rechnen ist, dass auch kurze Schlußsilben durch die Pause prosodisch gelängt werden, notieren wir jedes schließende Ele-ment als longum." Zu den Sprechpausen bzw. der Endsilbe eines Verses s. auch Christ, 1879, 47 f (mit Verweis auf Quint. 9,4,51) bzw. 104 f (mit Verweis auf Quint. 9,4,93).

[133] Vgl. Kannicht, 1997, 346; Quint. 9,4,93; Aug. *De musica* 4,1.

[134] Vgl. Christ, 1879, 47 f.

[135] Ein antiker Beleg für unterschiedlich lange Pausen im Vortrag ist Quint. 11,3,35-39.

[136] S. dazu auch Hornig, 1972, 13. Differenzierungen bei Quint. 9,4,93 f.

Verses mit dem Zeichen für ein *elementum indifferens* (oft das Zeichen „x") zu versehen; unerlässlich für die korrekte Darstellung eines Vers*schemas*, das die verschiedenen Möglichkeiten
angeben muss, ist im *konkreten* analysierten Vers doch die exakte Analyse der Silbe vorzuziehen. Hinzu kommt, dass das Zeichen „x" traditionsgemäß für ein *elementum anceps* steht, die
Endsilbe eines Verses aber nicht durch ein *elementum anceps*, sondern durch ein *elementum indifferens* gebildet wird[137].

Bei der Darstellung des Versschemas wird in diesem Buch das *elementum indifferens* mit
dem Zeichen ⨾ versehen (vorzugsweise *longum*, in Ausnahmefällen *breve*, aber nie zwei *brevia*
wie beim *elementum anceps*). Das hat den Vorteil, dass bekannte Zeichen zu einem leicht ver-
ständlichen, neuen Zeichen kombiniert werden und die beiden Möglichkeiten aufgezeigt werden, für die man sich beim Skandieren an dieser Stelle zu entscheiden hat[138]. Ein graphisches
Sondersymbol für diese Position zu verwenden ist nicht notwendig und eher verwirrend[139].

c) Ausnahmen 1: muta cum liquida (Frikativ cum liquida)

Eine besondere Rolle spielt Doppelkonsonanz, bei der an erster Stelle eine *littera muta*
mit einer nachfolgenden *littera liquida* verbunden wird (*mūtă cum lĭquĭdă*).

Mutae (Plosive):   B D G und P T C[140]

Liquidae: L R

In Verbindung mit *litterae mutae* haben neben den *liquidae* die gleiche Wirkung in
seltenen Fällen auch die

Nasale: M N[141],

---

[137] Zu diesen Begriffen s. unter Kapitel IV,1 „Metrische Zeichen".

[138] Das entspricht u. a. der Tradition, vgl. Christ, 1879, 8.

[139] So z. B. bei Rossi, 1975, 1217; bei Boldrini, 1999, 70, ist es eine Art umgekehrtes „u" mit
einem Punkt darunter. Für das *elementum anceps* hingegen ist die Verwendung eines neuen
Zeichens („x") sinnvoll (s. z. B. Boldrini, 1999, 70), weil man bei der Darstellung aller in Frage
kommenden Möglichkeiten gleich drei herkömmliche Zeichen übereinander anordnen müsste
(ein *longum*, darüber zwei *brevia*, darüber ein einzelnes *breve*), was schnell unübersichtlich wird
(vgl. z. B. die komplizierte Darstellung des katalektischen trochäischen Tetrameters bei
Crusius/ Rubenbauer, 1958, 84).

[140] BDG gehören zur Untergruppe der Mediae, PTC zur Untergruppe der Tenues (neben C
gehört im Lateinischen dazu auch Q: beides „k-Laute") der Plosive.

[141] Beispiele *regină Cnidi*, Hor. *carm.* 1,30,1; *proximă Gnōsiacō*, Ov. *met.* 9,669. S. Halporn/ Ostwald, 1983, 10; Crusius/ Rubenbauer, 1958, 6 mit Anm. 4, wo „m" und „n" fälschlicherweise

und außerdem die Kombination

Frikativ *cum liquida* bei FR (PHR) und FL (PHL)[142].

Für diese besonderen Doppelkonsonanzen gilt:

In der **Prosa** bewirkt *muta cum liquida* bei der Silbe *keine* Länge.

Beispiele: *célĕbrō, óbsecrō, émigrō.*

Dort ist also folgende Aussprache mit kurzer offener Silbe die Regel: *celĕ-bro, obsĕ-cro etc.*

In der **Dichtung** kann eine vorangehende Silbe mit kurzem Vokal *kurz oder lang* gesprochen werden (sog. *syllaba anceps*)[143]. Das liegt daran, dass man *muta cum liquida* entweder als Einheit oder getrennt aussprechen konnte, so dass sich je nachdem eine offene (= bei kurzem Vokal kurze) oder eine geschlossene (= lange) Silbe ergab (z. B. kurz *să-crum* oder lang *sac-rum*)[144].

Beispiel Ov. *met.* 13,607: *et primo similis volŭcri, mox vera volucris* („und zunächst einem Vogel ähnlich, dann ein wirklicher Vogel"): Aussprache des *u* von *volucris* immer kurz, aber die betroffene Silbe einmal als offene (kurze) Silbe, einmal als geschlossene (lange) Silbe: *et primo similis volŭ-cri, mox vera volŭc-ris*[145].

---

unter die *liquidae* gerechnet werden. In der griechischen Dichtung gelten die Regeln für *muta cum liquida* bzw. *mutae* mit Nasalen m und n analog.

[142] Zur Kombination Frikativ (alias Spirans) + *liquida* (immer ohne silbenlängende Wirkung) s. Verg. *Aen.* 2,741: *animumve rĕflexi*, Verg. *Aen.* 4,325: *moeniă frater*, Ov. *epist* 16,198: *puellă Phrygem.* S. Richter-Reichhelm, 2010 (vgl. auch Häuptli, 1995, 267).

[143] In der archaischen Dichtung bildet *muta cum liquida* (genauso wie durchweg in der Prosa) nie eine Positionslänge (zu wenigen unsicheren Ausnahmen s. Boldrini, 1999, 47); erst später wird diese Möglichkeit von den Dichtern genutzt (vgl. Skutsch, 1985, 55). Rein sprachgeschichtlich müsste man also bei der metrischen Analyse diejenigen Stellen hervorheben, bei denen *muta cum liquida* eine Positionslänge bewirkt, nicht diejenigen, bei denen dies unterbleibt. Aus didaktischen Gründen wird in diesem Buch aber bei den metrischen Analysen das Unterbleiben einer Positionsbildung vermerkt, da dieses gegen die aufgestellte „Hauptregel" verstößt, nach der mit mehr als einem Konsonanten geschlossene Silben lang sind.

[144] Vgl. Stroh, 1981, 71, mit Anm. 14; Boldrini, 1999, 15.

[145] Weitere Beispiele für solche Verse mit Doppelmessung ein und desselben Wortes bei Zeleny, 2008, 59.

Merke 1:

Gehören bei *muta cum liquida* die beiden Konsonanten *verschiedenen* Silben an (bei Worttrennung oder bei zusammengesetzten Wörtern), so tritt – anders als in der griechischen Dichtung – stets Positionslänge ein (z. B. *ŏb rem, ŭt rupes* oder *ōb-ruit, āb-rumpo*)[146].

Merke 2:

Endet ein Wort mit kurzem Vokal und beginnt das folgende mit *muta cum liquida*, dann bleibt die auslautende Silbe meistens kurz (z. B. *numina nullă premunt*, Verg. Aen. 10,375)[147].

d) Ausnahmen 2: Konsonant mit s-Laut

Abweichend von der Regel haben nach kurzvokalisch auslautenden Wörtern neben einer *muta cum liquida* noch folgende Konsonantenkombinationen am Anfang des nächsten Wortes nicht zwingend längende Kraft (oft bei Fremdwörtern):

Doppelkonsonanz mit s-Laut am Anfang

z. B. *sc-/ sm-/ sp-/ sq-/ st-/ sv-*: *undă Scamandri*, Catull. 64,357; *quiă scilicet*, Hor. sat. 2,2,36; *quoscumquĕ smaragdos*, Prop. 2,16,43; *bracchiă spectavi*, Prop. 3,11,53; *tu capĕ spinosi*, Prop. 4,4,48; *cederĕ squamigeris*, Lucr. 1,372; *indĕ statu* Lucr. 4,772; *lacesserĕ svasit*, Verg. Aen. 10,10

Doppelkonsonanz mit s-Laut am Ende

z. B. *ps-/ z-* (= „ts"): *spectarĕ Pseudole*, Plaut. *Pseud.* 552; *nemorosă Zacynthos*, Verg. Aen. 3,270

---

[146] Innerhalb desselben Wortstamms kann die vorangehende Silbe *kurz oder lang* gemessen werden (s. das oben gegebene Beispiel *sacrum*; vgl. auch *patri*).

[147] Zu seltenen Ausnahmefällen s. oben, „Für Spezialisten 2", S. 56.

2. Kürzung und Dehnung von Vokalen

Innerhalb enger Grenzen ganz bestimmter sprachlicher Phänomene können kurze Vokale gelängt (Diastole) oder lange Vokale gekürzt (Systole) ausgesprochen werden. Das wird v. a. für den Rhythmus in der Dichtung relevant, hatte aber wahrscheinlich immer auch eine Entsprechung in der Alltagssprache.

a) Diastole: Dehnung von kurzen Vokalen

Ursprünglich handelt es sich bei der Längung (Diastole) von kurzen Vokalen wohl eher um eine längere Aussprache der nachfolgenden Konsonanten (oft Liquida wie *l* und *r*, die länger ausgehalten werden können)[148], also eher um eine Aussprache als geschlossene Silbe, als um eine tatsächliche Längung des Vokals (Beispiele in der Dichtung: Hom. *Od.* 1,31 ἀθανάτοισι als —⌣⌣—⌣ statt korrekt ⌣⌣⌣—⌣; Verg. *Aen.* 3,91 *liminaquē laurusque* statt korrekt *liminaquĕ laurusque*).

Solche Dehnungen finden sich in der Dichtung v. a.

- vor einer Zäsur (*brevis in longo ante caesuram*; Hexameterbeispiele: *omnia vincit Amōr* | *et nos cedamus Amori* Verg. *ecl.* 10,69; *spesque hominum primae matrīs* | *habitavimus alvo* Ov. *met.* 15,217)
- in der ersten Hälfte des 5. Versfußes im Hexameter (*iam veniet virgo, iam dicetūr hymenaeus* Catull. 62,4)
- bei Eigennamen, die sich sonst nicht in den Versrhythmus einfügen lassen (*Ītaliam fato profugus* Verg. *Aen.* 1,2: *Ĭtălĭă* beginnt eigentlich mit einer Kürze, vgl. dazu Quint. 1,5,18; ebenso Verg. *Aen.* 7,701 *Ăsĭă* statt *Āsia*)

b) Systole: Kürzung von langen Vokalen

Bei der Kürzung (Systole) von langen Vokalen handelt es sich zum einen ursprünglich wahrscheinlich eher um eine Verschleifung als um eine tatsächliche Verkürzung des ersten Vokals. Sie findet zum Beispiel dann statt, wenn ein auslautender langer

---

[148] Oder um die Längung von Endsilben, die im Altlateinischen noch regelmäßig lang waren.

Vokal vor anlautendem kurzen Vokal gekürzt wird („Hiatkürzung", v. a. beim homerischen Hexameter, z. B. Hom. *Od.* 1,1 μοι ἔννεπε ‿—‿‿ statt korrekt ——‿‿; Ter. *Heaut.* 308 *dĭ ament* ‿‿— statt korrekt —‿— in einem iambischen Senar). Zum anderen findet man Systolen vor allem im Zusammenhang mit einer in der lateinischen Sprache allgemein zu beobachtenden Tendenz, nämlich bei zwei direkt aufeinanderfolgenden Vokalen den ersten Vokal zu kürzen (z. B. —‿‿ statt ——‿ bei *unĭus ob noxam* Verg. *Aen.* 1,41) [149].

Vocalis ante vocalem corripitur

Als eine generelle Ausspracheregel lässt sich beobachten, dass ein langer Vokal vor einem anderen (ungleichartigen) Vokal gekürzt wird (*vocalis ante vocalem corripitur*); z. B. *flēre*, aber *flĕō*. Eine solche Kürzung kann auch Diphthonge treffen, z. B. Kürzung der Silbe *prae-* im Hexametervers Verg. *Aen.* 7,524: *stipitibus duris agitur sudibusve praeustis.*

Ausnahmen seien hier der Vollständigkeit halber angeführt[150]. Lang bleiben:
* *a* oder *e* bei den Eigennamen auf *–aius/ –eius* (*Gāī, Pompēī*) oder bei griechischen Wörtern und Eigennamen (*āēr, Mēdēa*)
* *a* beim archaischen Genitiv Singular der A-Deklination (*terrāī*)
* *e* im Genitiv und Dativ der E-Deklination, wenn *i* unmittelbar vorausgeht (*aciēī, diēī*)
* *i* oft beim Genitiv auf *–ius* (*illīus* neben *illĭus, unīus* neben *unĭus*)
* *i* manchmal beim Verbum *fīō* (außer vor folgendem *er*)

Gerade in der Dichtung ist dieses Gesetz nicht nur auf das Wort*innere* beschränkt, sondern findet sich beispielsweise öfter, wenn auf ein langvokalisch auslautendes, *einsilbiges* Wort ein vokalisch anlautendes Wort folgt („prosodischer" oder „schwacher Hiat"), z. B. Plaut. *Merc.* 744 *quī amat* (ia⁶); Ter. *Heaut.* 308 *me dĭ ament* (ia⁶); vgl. auch die Verkürzung des Diphthongs in *insulae* vor Hiat: *insulaeʰ Ionio in magno quas dira Celaeno*, Verg. *Aen.* 3,211 (da⁶)[151].

---

[149] Zu Diastole und Systole vgl. Quint. 1,5,18, der als Beispiele die hier genannten Stellen Verg. *Aen.* 1,2 für eine Diastole und Verg. *Aen.* 1,41 für eine Systole explizit anführt.

[150] Zu den Ausnahmen s. Rubenbauer/ Hofmann § 10. Weitere Ausnahmen: langer Vokal oder Diphthong vor Vokal in griechischen Wörtern, z. B. *Menelāus*; im Altlatein gelegentlich das *u* in *fŭit, plŭit, institŭi.*

[151] Zum Hiat s. Kapitel II,3,a.

Iambenkürzung

Vor allem im archaischen Latein ist die Iambenkürzung ein weit verbreitetes Phänomen – in der Komödie wird ausgiebig davon Gebrauch gemacht –, während sich in nachsullanischer Zeit davon kaum mehr eine Spur findet[152]. Es handelt sich um die Möglichkeit (nicht Notwendigkeit), unter bestimmten Bedingungen in einer iambischen Silbenfolge (kurz-lang) die lange Silbe zu kürzen oder zumindest kurz zu messen (kurz-kurz)[153]. Obwohl die Kürzung der langen Silbe nicht unbedingt die Endsilbe eines iambischen Wortes betreffen muss, ist dies doch häufig der Fall, so dass die Iambenkürzung in vielen Fällen mit der generellen Tendenz in der Entwicklung der lateinischen Sprache zusammentrifft, lange Endsilben zu kürzen[154]. Während sich nun aber im Lauf der Zeit ein fester Satz an Endsilben bei bestimmten Wörtern oder an Konjugations- bzw. Deklinationsendungen herauskristallisiert, der *regelmäßig* gekürzt wird (wie z. B. *ĕgŏ, tĭbĭ, mŏdŏ* anstelle von *ĕgō, tĭbī, mŏdō*, oder *laudăt* anstelle von archaisch *laudāt*), wird die Möglichkeit, bei *jedem beliebigen* Wort (z. B. *bŏnīs* zu *bŏnĭs* und auch im Wortinneren) eine Iambenkürzung vornehmen zu können, zu-

---

[152] Vgl. Boldrini, 1999, 39 und 45.

[153] Boldrini, 1999, 39-46, versucht zu zeigen, dass es sich bei der Iambenkürzung nicht um eine tatsächliche Verkürzung der Aussprachedauer, sondern lediglich um eine Verschmelzung der zwei Silben zu einem Ganzen gehandelt hat, das als Doppelkürze *gewertet* wurde. Zur Verbindung von zwei Doppelkürzen zu einer lautlichen Einheit bereits in der Alltagssprache s. ebd. 26 f; Boldrini formuliert dabei die Regel, dass in der Reihenfolge der Silben immer eine ungerade kurze Silbe mit einer geraden kurzen Silbe als Einheit gehört wurde (nie die umgekehrte Kombination von einer geraden kurzen mit einer ungeraden kurzen Silbe); von Walter, 2002, 497, wird diese Hypothese „Boldrinische Syzygie" genannt.

[154] Die Kürzung der Endsilbe –*o* beispielsweise setzt vereinzelt schon in der späten Republik, in größerem Umfang jedoch erst in der Kaiserzeit ein (vgl. dazu mit Belegen Crusius/ Rubenbauer, 1958, 27). Sie betrifft in zunehmendem Maße Silben, welche die Bedingungen des Iambenkürzungsgesetzes nicht erfüllen (z. B. *nēmŏ* neben *nēmō*), und ist von daher eher der allgemeinen Tendenz zur Auslautschwächung zuzuschreiben, vgl. z. B. *findŏ*, Prop. 3,9,35, *tollŏ*, Ov. *am.* 3,2,26 (zusammenfassend für die Endung –*o* s. die Arbeit von Hartenberger, 1911); für die Kürzung der Endsilbe –*e* vgl. z. B. *lentĕ*, Ov. *am.* 3,1,16; *supernĕ*, Hor. *carm.* 2,20,11. Seit dem 1. Jahrhundert n. Chr. trifft man vereinzelt sogar auf die Kürzung des Ablativs des Gerundiums (*vincendŏ*, Sen. *Troad.* 264; *vigilandŏ*, Iuven. 3,232). Besonders relevant ist die Schwächung der Endsilbe –*o* bei den Konjugationen, also z. B. bei der 1. Person Singular (auch beim Imperativ Futur auf –*tō*); s. dazu unten S. 68.

nehmend zurückgedrängt und ist in der klassischen lateinischen Dichtung schließlich nicht mehr anzutreffen[155].

Vereinfacht lautet das **Iambenkürzungsgesetz** (IKG, *correptio iambica* oder Gesetz der *brevis brevians*):
In einer iambischen Silbenfolge (kurz-lang) mit Betonung auf der Kürze (z. B. *tĭbī*) kann der lange Vokal gekürzt werden (*tĭbĭ*).

Für Spezialisten:
Genauer und unter Berücksichtigung von Besonderheiten lautet das Iambenkürzungsgesetz: In einer iambischen Silbenfolge, die entweder den Ton auf der Kürze trägt (*tĭbī*) oder der die tontragende Silbe unmittelbar folgt (z. B. *sĕnēctūtēm*: kurz-positionslang-tontragendlang-kurz) kann die lange Silbe gekürzt werden, aber nur, wenn die iambische Silbenfolge entweder ganz in der ersten oder ganz in der zweiten Hälfte eines Versfußes steht[156]: *tĭbī > tĭbĭ; sĕnēc-tūtēm > sĕnĕ-ctūtēm*

Beachte:
- Die lange, zu kürzende Silbe (*brevianda*) darf nicht die Silbe sein, auf welcher der Wortakzent liegt.
- Kurze und lange Silbe müssen zum gleichen Wort gehören, oder zumindest muss die Kürze (*brevis brevians*) auf einem vorausgehenden Monosyllabon liegen.
- Nach Boldrinis Hypothese muss die *brevis brevians* innerhalb des Wortes entweder eine isolierte Kürze sein oder sie muss, falls ihr andere Kürzen vorangehen, an einer (vom Wortbeginn gerechnet) *ungeraden* Stelle der Folge der Kürzen stehen[157].

So entsteht beispielsweise *bĕnĕ* aus *bĕnē*, aber *vērē* bleibt; aus *dŭō* wird *dŭŏ*, aber *octō* bleibt. Vgl. des weiteren auch:
Nomina: *hŏmŏ* statt *hŏmō*
Adverbien: *cĭtŏ, mŏdŏ, quōmŏdŏ* usw. (analog zum Iambenkürzungsgesetz dann z. B. auch *ideŏ* statt *ideō, subitŏ* statt *subitō, illicŏ* statt *illicō*)

---

[155] Vgl. Boldrini, 1999, 45 f, der in diesem Zusammenhang von einer „bewußten stilistischen Wahl" spricht (ebd. 45). Deswegen werden im folgenden bei den klassischen Dichtern die Verkürzungen der Endsilben bei geläufigen Wörtern wie *egŏ, mihĭ, tibĭ, ubĭ, ibĭ* nicht eigens vermerkt (*egŏ* meistens mit kurzer Endsilbe, bei *mihi, tibi, ubi* schwankend).

[156] Die beiden Silben von *tibi* dürfen also beispielsweise in einem iambischen Versmaß (x—) entweder das *anceps* oder das *longum* eines Versfußes ausfüllen, nicht aber *ti* das *anceps* und *bi* die erste Hälfte eines aufgelösten *longum*.

[157] Boldrini, 1999, 40.

Beispiele für Iambenkürzungen im archaischen Latein (iambische Senare):

sed angustitate inclusam ac saxis, squalidam   Acc. *trag.* 133

◡ ◡ — ◡— — — —   — — —   — ◡◡[158]

senex hic maritus habitat; ei est filius   Plaut. *Cas.* 35

◡ ◡ — ◡ — ◡ ◡ ◡ — — — —◡[159]

ex Graecis bonis Latinas fecit non bonas   Ter. *Eun.* 8

— — — ◡ ◡ ◡— — — — — ◡ —   Iambenkürzung *bŏnĭs* statt *bŏnīs*.

---

[158] Iambenkürzung *ăngustitate* statt *āngustitate*; Synalöphen *angustitate inclusam ac*.

[159] Iambenkürzung *sĕnĕx* statt *sĕnēx*; keine Iambenkürzung bei *ei* (erst ab Ovid iambisch *ĕī*, bis dahin *ei* einsilbig, mit Synizese; vgl. Rubenbauer/ Hofmann, 1995, 55 zu § 56,3). Archaisch noch lange Endung *habitāt* der 3. Pers. Sg. Ind. Präs. der A-Konjugation.

3. Längen und Kürzen in den Deklinationen und Konjugationen

In vielen Fällen muss man die korrekten Quantitäten Vokabel für Vokabel (neu) lernen. Man kann das auf weniger trockene und recht spielerische Weise betreiben, indem man möglichst viel Dichtung in einem vertrauten Versmaß liest: Entweder der Vers zeigt durch das Versmaß „von selbst", wie ein Wort richtig gelesen werden muss, oder man schlägt von Fall zu Fall nach[160]. Was man allerdings mit wenig Aufwand und sehr viel Nutzen lernen kann, das sind die Längen und Kürzen der Endungen in den Deklinationen und Konjugationen[161].

1. bzw. A-Deklination

-ă	-ae
-ae	-ārŭm
-ae	-īs
-ăm	-ās
-ā	-īs

---

[160] Am bequemsten wäre in diesem Fall freilich das „Nachschlagen" in einem elektronischen Wörterbuch wie z. B. in der digitalisierten Version des „Georges" (Ausführliches lateinisch-deutsches Handwörterbuch, hg. von K.E. Georges, 8. verb. u. verm. Aufl. von H. Georges, 2 Bde., Hannover 1913, Ndr. Darmstadt 1992, digitalisiert in der „Digitalen Bibliothek" als Bd. 69), aber leider sind im „Georges" die Quantitäten nicht immer korrekt angegeben; ein hinsichtlich der Quantitäten und der sprachwissenschaftlichen Aspekte zuverlässiges Nachschlagewerk ist beispielsweise Langenscheidts Großes Schulwörterbuch Lateinisch-Deutsch, auf der Grundlage des Menge-Güthling bearb. von E. Pertsch, erweiterte Neuausgabe, Berlin/München u. a. 1983. S. dazu auch die Hinweise bei Hengelbrock, 2009, 3.

[161] Der hier eingeschlagene Weg einer getrennten Behandlung der Endsilben nach Deklinationen und Konjugationen ist didaktisch effektiver als die sukzessive Abhandlung aller überhaupt möglichen Endsilben zusammengenommen, weil er weniger abstrakt und an Kategorien bzw. Lernschritten orientiert ist, die der Lernende schon vom Spracherwerb her kennt; zum Nachschlagen besser ist der andere Weg einer (freilich vollständigeren, weil alle Fälle und Ausnahmen berücksichtigenden) Auflistung aller Endsilben (getrennt nach Polysyllaba und Monosyllaba) bei Boldrini, 1999, 60-65.

Anmerkung: Immer lang ist die Endung -ē bei den Adverbien der A- und O-Dekli-nation (z. B. *vērē, longē*)[162].

2. bzw. O-Deklination

-ŭs (Vok. -ĕ), -ŭm	-ī, -ă
-ī	-ōrŭm
-ō	-īs
-ŭm	-ōs, -ă
-ō	-īs

Anmerkung: Auslautendes -ō ist immer lang, sowohl in den Deklinationen wie in den Konjugationen (z. B. *amīcō, laudātō, dūcō*)[163].

3. bzw. konsonantische/ I-Deklination

Abgesehen vom Nominativ bei einigen Stämmen (z. B. auf -ō, -ōs, -ēs, -ās, -ūs, auf -s mit vorhergehendem Konsonanten wie *rādīx, lēx, fōns* u. a.) sind nur lang:
Dativ (und bei Adjektiven meist der Ablativ) Singular (*marī, cōnsulī, omnī*);
Nominativ (= Vokativ) und Akkusativ Plural (*turrēs, cōnsulēs*)
Anmerkung: Auslautendes -ī ist immer lang, sowohl in den Deklinationen als auch in den Konjugationen (z. B. *mărī, cōnsŭlī, audī, laudāvistī, laudāminī, agī*).

4. bzw. U-Deklination

-ŭs	(Neutr. -ū)	-ūs	(Neutr. -ŭă)
-ūs		-ŭŭm	
-uī	(Neutr. -ū)	-ĭbŭs	
-ŭm	(Neutr. -ū)	-ūs	(Neutr. -ŭă)
-ū		-ĭbŭs	

Anmerkung: Auslautendes -ū ist immer lang (*senātū, audītū*).

---

[162] Ausnahmen: Regelmäßig kurzes ĕ am Ende haben *bĕnĕ* und *mălĕ* (hier ist die *Möglichkeit* des Iambenkürzungsgesetzes zum festen Sprachgebrauch geworden), oder bspw. das nur als Adverb existierende (von einem Ablativ der 3. Deklination abgeleitete) *tĕmĕrĕ*.

[163] Ein kurzes auslautendes *–o* kommt in Ausnahmefällen vor und ist entweder mit dem Iambenkürzungsgesetz oder mit der allgemeinen sprachlichen Tendenz zur Auslautschwä-chung zu erklären (s. voriges Kapitel). Diese Einschränkung gilt auch für die folgenden An-merkungen zu den Endungen auf *–ē, –ī* und *–ū*.

5. bzw. E-Deklination

-ēs	-ēs
-ĕī (-ēī nach i: diēī)	-ērŭm
-ĕī (-ēī nach i: diēī)	-ēbŭs
-ĕm	-ēs
-ē	-ēbŭs

Anmerkung: Im Gegensatz zur Dritten Deklination ist der Ablativ Singular der E-Deklination *lang* (*cōnsŭlĕ*, aber *diē*)!

Bemerkungen zu den Konjugationen

Trotz der Formenvielfalt erleichtern einige Grundregeln das Einprägen von Längen und Kürzen der Konjugationsendungen.

Ein langer Vokal vor einem anderen (ungleichartigen) Vokal wird gekürzt (*vocalis ante vocalem corripitur*, s. oben unter Kapitel III,2,b); von daher:

flērĕ, aber *flĕō*

audīrĕ, aber *aúdĭō*[164]

Ein langer Vokal wird außerdem gekürzt in Endsilben vor allen Konsonanten außer *s*:

amās, aber *amăt*

ferās, aber *ferăm*[165]

Ein langer Vokal wird außerdem gekürzt nach vorhergehender *betonter* Kürze („Iambenkürzungsgesetz"[166]), was für die 1. Person Singular der Konjugationen (auch für den Imperativ Futur auf *–tō*) besonders relevant ist, wo das Iambenkürzungsgesetz eintreten kann, aber nicht muss (von daher gerade in der Dichtung oft schwankend), also z. B.:

ămō neben *ămŏ*

pŭtō neben *pŭtŏ*

---

[164] Eine Ausnahme bildet das Verbum *fieri*; hier bleibt das „i" immer lang, außer vor „-er-" (*fiam, fiēbam*, aber *fĭĕrī, fĭĕrĕt*).

[165] Vor *s* können die Vokale sowohl lang als auch kurz sein. Kurz z. B. bei *partīrĭs, partiēbārĭs, agĭs, agārĭs, agitĭs, audīvistĭs, laudābĭs, monērĭs, pŏtĕs*. Aber regelmäßig lang ist die 2. Person Singular (Indikativ und Konjunktiv) Präsens Aktiv der a-, e- und i-Konjugation, z.B. *laudās, mŏnēs, audīs* bzw. *laudēs, mŏnĕās, audiās*.

[166] S. dazu ausführlicher unter Kapitel III,2,b.

Dass ab der Kaiserzeit (in größerem Umfang erst ab Seneca d.J.) auch andere Formen unsicher werden, obwohl keine ursprünglich iambische Folge vorliegt (also z. B. *dīcō* neben *dīcŏ*, *tollō* neben *tollŏ*)[167], hängt auch mit der allgemein zu beobachtenden Tendenz in der lateinischen Sprachgeschichte zusammen, lange Endsilben zu kürzen.

Wichtig ist für die Aussprache bei der 3. Person Singular Präsens Passiv (und bei der 2. Person Singular Präsens Aktiv) die Unterscheidung zwischen der

Dritten Konjugation: *ágĭtur* (auch bei den Verben auf *–io*: *cápĭtur*) bzw. *vincĭs* = „du siegst", und der

Vierten (i-)Konjugation: *audītur* (*aperītur*, *sentītur*, *venītur*) bzw. *vincīs* = „du fesselst".

Der Imperativ Präsens Aktiv (2. Person Singular) ist lang, nur in der Dritten Konjugation (konsonantische und kurzvokalische Stämme gleichermaßen) kurz: *laudā*, *mŏnē*, *audī*, aber *ăgĕ*, *căpĕ*

Das eigentlich lange *ē* in der Endung *–ērunt* der 3. Person Indikativ Perfekt Aktiv kann in der Dichtung auch kurz gemessen werden (z. B. Ov. *epist.* 14,72: *expulĕrunt*).

Der Konjunktiv Perfekt Aktiv hat in alter Zeit überall langes *–ī* (z. B. *fuerīs*, *sustulerīt*, *meminerīmus*, *dixerītis*); das Futur II dagegen weist kurzes *–ĭ* auf (z. B. *fregerĭtis*). In der Dichtung kann beim Konjunktiv Perfekt und beim Futur II das *i* der 2. Person Singular und der 1. und 2. Person Plural lang *oder* kurz gebraucht werden[168].

---

[167] Vgl. Crusius/ Rubenbauer, 1958, 27.
[168] Z. B. *fecerīmus* für Futur II in Catull. 5,10.

IV. Zeichen und Begriffe für die metrische Analyse

1. Metrische Zeichen

Die wichtigsten Zeichen für die metrische Analyse sind[169]:

⏑ *elementum breve*: einzelne kurze Silbe

— *elementum longum*: vorzugsweise eine lange Silbe, kann aber auch von zwei kurzen Silben gebildet werden (dann: ⏑⏑)

⏖ *elementum biceps*: vorzugsweise zwei kurze Silben, kann aber auch von einer langen Silbe gebildet werden

x *elementum anceps*: kann von einer kurzen (⏑) *oder* langen (—) Silbe *oder* zwei kurzen Silben (⏑⏑) gebildet werden[170]

⏜ *elementum indifferens*: wird immer von einer *einzelnen* Silbe, lang oder kurz, gebildet (betrifft v. a. die Endsilbe eines Verses; im Versinneren wiedergegeben durch ⏜ oder ⏝, je nachdem, ob vorzugsweise Länge oder Kürze)

oo sog. „äolische Basis" (Anfang von äolischen Versmaßen): eine der beiden Silben kann kurz sein (bei Horaz aber meist zwei Längen)

^ fehlendes Element (am Versanfang: Akephalie; am Versende: Katalexe)[171]

⫶ gesuchtes Wortende

:: Personen- oder Sprecherwechsel[172]

| gefordertes oder regelmäßiges Wortende (Zäsur bzw. Dihärese)

---

[169] Im Anschluss an P. Maas; s. auch Snell, 1982, 2 f; Sicking, 1993, 3 f; Kannicht, 1997, 343; Boldrini, 1999, 69 f. Die Zeichen für *longum* und *breve* sind schon antik bezeugt (vgl. Christ, 1879, 8). S. auch die Zusammenstellung der Zeichen von Leonhardt, DNP 8, 2000, 115 f.

[170] *anceps* < *am(bi)*+*caput* bedeutet wie *biceps* zunächst „doppelköpfig", dann aber v. a. auch ganz allgemein „schwankend, ungewiss, zweifelhaft". Es ist sinnvoll, *anceps* (drei Varianten möglich) und *indifferens* (nur zwei Varianten möglich) streng voneinander zu trennen; leider kann es zu einer Begriffsverwirrung insofern kommen, als manchmal in der Literatur das *elementum indifferens* auch als *elementum* (oder: *syllaba*) *anceps* bezeichnet wird (z. B. Crusius/ Rubenbauer, 1958, 36, mit Anm. 2; Stroh, 2009, 374, Fußnote).

[171] Das Zeichen ^ von Λ(εῖμμα); τὸ λεῖμμα, -ατος = „Rest".

[172] Vgl. Kannicht, 1997, 343.

‖   Vers- bzw. Periodenende

⫴   Strophenende

⊗   Gedichtanfang bzw. Gedichtende

⌢   Brücke (Wortende zwischen den beiden verbundenen Elementen verboten)

‿   Synalöphe (bzw. Elision) oder Aphärese

[h]   Hiat

2. Grundlegende Termini

a) *Versschema, Element und Versfuß*

Zur metrischen Analyse eines Verses bedient man sich eines abstrakten Idealmodells (**Versschema**), das in sich alle *möglichen* Kombinationen und Variationen des betreffenden Verses enthält. Die kleinste Einheit zur Beschreibung eines solchermaßen typisierten Verses ist das sogenannte **Element** (*elementum*). Es zeigt an, ob an einer bestimmten Stelle des Verses eine kurze (Zeichen: ◡) oder eine lange Silbe (Zeichen: —) gesetzt werden kann (oder ersatzweise für die eine lange Silbe zwei kurze)[173].

Die nächstgrößere Einheit zur Messung von Längen und Kürzen der einzelnen Silben ist der **Versfuß** (*pes*)[174]. Ein Versfuß umfasst mindestens zwei (Pyrrhichius: ◡◡) und höchstens sechs (z. B. ein *Ionicus a minore*: ◡◡— —) „Zeiteinheiten" (*morae* = Kürzen)[175]. Es gibt in der antiken Dichtung rund 15 verschiedene Versfüße[176].

b) *Metrum*

Im Regelfall ist ein Versfuß auch gleich ein **Metrum**, eine Unterteilung des Verses in ein mehrmals wiederkehrendes „Grundmaß". So z. B. beim daktylischen Hexameter: die sechs daktylischen Versfüße entsprechen den sechs Metren des „Sechs-Maßes", des „Hexa-Meters". Bei bestimmten Versarten aber, v. a. bei iambischen, trochäischen und anapästischen Versen, kann der Fall eintreten, dass *zwei* nach bestimmten Regeln zusammengestellte Versfüße als *eine* rhythmische Einheit aufgefasst wurden

---

[173] Zu den einzelnen Elementen und den dafür stehenden Zeichen s. oben unter „Metrische Zeichen". Zum Begriff „Element" vgl. Boldrini, 1999, 69 f.

[174] Zum Begriff und seinen Implikationen s. ausführlich Allen, 1973, 122-125.

[175] Das gilt für die bekannteren und gebräuchlicheren Versfüße; rechnet man die Epitriten oder Kola wie z. B. einen Dochmius oder einen Molossoiambus noch zu den Versfüßen (vgl. die Übersicht bei Aug. *De musica* 2,8; Christ, 1879, 79), dann käme man auf 7, 8 oder sogar 9 Moren. Cicero (*orat.* 188) teilt die Versfüße in drei Arten ein: „Der Versfuß, der zur Konstitution von Rhythmen verwendet wird, wird in drei Arten unterteilt, und zwar so, dass ein Teil des Versfußes im Verhältnis zum anderen Teil entweder gleich groß oder doppelt so groß oder anderthalb mal so groß sein muss. So entsteht der Daktylus mit dem Verhältnis 1:1, der Iambus mit dem Verhältnis 1:2, und der Paian mit dem Verhältnis 1:1½." – *pes enim, qui adhibetur ad numeros, partitur in tria, ut necesse sit partem pedis aut aequalem esse alteri parti aut altero tanto aut sesqui esse maiorem. ita fit aequalis dactylus, duplex iambus, sesquiplex paean.*

[176] „Auflösungen" und „Vertreter" mitgerechnet; s. dazu Kapitel V,1.

und deswegen erst zusammengenommen ein „Grundmaß" für die Unterteilung des Verses, ein „Metrum" ergeben[177].

Deshalb ist der sechsfüßige Iambus, in dem immer zwei iambische Versfüße mit strengeren Regeln eng aneinander gebunden erscheinen, ein aus „drei Metren" zusammengesetzter Vers, ein iambischer „Trimeter"; hier *muss* das dritte, siebte und elfte Element eine Kürze sein:

$$[x- \smile -] + [x- \smile -] + [x- \smile \underline{\smile}]$$

Wird der sechsfüßige Iambus hingegen freier gehandhabt und nur nach Versfüßen gezählt, spricht man vom „iambischen Senar". Hier gibt es bis auf die vorletzte Position keine vorgeschriebenen Kürzen und von daher deutlich mehr Möglichkeiten der Variation[178]:

$$[x-] + [x-] + [x-] + [x-] + [x-] + [\smile \underline{\smile}]$$

c) *Kolon und Klausel*

Als **Kōlon** bezeichnet man in der Dichtung nach der allgemeinsten Definition „eine an ihrer charakteristischen Abfolge von langen und kurzen Silben erkennbare metrische Phrase von bis zu etwa zwölf Silben"[179]. Eine ergänzende und für die Praxis sinnvoll spezifizierte Definition lautet: Ein Kolon ist eine metrische Phrase von bis zu etwa zwölf Silben, die sich in der Regel nicht in gleiche Füße oder Metren zerlegen lassen[180]. Unter **Klauseln** versteht man Kola, die den Abschluss von größeren Versen

---

[177] Schon nach antiker Konvention, vgl. Halporn/ Ostwald, 1983, 14.

[178] Zu den Unterschieden von iambischem Senar und iambischem Trimeter s. ausführlicher Kapitel VI,1,e-f, und Boldrini, 1999, 102-106.

[179] So West, DNP 8, 2000, 116. τὸ κῶλον = „Körperglied" (zu einem Ganzen gehöriger Teil); andere Bezeichnung: *membrum* oder „Versglied". Zu Kolon als einem grundlegenden (aber gleichwohl schwer definierbaren) metrischen Begriff s. auch Luque Moreno, 2018, 635 f; als Begriff in der Rhetorik s. Stroh, 2009, 9 und 57 (jeweils in den Fußnoten).

[180] Anders gesagt könnte man Kola auch schlicht als „zusammengesetzte Füße" (πόδες σύνθετοι) bezeichnen (vgl. Christ, 1879, 80). Das Kriterium der anisometrischen Gestaltung verwenden Crusius/ Rubenbauer, 1958, 34, für ihre Definition von „Kolon". Der ebd. Anm. 9 vorgenommene Zusatz „In strengem Sinn bezeichnet Kolon die Vereinigung von Füßen zu einer rhythmischen Einheit, die nicht mit *syllaba anceps* endigt und beim Zusammenschluß nicht Hiat zuläßt" verdunkelt die Definition eher als dass er sie präzisiert, da man Kolon recht oft als Bezeichnung für Versabschlüsse verwendet, die dann durchaus mit *syllaba anceps* (bei Crusius/ Rubenbauer i. S. v. *indifferens* verwendet) enden. Noch eine andere Definition scheint Drexler, 1967, 27 (und 24), in Anlehnung an den antiken Metriker Hephaistion zu favorisieren:

bilden oder in der Strophenform im Vergleich zu den vorangehenden Versen der Strophe als ein kürzerer, abschließender „Abgesang" erscheinen[181].

d) Vers

Ein **Vers** (auch „Periode" genannt[182]) ist eine regelmäßig wiederkehrende Einheit, in der

- sich gleichartige Versfüße oder Metren mehrmals wiederholen (κατὰ μέτρον bzw. isometrisch);
- verschiedene Versfüße oder Metren in gleicher Weise kombiniert werden (anisometrisch);
- nicht streng nach Metren analysierbare und nach bestimmten Regeln erweiterbare Grundmaße (Rhythmen; oder: Kola) verwendet werden[183]; ein solcher Vers besteht aus einem oder mehreren Kola (meist zwei).

Nach der Zahl der Wiederholung gleichartiger Metren werden als Verse unterschieden:

Monómeter, Dímeter, Trímeter, Tetrámeter, Pentámeter und Hexámeter. Eine Verszeile umfasst in der Antike in der Regel nicht mehr als sechs Metren.

Zählt man nicht die Metren, sondern die Versfüße, spricht man von:

Kola sind nach ihm Versglieder, die unter dem von Hephaistion für den Vers angegebenen Maß bleiben, und das seien weniger als drei Doppelfüße. Doch die Anzahl der Silben erweist sich als alleiniges Kriterium für eine präzise Definition des Begriffes „Kolon" als unzureichend.

[181] Vgl. dazu u. a. Crusius/ Rubenbauer, 1958, 111: „Unter Klauseln (= Schlußkola) versteht man in der Versmessung Kola, die meistens als Abschluß von größeren Perioden oder auch als Anhängsel an normal gebaute Einzelverse erscheinen."

[182] „Periode" bedeutet also in der Metrik „Verszeile", grammatikalisch-semantisch hingegen ein in sich abgeschlossenes, selbständiges syntaktisches Gefüge (einen „ganzen Satz", der in der Dichtung auch mehrere Verszeilen umfassen kann). Ähnlich doppeldeutig ist der Begriff „Kolon", der in Dichtung und in Prosa gleichermaßen als Bezeichnung für eine rhythmische wie für eine syntaktische Einheit verwendet werden kann.

[183] Bspw. in der äolischen Dichtung: Sappho, Alkaios, Horazens Oden.

Dipodie, Tripodie, Tetrapodie bzw. Quaternar, Pentapodie bzw. Quinar, Hexapodie bzw. Senar, Septenar, Oktonar[184]. Eine Verszeile enthält in der Antike in der Regel zwischen zwei und acht Versfüße[185].

Bei fortlaufender Schreibweise eines poetischen Textes werden die einzelnen Verse durch das Zeichen ‖ voneinander getrennt; sind die Verse schon im Druckbild abgesetzt, erübrigt sich dies.

e) Strophe

Die **Strophe** ist eine sich regelmäßig gleich wiederholende, geschlossene Abfolge verschiedener Verse (strophischer Versbau); ihr Ende wird durch das Zeichen ‖ (oder durch Absetzung im Druckbild) markiert. In der Regel geht der Umfang einer Strophe nicht über 4 Verse hinaus[186]; oft sind es drei Verse nach dem Schema A A B oder vier Verse mit den Schemata A A A B oder A A B C[187].

f) Pausen (Zäsuren und Dihäresen) und Brücken

Alle Verse, die aus mehr als zehn Silben bestehen, weisen bestimmte Stellen auf, an denen Wortenden gemieden werden (**Brücken**, Zeichen: ⌢), und bestimmte Stellen, an denen Wortenden erstrebt werden (**Pausen**, Zeichen: |). Bei den „Pausen" unterscheidet man grundsätzlich zwei verschiedene Kategorien. Eine Pause (Wortende) *innerhalb* eines Metrums (oder Versfußes) heißt **Zäsur** (von *caedere*: sie „zerschneidet" ein Metrum bzw. einen Versfuß)[188], eine Pause *nach* einem Metrum (Versfuß)

---

[184] Die Ausdrücke „Ternar", „Heptapodie" oder gar „Oktapodie" sind ungebräuchlich.

[185] Vgl. Maas, 1923, 17.

[186] Nach Maas, 1923, 17, „etwa 8-60 Metra".

[187] Das gilt v. a. in der Lyrik; im Drama gibt es durchaus längere Strophenformen, z. B. in der Orestie des Aischylos. Die verschiedenen Strophenformen werden im folgenden unter den entsprechenden Versarten abgehandelt; die Zuordnung richtet sich dabei nach dem jeweils ersten Vers der Strophe. Beispiel: die „Hipponakteische Strophe" setzt sich aus einem trochäischen Dimeter und einem nachfolgenden iambischen Trimeter zusammen und wird nach dem Anfangsvers unter „trochäische Strophenformen" abgehandelt.

[188] Schnitt nach einem *longum* heißt „männliche" Zäsur, Schnitt nach einem *breve* (z. B. die Zäsur *kata triton trochaion* beim Hexameter) heißt „weibliche" Zäsur (vgl. Crusius/ Rubenbauer, 1958, 35). Die ursprünglich aus dem Französischen kommende Unterscheidung zwischen „männlicher" und „weiblicher Zäsur" wurde von M. Opitz in seinem „Buch von der

bezeichnet man als **Dihärese** (zwei Metren/ Versfüße werden durch sie voneinander „getrennt", von διαιρέω)[189].

Bei Versfüßen, die sich in zwei (von den Moren her nicht zwingend gleichwertige) Teile „zerschneiden" lassen, wie bspw. bei daktylischen, spondeischen (1. Teil: —, 2. Teil: ⌣⌣) oder auch iambischen Versfüßen (1. Teil: ⌣, 2. Teil: —), numeriert man (auf Griechisch) häufig auftretende Zäsuren in längeren Versen je nach ihrer Position im Vers nach Versfuß-„Halbteilen" durch (Trit-, Pent-, Hepht-„Hemimeres", vgl. griech. ἡμι- = „halb" und μέρος = „Teil")[190].

An Stellen mit Zäsur und Dihärese wird Hiat grundsätzlich vermieden, aber Synalöphe bzw. Elision und Aphärese sind erlaubt[191]. Das Element, das einer Zäsur vorangeht, *kann* vereinzelt als *indifferens* (⌣̲) behandelt werden (!), folglich nicht nur in einer Länge, sondern auch in einer Kürze bestehen (*brevis in longo ante caesuram*)[192].

Nicht alle *möglichen* Zäsuren und Dihäresen haben eine eigene Bezeichnung, da die antiken Dichter in der Praxis auch nicht alle möglichen Pausen tatsächlich realisiert, sondern die Einschnitte in der Regel auf bestimmte Versstellen beschränkt haben[193]. Die Metrik analysiert und benennt nur die häufigsten und gebräuchlichsten[194].

Deutschen Poeterey" (1624) übernommen, und fand von da Eingang in die anderen Disziplinen. Zur Zäsur s. u. a. den Sammelband von Spaltenstein/ Bianchi, 2004.

[189] διαίρεσις = „Auseinanderziehung". Es gibt z. B. beim Daktylus drei Möglichkeiten, ein Wort enden zu lassen: mitten im Metrum nach der Länge, mitten im Metrum nach der ersten Kürze, oder nach dem Metrum (also: — I ⌣ I ⌣ I); die ersten beiden Pausen sind Zäsuren, die dritte Pause ist eine Dihärese. Nach Drexlers abweichender Definition (1967, 22) gliedert die Dihärese einen Vers in zwei Halbverse; dennoch nennt er dann die Mitte im Pentameter noch einmal anders, nämlich „Versfuge", aber das bringt eher Verwirrung als Klarheit. Zum Unterschied zwischen der hier gemeinten „metrischen Dihärese" und der sog. „prosodischen Dihärese" bzw. „Zerdehnung" s. unten, S. 217.

[190] Ausführlicher und an konkreten Beispielen wird dies erläutert in Kapitel VI,3,c.

[191] Zu den Begriffen s. Kapitel II,3.

[192] Beispiele in den Kapiteln III,2,a und VI,3,c. Zur Begründung dieser „Freiheit" s. Zeleny, 2008, 79-82.

[193] Vgl. Drexler, 1967, 20, der von „Einschnitten" spricht, „die oft, aber nicht so oft vorkommen, daß sie als Caesuren anerkannt werden könnten".

[194] S. dazu im Kapitel VI,3,c über den daktylischen Hexameter. Zu weiteren Pausen im Hexameter außer den geläufigen s. Boldrini, 1999, 94.

Für Spezialisten 1:

Treten Synalöphe bzw. Elision oder Aphärese ein, wird die Pause nicht berücksichtigt, wenn sie *nach* der Synalöphe steht, vgl. Verg. *Aen.* 12,144 *magnanimi Iovis ingratum̲as͜cendere cubile* und den Kommentar von Servius zur Stelle: *animadvertendum autem versum hunc sine caesura esse: nam hephthemimeres quam habere creditur, in synalipham cadit.* Hingegen wird die Pause berücksichtigt, wenn sie *innerhalb* oder *vor* der Synalöphe zu stehen kommt, vgl. Lucr. 3,2 *qui primus potuisti̲͜inlustrans commoda vitae*; Verg. *Aen.* 3,1 *postquam res Asiae Priamiqu͜e̲evertere gentes* und den Kommentar von Priscian GL 3,474: *scande versum. Postquam resAsi aePria miquee vertere gentem. quas habet caesuras? semiquinariam et semiseptenariam.* Manche sprechen in solchen Fällen von einer „Verdeckung" oder „Verdunkelung" der Zäsur[195]; vorzuziehen ist der Begriff *caesura* (bzw. *diaeresis) latens*[196].

Für Spezialisten 2:

Der metrische Fachbegriff „Pause" ist insofern irreführend, als er suggeriert, beim antiken Vortrag sei an den betreffenden Stellen tatsächlich immer eine Sprechpause eingehalten worden. Selbst ein längerer Vers wie der Hexameter ist nicht so lange, als dass man beim Vortrag ein, zwei- oder gar dreimal Luft holen müsste, und doch gibt es nicht wenige Hexameter, die mehr als nur eine anerkannte „Pause" aufweisen. Rein atemtechnisch können die „Pausen" also kaum bedingt gewesen sein[197]; viel eher ist anzunehmen, dass sie darüber hinaus entweder etwas mit dem rhythmischen Duktus oder etwas mit den Sinneinheiten des vorgetragenen Gedichtes oder Erzählkomplexes zu tun haben[198] – oder mit beidem. Es ist offensichtlich, dass zwischen einer Zäsur oder Dihärese und einem syntaktischen Einschnitt grundsätzlich eine Beziehung besteht, kann man doch ihre Wichtigkeit rein statistisch an der Häufigkeit der dort stattfindenden syntaktischen Einschnitte messen[199]. Andererseits sind manche Einschnitte rhythmisch offenbar so konstitutiv, dass sie sich oft auch gegen die syntaktische Gliederung behaupten (wenn man von dem Minimal-Kriterium „Wortende" ausgeht)[200]. Umstritten ist nach wie vor, wie stark die Bindung an die Syntax bei der Definition einer „Pause" und entsprechend bei der metrischen Analyse berücksichtigt werden muss.

---

[195] Vgl. etwa Crusius/ Rubenbauer, 1958, 63 und 76.

[196] Vgl. dazu ausführlich Korzeniowski, 1998, 61-71.

[197] So bereits Drexler, 1982, 328; vgl. auch Sicking, 1993, 54.

[198] Zur Pause als Ausdrucksmittel beim Vortrag vgl. Drexler, 1982, 330.

[199] Vgl. Drexler, 1967, 20; 1982, 323 f. Hornig, 1972, 13, gibt als zusätzliches Kriterium für die Wichtigkeit einer Pause noch die „Ranghöhe" des jeweiligen syntaktischen Einschnittes an, wobei er ohne weitere Begründung und deshalb nicht ganz unproblematisch den Redeschlüssen den höchsten „Rang" einräumt.

[200] Drexler, 1967, 21, spricht in diesem Zusammenhang von einem „Gewohnheitsrecht" der Zäsur.

Dies sei an einem Beispiel verdeutlicht. Die anerkannte „Hauptpause" im Hexameter ist die sogenannte „Penthemimeres" ($|^P$), und bei dem Vers Verg. *Aen.* 1,1 markiert sie eindeutig auch einen syntaktischen Einschnitt:

arma virumque cano, $|^P$ Troiae qui primus ab oris

Im Vers Verg. *Aen.* 1,4 korrespondieren die „Trithemimeres" (nach dem Kolon *vi superum* $|^T$) und die „Hephthemimeres" am besten mit der Syntax (organische Teilung des zweiten Kolons nach dem Schema ab $|$ AB: *saevae memorem* $|^H$ *Iunonis ob iram*), während die Penthemimeres die syntaktische Einheit des zweiten Kolons an einer unpassenden Stelle durchschneidet (*saevae* $|^P$ *memorem*):

vi superum $|^T$ *saevae* $|^P$ *memorem* $|^H$ *Iunonis ob iram*[201].

Entweder man verfährt nun rein formalistisch mit Blick auf den Versrhythmus und zeichnet bei der Versanalyse jede vorhandene anerkannte „Pause" ein, selbst dann, wenn syntaktisch eng zusammengehörende Wortgruppen dadurch getrennt werden[202]; oder man erkennt nur solche „Pausen" an, die neben der statistischen Häufigkeit ihres Auftretens auch mit sinnvollen syntaktischen Einschnitten einhergehen[203].

---

[201] Zu Verg. *Aen.* 1,4 schreibt Drexler, 1982, 336: „die Penthemimeres kommt kaum zu Gehör". Dasselbe zeigt Drexler, 1967, 89, anhand von Verg. *Aen.* 1,2 (*Italiam* $|^T$ *fato* $|^P$ *profugus* $|^H$ *Laviniaque venit*); das Einhalten der Penthemimeres in diesem Vers würde die syntaktische Zusammengehörigkeit des parenthetischen Einschubes *fato profugus* widersinnig zerreißen. Erstaunlich, dass Drexler in diesem Zusammenhang nicht auf Quint. 11,3,35-39 verweist (s. u.).

[202] Im schlimmsten Fall Präposition und Substantiv, was dem sprachlichen Duktus gänzlich zuwiderläuft, vgl. den Kommentar von Boldrini, 1999, 153, zum alkäischen Elfsilbler *in rebus. illum ex* $|$ *moenibus hosticis* (Hor. *carm.* 3,2,6), der normalerweise Einschnitt nach dem 5. Element aufweist: „wohl Zäsur bei syntaktischer Pause nach Element 3, kaum zwischen Präposition und Substantiv".

[203] Zwischen beiden Auffassungen konnte bislang keine Einigung erzielt werden (die extremen Ausgangspositionen: Pausen nur bei Sinneinschnitten: G. Hermann; Pausen völlig unabhängig vom Sinn: W. Meyer und L. Müller). Zur sinnbezogenen Variante vgl. Drexler, 1982, 332: „Das syntaktische Moment mindestens des Wortschlusses, nach Möglichkeit aber das stärkere der Interpunktion, des Kolonschlusses muss hinzukommen, damit eine Caesur Caesur sei" (vgl. auch Drexler, 1967, 86-108). Vgl. ergänzend die Definition von Giesche, 1980, 11: „Über Drexlers Definition einer Cäsur als eines 'an bestimmte Versstellen gebundenen, regelmäßig wiederkehrenden, zugleich aber den in den Vers eingespannten Satz syntaktisch gliedernden Einschnitts' [Drexler, 1950, 353 = 1982, 332] soll insofern hinausgegangen werden, als auch Cäsuren und Diäresen zwischen relativ eng miteinander verbundenen Satzteilen (Subjekt-Prädikat, Attribut-Substantiv usw.) herangezogen werden, wenn in diesen bedeutsame Aussagen enthalten sind." Korzeniowski hält mit Drexler an einer Relevanz der Syntax für die Pausen fest, vgl. Korzeniowski, 1998, 56: „Caesur und Diaerese sind also gleichzeitig metrische

Die Beobachtung, dass Wortenden an bestimmten Versstellen mit einem syntaktischen Einschnitt zusammenfallen *können*, aber nicht *müssen*, führt zu der Vermutung, dass es sich bei diesen Einschnitten um Stellen handelt, die in besonderer Weise den Versrhythmus strukturieren und eine Sprechpause *ermöglichen*, aber nicht *erzwingen*. Schon in der antiken Vortragspraxis mag es hier Unterschiede gegeben haben – Sänger oder Rezitatoren, die versucht haben, ihrem Vortrag eine gewisse rhythmische Regelmäßigkeit dadurch zu geben, dass sie die Einhaltung der Penthemimeres über alles andere stellten, und andere, deren Vortragsweise durch eine stärkere Orientierung an Sinneinschnitten abwechslungsreicher gestaltet war[204]. Der rein formalistische Standpunkt nimmt rhythmische Gestaltungsmöglichkeiten idealer Versmodelle in den Blick, während die Suche nach sinnkongruenten Einschnitten die interpretierende Vortragspraxis konkreter Verse im Visier hat. Der Streit beruht somit letztlich, so scheint es, auf einer eigentlich unnötigen Vermischung der Regelebene (welche Einschnitte sind rein formal feststellbar?) mit der Ebene der Vortragspraxis realer Verse (welche Einschnitte waren konkret hörbar?).

In diesem Buch werden „Pausen" bei der metrischen Analyse nur dann angegeben, wenn sie mit den syntaktischen Kola in einer deutlichen Korrelation stehen[205]. Dass an solchen Stellen beim antiken Vortrag tatsächlich (unterschiedlich lange) Sprechpausen eingehalten werden konnten, zeigt das Zeugnis Quintilians, der in Bezug auf einen guten Vortrag schreibt (Quint. 11,3,35 und 37):

> Zum zweiten soll die Rede klar gegliedert sein, d. h. wer redet, der sollte da anfangen und da aufhören, wo es sich jeweils gehört; außerdem muss man darauf achten, an

---

und syntaktische Erscheinungen", und 57: Drexler verwende „mit Recht die syntaktische Gliederung als entscheidendes Kriterium bei der Bestimmung der Hauptcaesur und bei der rhythmisch-metrischen Versgliederung", auch wenn Korzeniowski im „Rhythmisch-Metrischen" das „Vorherrschende" erblickt (ebd. 60). Auch Allen, 1973, 114 f, schließt sich Drexler an, während andere die Relevanz syntaktischer Einschnitte für die Definition einer Pause vehement bestreiten, vgl. Soubiran, 1988, 66 und 159-174. Zur Diskussion in der Forschung und zu weiterführender Literatur s. Soubiran, 1988, 65-70; Korzeniowski, 1998, 44-61, besonders 45 mit Anm. 1; Zeleny, 2008, 47-53.

[204] So auch Soubiran, 1988, 169.

[205] In Anlehnung an Drexler werden unter Umständen also auch „Hauptpausen" wie die Penthemimeres im Hexameter oder die Mitteldihärese im katalektischen iambischen Oktonar dann nicht angegeben, wenn sie „sinnwidrig" sind. Zu der einem poetischen Gefüge inhärenten Spannung zwischen dem Rhythmisch-Metrischen und dem Einzelsatz, der sich in diese Form immer neu einzufügen hat, vgl. Drexler, 1967, 108: „Die Möglichkeiten zur Verwirklichung dieser gegenstrebigen Harmonie sind unendlich. Nur für den, der sie erfaßt, haben die Verse Leben. ... Alle rein metrischen Feststellungen, die man gemacht hat und machen kann, sind letzten Endes ohne Belang."

welcher Stelle man beim Sprechen etwas verzögern und gewissermaßen den Ton halten … und wo man pausieren muss. … (37) Auch bei den Einschnitten selbst werden
wir das eine Mal weniger, das andere Mal mehr Zeit verstreichen lassen, denn es ist
ein Unterschied, ob sie am Ende eines ganzen Redeabschnittes oder am Ende eines
Sinnabschnittes stehen.

secundum est, ut sit oratio distincta, id est: qui dicit, et incipiat ubi oportet et desinat. obser-
vandum etiam, quo loco sustinendus et quasi suspendendus sermo sit, … quo deponendus. …
(37) in ipsis etiam distinctionibus tempus alias brevius, alias longius dabimus: interest enim
sermonem finiant an sensum.

Als konkretes Beispiel führt Quintilian (11,3,36-38) für den Metriker erfreulicherweise keine
Passage aus einer Gerichtsrede, sondern den Anfang von Vergils *Aeneis* an, und er gliedert die
ersten drei Verse so, dass leichte Verzögerungen bzw. „Tonhalten" (hier markiert durch °) und
größere Sprechpausen (markiert durch |) bei *sinnbezogenen* Einschnitten erfolgen: *arma virum-*
que cano, ° *Troiae qui primus ab oris* ° *Italiam* ° *fato profugus* ° *Laviniaque venit litora* |, also in Vers
2 ohne „Verzögerung" bei der Penthemimeres (zwischen *fato* und *profugus*) und ohne Berücksichtigung der Versgrenze zwischen *venit* und *litora*, dafür aber mit einem Atemholen nach
litora und einer noch deutlicheren Sprechpause nach dem Satzende *Romae* in Vers 7[206].

---

[206] S. auch die Besprechung der Stelle bei Zeleny, 2008, 54 f. Vgl. auch Quint. 1,8,1 f.

V. Versfüße, Klauseln, Kola und Asynarteten

1. Versfüße

Die Kenntnis der einzelnen Versfüße ist grundlegend für jede metrische Analyse. Sie werden im folgenden kurz vorgestellt, von den kürzeren zu den längeren fortschreitend[207]. Die vier wichtigsten Füße sind Trochäus, Iambus, Spondeus und Daktylus; die Kenntnis weiterer Versfüße ist erst bei vertiefter Auseinandersetzung mit der antiken Verskunst vonnöten.

Sowohl der Spondeus wie der Pyrrhichius sind „Auflösungen" bzw. „Vertreter" von Trochäus, Iambus und anderen Versfüßen (z. B. kann der Spondeus auch als Auflösung des Daktylus oder des Anapäst fungieren). Man spricht hier und in anderen Fällen von „Auflösungen" oder „Vertretern", weil diese Versfüße in der Antike nicht als Grundbausteine für einen ganzen Vers verwendet werden (es gibt keine „pyrrhichischen Versmaße"), sondern immer nur „ausnahmsweise", eben als Auflösungen oder als Ersatz anderer, „versbildender" Versfüße.

Pyrrhichius: ⏑ ⏑

> Pyrrhichius (πυρρίχιος) nach einem Waffentanz (πυρρίχη) genannt.

Iambus: ⏑ —

> Der Iambus (ἴαμβος) war eine griechische Gedichtgattung, ursprünglich im Kult bezeugt (Demeter, Dionysos), später mit Vorliebe für Spott- und Schmähgedichte verwendet.

Trochäus: — ⏑

> τροχαῖος von τρέχειν = „laufen", weil er bei den Griechen besonders in dramatischen Partien üblich war, die schnell gesprochen wurden. Andere Bezeichnung auch χορεῖος („Tanzvers")[208].

Tribrachys: ⏑ ⏑ ⏑

> Tríbrachys (τρίβραχυς = „dreifachkurz"), manchmal auch χορεῖος.

---

[207] Vgl. dazu die Übersicht und die Erklärungen bei Christ, 1879, 78 f und das antike Gedicht *De pedibus* in Keil, 1874, 646. In der Antike existierten auch Bezeichnungen für fünf- und sechssilbige Versfüße (s. Christ, 1879, 79), die von der Systematik her aber sinnvoller unter den Kola abgehandelt werden (z. B. Thymelicus oder Dochmius).

[208] Alternativ wird mit χορεῖος auch die Sequenz ⏑⏑⏑ bezeichnet, vgl. Christ, 1879, 78.

Spondeus: — —

    Spondéus (σπονδεῖος) von der Verwendung beim Trankopfer (σπονδή).

Daktylus: — ◡ ◡

    Daktylus (δάκτυλος) bedeutet „Finger"; die Bedeutung dieses Metrums für die Gemeinschaft der Polis verdeutlicht die seltenere Bezeichnung als πολιτικός[209]. Hinter der Benennung als „Daktylus" wurde ein Zusammenhang mit der Maßeinheit „Zoll" vermutet[210]. Ein zumindest für das Einprägen plausibleres Analogon ist die Dreigliedrigkeit eines jeden Fingers; das unterste Glied am Handansatz entspräche dann dem Longum, die beiden oberen den beiden Kürzen. Neben dieser Deutung gab es in der Antike auch die Herleitung der Bezeichnung vom Taktschlagen mit dem Finger[211].

Anapäst: ◡ ◡ —

    Anapäst von ἀνάπαιστος („zurückgeschlagen"), wohl i. S. v. „umgekehrter Daktylus" (vgl. auch die Bezeichnung des Anapäst als „Antidaktylus"). Mnemotechnische Hilfe: Wie das Wort „Daktylus", so entspricht die Bezeichnung „Anapäst" von den Wortsilben-Quantitäten her (◡◡—) genau dem Versfuß, für den er steht.

Proceleusmaticus: ◡ ◡ ◡ ◡

    Eine mögliche Auflösung von Daktylus oder Anapäst (von προκελεύω = „auffordern").

Amphibrachys: ◡ — ◡

    Amphíbrachys (ἀμφίβραχυς) bedeutet „von zwei Kürzen umrahmt", eine Abart bzw. ein Vertreter des Kretikus.

Kretikus (Amphimacer):   — ◡ —

    Krétikus (κρητικός) nach einem Tanzmaß aus Kreta, auch Amphímacer genannt. *macer* bedeutet eigentlich „lang im Verhältnis zur Dicke" (erst in zweiter Linie „mager"), von griechisch μακρός; von daher *amphimacer/* ἀμφίμακρος = „von zwei Längen umrahmt". Vertreter von Amphimacer und Amphibrachys sind Molossus und Tribrachys.

---

[209] Vgl. Christ, 1879, 79.
[210] Crusius/ Rubenbauer, 1958, 33, Anm. 5.
[211] Vgl. dazu mit Belegen Christ, 1879, 146 f.

Bakcheus: ◡ — —

    Bakchéus (βακχεῖος) nach dem Versmaß aus Kultliedern an den Gott Bak-
chos.

Palimbakcheus: — — ◡

    „Umkehrung" des Bakcheus, seltener auch „Propompticus" oder *Saturnius*
genannt.

Paian: — ◡ ◡ ◡

                        ◡ ◡ ◡ —

    Ein aufgelöster Kretikus heißt „Paion/ Paean/ Paian". Die angegebenen Va-
rianten sind nur zwei von mehreren Möglichkeiten (die anderen Formen
sind seltener)[212].

Molossus: — — —

    Molossus (μολοσσός = „Molosser"), nach einem Volksstamm in Epirus. Für
den Molossus finden sich selten auch die Bezeichnungen ἵππιος, *Chaonius*
oder *Vortumnius*.

Choriambus: — ◡ ◡ —

    Der Choriambus (χορίαμβος) ist die Verbindung eines χορεῖος, eines Tanz-
verses[213], mit einem Iambus. Eine seltene „Umkehrung" des Choriambus ist
der „Antispast" (◡ — — ◡)[214].

Ioniker: — — ◡ ◡   (a maiore)

                       ◡ ◡ — —   (a minore)

    Der Ionicus (ἰωνικός) ist nach einem Tanzmaß aus Ionien benannt. Er exis-
tiert in zwei Varianten, je nachdem, ob am Anfang zwei Längen (*Ionicus a
maiore*) oder zwei Kürzen (*Ionicus a minore*) stehen.

---

[212] Vgl. dazu Korzeniewski, 1968, 111.
[213] Andere Bezeichnung für τροχαῖος, vgl. Crusius/ Rubenbauer, 1958, 33, Anm. 8.
[214] Vgl. zu dieser Klausel in der Kunstprosa Drexler, 1967, 156-158.

2. Klauseln und einfache Kola

a) *Übersicht*

— ⏕ — ⏕ ⏒	Hemiepes
× — ⏕ — ⏕ — ⏒	Enhoplion
— ⏑ ⏑ — ⏒	Adoneus
—× —× —⏒	Ithyphallicus
— ⏑ ⏑ ⏑ ⏒	Thymelicus
— ⏑ — × — ⏑ ⏒	Lekythion
— × — × ⏒	Kretisches Kolon
× — —　　× ⏒	Bakcheisches Kolon Var. 1
× — ×　　— ⏒	Bakcheisches Kolon Var. 2
× ⏕ — ⏑ ⏒	Dochmius
— ⏑ — ⏑ ⏒	Hypodochmius
× × × × — ⏕ ⏒	Wilamowitzianus
× ⏕ × ⏕ ⏒	Reizianum

Die Behandlung der einzelnen Klauseln und Kola[215] in der Dichtung[216] wird im folgenden nach systematischen Kategorien gegeben, und zwar nach der jeweiligen Dominanz einzelner Versfüße, auch wenn bei der Zuweisung im einzelnen nicht immer letzte Sicherheit zu gewinnen ist[217]:

Daktylisches:	Hemiepes, Enhoplion, Adoneus[218]
Trochäisches u. Iambisches:	Ithyphallicus, Thymelicus, Lekythion
Kretisches:	Kretisches Kolon
Bakcheisches:	Bakcheisches Kolon, Dochmius, Hypodochmius
Choriambisches:	Wilamowitzianus
Sonstiges:	Reizianum

Für einen ersten Einstieg genügt die Kenntnis der daktylischen Kola, da sie bei der Analyse des daktylischen Hexameters und des Pentameters eine Rolle spielen; die Kenntnis der übrigen Kola ist etwas für Spezialisten.

b) Daktylisches

Hemiepes

Der vordere Teil eines daktylischen Hexameters, ein katalektischer daktylischer Trimeter[219]; zugleich die Hälfte des daktylischen Pentameters.

---

[215] Zur Klärung der Begriffe s. unter Kapitel IV,2,c.

[216] Die häufigsten Klauseln in der *Prosa* bei Cicero sind Doppelkretikus ($-\smile- \ -\smile\underline\smile$), katalektischer Doppelkretikus ($-\smile- \ -\underline\smile$), Ditrochäus ($-\smile \ -\underline\smile$, davor meist ein Kretikus) und Hypodochmius ($-\smile \ -\smile\underline\smile$). Der Klauselcharakter des Dispondeus ($-- \ -\underline\smile$) ist umstritten. Eine ausführliche Behandlung der Klauseln und des Rhythmus in antiker Kunstprosa findet man bei Drexler, 1967, 142-185, und v. a. bei Lausberg, 2008, 483-507.

[217] Schon in der Antike gingen die Meinungen über Aufbau und Grundbestandteile vieler Versmaße auseinander.

[218] Nicht behandelt wird der Erasmonideus ($\smile \ - \ \smile\smile \ - \ \smile\smile \ - \ \underline\smile$), ein bei Archilochos vorkommendes (z. B. fr. 107 D.), mit dem Ithyphallicus zu einem asynartetischen Vers kombiniertes daktylisches Kolon; vgl. dazu Korzeniewski, 1968, 90 und 123-125.

[219] Vgl. Drexler, 1967, 24 f. Von ἡμιεπής aus ἡμι- = „halb" und ἔπος: ἡμιεπὲς μέτρον = „aus einem halben epischen Vers bestehend". Ein Terminus, der nach Crusius/ Rubenbauer, 1958, 57, Anm. 2, nur bei lateinischen Grammatikern vorkommt.

Beispiele:

quid facinus facias   Catull. 81,6b (2. Teil eines Pentameters)

— ⏑⏑ — ⏑⏑—

arguit et latere   Hor. *epod.* 11,10a (1. Teil eines Elegiambus)

—⏑⏑ — ⏑⏑

Enhoplion

$$\text{x} \; - \; \overline{\cup\cup} \; - \; \overline{\cup\cup} \; - \; \underset{\cdot}{\cup}$$

Enhoplion (Enoplion, Enoplius) vom griechischen ἐνόπλιος „unter Waffen"
(ἐνόπλιος ῥυθμός = „Takt zum Waffentanz"). Entspricht dem zweiten Teil eines Hexameters (das Kolon des ersten Teiles ist das Hemiepes); die Doppelkürzen können
durch ein *longum* ersetzt werden[220].

Beispiele:

deflectens pondere corpus   Catull. 62,51b (2. Teil eines Hexameters)

— — —   — ⏑⏑ — ⏑

miseram se conscia clamet   Hor. *sat.* 1,2,130b (2. Teil eines Hexameters)

⏑⏑ — — —   ⏑⏑ — ⏑

Adoneus

$$- \; \cup\cup \; - \; \underset{\cdot}{\cup}$$

Der Adonéus (Adonius) ist nach dem Gott Adonis benannt (vgl. den rhythmisch entsprechenden, kultischen Klageruf ὦ τὸν Ἄδωνιν, s. Sappho fr. 168 Voigt). Der Adoneus entspricht dem Schluss eines daktylischen Hexameters nach der sogenannten
„bukolischen Dihärese" (s. S. 131).

Beispiele:

Lydia, dormis?   Hor. *carm.* 1,25,8

— ⏑⏑ — —

---

[220] Ein katalektisches Enhoplion sieht aus wie ein „Prosodiacus"; es ist aber umstritten, ob
der Prosodiacus daktylisch zu interpretieren ist (vgl. Halporn/ Ostwald, 1983, 36, mit Anm. 1)
oder als anapästisches Versmaß zu gelten hat (vgl. Korzeniewski, 1968, 90).

bella canendo   Sen. *Tro.* 835

— ◡   ◡ — —

c) Trochäisches und Iambisches

Ithyphallicus

$$— \text{x} — \text{x} — \underset{\smile}{}$$

Der Ithyphallicus (ἰθυφαλλικός) erhielt seine Bezeichnung nach den Liedern bei Festen zu Ehren des Gottes Bakchos (Dionysos), bei denen man einen ἰθύφαλλος, einen
oft aus rotem Leder nachgebildeten „aufrechten Phallus" angebunden trug. Der Ithyphallicus lässt sich als trochäische Tripodie auffassen[221], aber auch, zumindest im archaischen Latein (v. a. beim Saturnier; bei Plautus nur selten), als eine Kombination
aus Kretikus und Bakcheus (—x— + x—◡)[222].

Beispiele:

impera, si quid vis!   Plaut. *Aul.* 143

— ◡— —   — —

opsecro memento   Plaut. *Cas.* 824
—◡ —   ◡ — —   Silbe *se* kurz wegen nachfolgender *muta cum liquida.*
sentio quam rem agitis   Plaut. *Capt.* 207b (davor kretische Dipodie)
— ◡— —   ◡ ◡ ◡   Seltene Auflösung des dritten *longum*; Synalöphe *rem_agitis.*
pauperum tabernas   Hor. *carm.* 1,4,13b (2. Teil eines Archilochius davor ein Alcma-
  — ◡ — ◡ — —   nicus)

---

[221] S. Crusius/ Rubenbauer, 1958, 112 f; Boldrini, 1999, 112. Merkvers von Snell, 1982, 70:
„Íthyphállikúm – bum!"

[222] So für den Bereich der griechischen Metrik die Aufteilung bei Korzeniewski, 1968, 4. Eine
Deutung, die noch dadurch Unterstützung erhält, dass *Ithyphallici* oft in Kombination mit kretischen Versen anzutreffen sind (z. B. Plaut. *Aul.* 142-145; *Capt.* 207.212; *Cas.* 888; *Curc.* 119).

Thymelicus

Benennung des Verses nach seiner Verwendung auf der Theaterbühne (θυμελικός = „zum Theater bzw. zum Schauspiel gehörig"). Je nach (metrischem) Kontext kann der Thymelicus als trochäische oder als iambische Dipodie gedeutet werden[223].

Beispiele:

optumus homo	Plaut. *Bacch.* 1112b (davor kretische Dipodie)
— ◡ ◡ ◡ —	
me ire: minime	Plaut. *Most.* 693b (davor kretische Dipodie)
— ◡ ◡ ◡ —	Synalöphe *me̯ ire*.

Lekythion (Euripideion)

— x — x — ◡ ◡

Ληκύθιον bedeutet eigentlich „Ölfläschchen". Die Bezeichnung des Kolons leitet sich von der in Aristophanes' *Fröschen* öfter wiederholten Wendung ληκύθιον ἀπώλεσεν her, womit der einförmige Versbau des Euripides parodiert wird[224]; von daher erklärt sich auch die alternative Bezeichnung des Lekythion als „Euripideion"[225]. Es handelt sich um die Zusammensetzung aus einem Kretikus und einem iambischen Metrum[226]; man kann das Lekythion aber auch als katalektischen trochäischen Quaternar (s. Kapitel VI,2,c) oder alternativ als akephalen iambischen Quaternar auffassen[227].

Beispiele:

Bacchico cum schemate	Naevius fr. 32 TrRF
— ◡ — — — ◡◡	

---

[223] S. Boldrini, 1999, 111, und Drexler, 1967, 77.

[224] ληκύθιον ἀπώλεσεν (— ◡ ◡ ◡ + ◡ — ◡ ◡), vgl. Aristoph. *ran.* 249 und die Analyse in Dover, 1993, 221. Vgl. Korzeniewski, 1968, 104, Anm. 42; Snell, 1982, 42, Anm. 12.

[225] S. Christ, 1879, 288 f; Ophuijsen, 1987, 153.

[226] Vgl. Korzeniewski, 1968, 4.

[227] Zur doppelten Bezugsmöglichkeit s. Korzeniewski, 1968, 104.

sitne Ballio domi   Plaut. *Pseud.* 1131a

— ⌣ —⌣— ⌣ —

aut unde auxilium petam?   Ter. *Phorm.* 729

— —   — ⌣⌣— ⌣ ⌣   Synalöphe *unde auxilium.*

d) Kretisches

Kretisches Kolon

$$— \; \text{x} \; — \quad — \; \cup$$

Das „kretische Kolon" ist eine katalektische kretische Dipodie. In der Regel bildet kein kretisches Kolon mehr als ein Element als Doppelkürze. Gelegentlich treten Varianten mit Anaklasis zwischen dem 4. und 5. Element auf[228], so dass das 4. Element von einer *syllaba anceps* gebildet wird (Schema: — x — x ⌣). Häufige Formen[229]:

— ⌣ —   — ⌣

— ⌣ —   ⌣ ⌣

— — —   ⌣ ⌣

Beispiele:

salva sis. et tu   Plaut. *Truc.* 123

— ⌣ — — —

nullus est homo Plaut. *Bacch.* 622b (davor kretische Dipodie)

— ⌣ — ⌣ —   Anaklasis zwischen 4. und 5. Element.

fecit ex patre   Plaut. *Bacch.* 665b (davor kretische Dipodie)

— — — ⌣ ⌣   Archaisch lange Endung *fecīt*; Silbe *pa* kurz wegen nachfolgender *muta cum liquida*; Anaklasis zwischen 4. und 5. Element.

---

[228] Zum Begriff „Anaklasis" s. Kapitel VII,3, S. 208.

[229] Zu sehr seltenen Nebenformen (—⌣⌣——⌣; ———⌣⌣⌣) s. Boldrini, 1999, 126 f.

e) Bakcheisches

Bakcheisches Kolon

$$\text{x} \; — \; — \quad \text{x} \; \smallsmile$$

$$\text{x} \; — \; \text{x} \quad — \; \smallsmile$$

Das bakcheische Kolon existiert in zwei verschiedenen Varianten, wobei die erste Variante näher am „reinen" Bakcheus (⏑ – –) liegt. Variante 2 weist Anaklasis (Vertauschung) zwischen dem 3. und 4. Element auf. Höchstens ein oder zwei Elemente dürfen als Doppelkürze gebildet sein[230].

Beispiele:

procul quem video	Plaut. *Capt.* 788b (davor bakcheische Dipodie)
⏑–　–　⏑⏑–	
sed etiamne habet	Plaut. *Cas.* 691a (danach reizianisches Kolon)
⏑　⏔–　　⏑⏑	Synalöphe *etiamne habet*.

Dochmius und Hypodochmius

$$\text{x} \; \widthspace \widehat{\smallsmile\smallsmile} \; — \; \smallsmile \; \smallsmile$$

Der Dochmius ist ein expressives, v. a. der Tragödie vorbehaltenes Versmaß (Dochmius von δόχμιος = „schief"[231]). Mit dieser Bezeichnung hat man das ungerade („schiefe" und damit affektgeladene) Zeitverhältnis in der Schrittfolge 3+5 (⏑— + — ⏑—) ausgedrückt. Der Dochmius kann auch als katalektischer bakcheischer Dimeter aufgefasst werden (⏑–– + ⏑–)[232]. Etwa 75 % aller Belege passen in das oben angegebene Schema[233], mit den beiden häufigsten Formen:

⏑　–　–　⏑　–

⏑　⏔　–　⏑　–

---

[230] Näherhin kann man bis zu fünf verschiedene Typen unterscheiden; s. Boldrini, 1999, 131.

[231] Crusius/ Rubenbauer, 1958, 34, Anm. 8: „der 'schiefe', weil er sich dem System der alten Metriker widersetzte"; ὑποδόχμιος = „etwas schief", eine Variante des Dochmius.

[232] S. Drexler, 1967, 155. Wie beim Daktylus, so ist auch beim Bakcheus ein Versfuß identisch mit einem Metrum (Boldrini, 1999, 129). Zur schwierigen Interpretation des Kolons s. Christ, 1879, 420.422.434-437.

[233] S. Snell, 1982, 63 f. Merkvers von Snell, 1982, 70: „Ich heiß Dóchmiús!"

In selteneren Fällen aber gibt es alle folgenden Auflösungsmöglichkeiten:

◡ ◡◡ ◡◡ ◡ ◡◡

Beispiel:

item nos sumus   Plaut. *Poen.* 245

◡— — ◡ ◡

Grundschema des **Hypodochmius** (Anaklasis der ersten beiden Elemente des Dochmius):

— ◡ — ◡ ≍

Beispiele:

omnibus probris   Plaut. *Bacch.* 620a (danach weiterer Hypodochmius)

— ◡ — ◡ —   Silbe *pro* kurz wegen nachfolgender *muta cum liquida.*

quicum ego bibo   Plaut. *Bacch.* 646a

—   ◡— ◡—   Synalöphe *quicum̮ego.*

f) *Choriambisches*

Wilamowitzianus

x x x x — ◡◡ ≍

Bei diesem sehr frei gebauten und in der Komödie gebräuchlichen, vom Umfang her schon an der Schwelle zur Versgröße stehenden Kolon handelt es sich um einen Choriambus, dem vier Elemente vorausgehen[234]. Benannt ist es nach dem deutschen Philologen Ulrich von Wilamowitz-Moellendorff (1848-1931).

Beispiele:

eccam Chrysalum video   Plaut. *Bacch.* 639

— —   — ◡ — ◡ ◡—

nam quotiens foras ire volo   Plaut. *Men.* 114a

—   ◡ ◡— ◡ ◡ —◡ ◡—   Iambenkürzung bei *fŏrās* zu *fŏrăs.*

---

[234] Vgl. dazu Boldrini, 1999, 145 (wegen des choriambischen Bestandteiles bei Boldrini unter „Äolische Verse" abgehandelt); Halporn/ Ostwald, 1983, 32.

me retines, revocas, rogitas   Plaut. *Men.* 114b

— ‿‿ — ‿‿ — ‿‿ —

g) Reizianum

X ‿‿ X ‿‿ ‿

Benannt nach dem deutschen Philologen Friedrich Wolfgang Reiz (1733-1790)[235]. Das reizianische Kolon ist aus insgesamt fünf Elementen sehr frei gebaut und deshalb nicht leicht erkennbar; auf je ein *elementum anceps* (1. und 3. Element) folgt je ein *elementum longum* (2. und 4. Element); am Ende (5. Element) steht *elementum indifferens*[236].

Beispiele:

quid, stolide, clamas?   Plaut. *Aul.* 415b (davor iambischer Quaternar)

— ‿‿ — —   Silbe *de* kurz gemessen wg. nachfolgender *muta cum liquida*.

res ipsa testist   Plaut. *Aul.* 421b (davor iambischer Quaternar)

— — ‿ — —   *testist* = *testis est*, seltenere Aphärese nach der Endsilbe –*ĭs* (s. Kapitel II,3,c).

---

[235] S. Drexler, 1967, 77 f; Korzeniewski, 1991, 133, Anm. 19.

[236] So Crusius/ Rubenbauer, 1958, 111 f; Boldrini, 1999, 133 f. Entsprechend der Bandbreite der Variationsmöglichkeiten herrscht eine gewisse Unsicherheit bei der Analyse des Grundschemas, vgl. Snell, 1982, 42: x — ‿ — x (Merkvers nach Snell, 1982, 70: „Das Reíziánum!"); Korzeniewski, 1991, 194: x — ‿‿ — — (in dieser Sicht könnte man das Reizianum auch als akephalen Pherekrateus bezeichnen und ihn zu den choriambischen Kola wie den Wilamowitzianus zählen).

3. Zusammengesetzte Kola (Asynarteten)

Zusammengesetzte Kola (Asynarteten[237]) kommen in vielen Variationen vor, von denen hier nur die geläufigeren angeführt werden[238]. Häufig gibt es keine Synaphie (= Verskontinuität[239]) zwischen den beiden Teilen, d. h. Hiat ist zulässig, Synalöphe aber nicht, und das Element am Ende des ersten Teiles ist ein *elementum indifferens*. Wegen der fehlenden Synaphie könnte man asynartetische Verse daher auch als „distichische Strophen" auffassen[240].

Die Behandlung der einzelnen Phänomene erfolgt systematisch; zuerst werden Asynarteten besprochen, die daktylisch beginnen, dann diejenigen, die iambisch anheben.

Man könnte auch Pentameter und Priapeus bei den Asynarteten behandeln, doch fügen sich beide jeweils organischer in die Besprechung der daktylischen bzw. äolischen Versmaße ein.

---

[237] Der Begriff „asynartetisch" kommt von ἀ-συν-άρτητος = „nicht-zusammen-geknüpft" (vom Verbum ἀρτάω = „anknüpfen") und bedeutet, dass verschiedene (meist zwei) Kola ohne metrische Verbindungsmöglichkeiten nebeneinanderstehen (bspw. in der „Fuge" keine Elision/ Aphärese oder Synalöphe möglich).

[238] Zu den häufigeren zusammengesetzten Kola vgl. Crusius/ Rubenbauer, 1958, 114. Es sind noch deutlich mehr Kombinationen möglich, die aber nicht mehr alle einen eigenen Namen besitzen, vgl. dazu den Überblick bei Boldrini, 1997, 383 f. Unberücksichtigt bleiben hier auch die für die griechische Metrik relevanten, von Westphal sogenannten „Daktyloepitriten", oft durch ein zusätzliches *elementum indifferens* (in der Regel ein *longum*) verbundene Kombinationen aus daktylischen Gliedern (Elementgruppen mit dem Moren-Verhältnis 4:4 = —⏑⏑ : —⏑⏑) und Epitriten (Elementgruppen mit dem Moren-Verhältnis 3:4 = —⏑ : —— oder 4:3 = —— : ⏑—). Häufigere „Grundbausteine", aus denen daktyloepitritische Verse zusammengesetzt sind, werden nach dem von P. Maas eingeführten System mit Kürzeln bezeichnet: — ⏑ ⏑ — ⏑ ⏑ — (= „D"), — ⏑ — (= „e"), — ⏑ ⏑ — ⏓ — ⏑ ⏑ — (= „E"), seltener — ⏑ ⏑ — (= „d¹") und ⏑ ⏑ — (= „d²"). S. dazu ausführlich Korzeniewski, 1968, 140-152. Ähnlich konstruiert sind die logaödischen Versmaße (Kombination von Daktylen mit Trochäen und Iamben), vgl. Christ, 1879, 508-517.

[239] Zum Begriff s. Kapitel VII,3, S. 212.

[240] Vgl. auch Christ, 1879, 126: „In Wahrheit haben wir in einem solchen Falle zwei eingliedrige Verse ..."

a) *Archilochius*

Beim Archilochius (benannt nach dem griechischen Lyriker Archilochos, 7. Jhdt. v. Chr.) handelt es sich um die Zusammensetzung aus einem Alcmanicus (daktylischer Tetrameter) und einem Ithyphallicus (s. Kapitel V,2,c)[241]. Entgegen den Regeln für Asynarteten wird der vierte Daktylus immer mit einer Doppelkürze gebildet (kein *elementum indifferens*), und Hiat zwischen den beiden Vershälften ist hier nicht zulässig.

Häufiges Wortende im Archilochischen Vers: Trit-, Pent- und Hephthemimeres; der Einschnitt zwischen den beiden Vershälften steht genau dort, wo im Hexameter die bukolische Dihärese steht (s. S. 131). Diese Bezeichnung hat aber nur beim Hexameter ihre Gültigkeit; hier ist es eine „namenlose" Dihärese.

Beispiele:

| *solvitur acris hiems grata vice* \| *veris et Favoni* | Hor. *carm.* 1,4,1 |

— ᴗ ᴗ — ᴗ ᴗ—   — — ᴗ ᴗ \| — ᴗ — ᴗ — —

| *pallida Mors aequo pulsat pede* \| *pauperum tabernas* | Hor. *carm.* 1,4,13 |

— ᴗ ᴗ — — — — — ᴗ ᴗ \| — ᴗ — ᴗ — —

b) *Diphilius*

Benannt ist der Vers nach dem Komödiendichter Diphilos (4. Jhdt. v. Chr.)[242]. Es handelt sich um die Zusammensetzung aus einem Hemiepes (= katalektischer daktylischer Trimeter) und einem Telesilleus (= akephaler Glykoneus)[243].

---

[241] Ein katalektischer (!) daktylischer Tetrameter wird auch allein für sich „Archilochius" genannt (s. Boldrini, 1997, 384); auch der „Aristophaneus" wird manchmal als „Archilochius" bezeichnet (s. Boldrini, 1997, 379). Zu den archilochischen Strophenformen s. das Kapitel VI,3,d.

[242] Crusius/ Rubenbauer, 1958, 57.

[243] Zum Telesilleus s. Kapitel VI,8,d, S. 173; vgl. Boldrini, 1999, 144 f. Nach anderer Auffassung ein katalektischer Hexameter, vgl. Crusius/ Rubenbauer, 1958, 57, mit dem Schema: — ᴗᴗ — ᴗᴗ — \| — — ᴗᴗ — ᴗᴗ ᴗ̲; Halporn/ Ostwald, 1983, 36 (mit Anm. 1), interpretieren den diphilischen Vers als Zusammensetzung aus einem Hemiepes und einem Prosodiacus (der dort als

Beispiel:

flos veteris vini | *meis naribus obiectust*

— ⌣⌣— ——| — — ⌣⌣ — — —   Synizese bei *meis*.

eius amor cupidam | *me huc prolicit per tenebras*   Plaut. *Curc.* 96 f

—⌣ ⌣ — ⌣ ⌣ — | — —⌣⌣ — ⌣ ⌣ —   Synalöphe *me_huc*; Silbe *ne* von *tenebras*

kurz gemessen wegen nachfolgender *muta cum liquida*.

c) *Elegiambus*

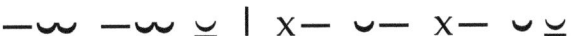

Der Elegiambus ist eine Zusammensetzung aus einem Hemiepes (= katalektischer daktylischer Trimeter) und einem iambischen Dimeter[244].

Beispiele:

scribere versiculos | *amore percussum gravi*   Hor. *epod.* 11,2

—⌣⌣ — ⌣⌣ — | ⌣ — ⌣ — — — ⌣ —

iussus abire domum | *ferebar incerto pede*   Hor. *epod.* 11,20

— ⌣ ⌣—⌣ ⌣ — | ⌣—⌣ ——— ⌣ ⌣

d) *Iambelegus*

Der Iambelegus ist die „Umkehrung" des Elegiambus, also eine Zusammensetzung aus iambischem Dimeter und katalektischem daktylischen Trimeter (Hemiepes).

Beispiele:

levare diris pectora | *sollicitudinibus*   Hor. *epod.* 13,10

⌣ —⌣ ——— ⌣⌣ | —⌣⌣— ⌣⌣ ⌣

„katalektischer Enoplius" aufgefasst wird). „Verwandt", da ähnlich gebaut, ist der in der griechischen Dichtung vorkommende „Encomiologicus" (zusammengesetzt aus Hemiepes und einem daktyloepitritischen Element, durch *elementum indifferens* verbunden: — ⌣⌣ — ⌣⌣ — | ⌣ — ⌣ — ⌣); s. Korzeniewski, 1968, 77 und 141 f.

[244] Zum Elegiambus und zum Iambelegus vgl. Boldrini, 1999, 157; Crusius/ Rubenbauer, 1958, 114.

invicte, mortalis dea | *nate puer Thetide*   Hor. *epod.* 13,12

— — ◡ — — — ◡— | —◡ ◡—   ◡◡◡

e) Saturnier

Beim Saturnier handelt es sich um einen Vers der archaischen lateinischen Dichtung, der in seinem Variantenreichtum und bezüglich seiner metrischen Interpretation der Forschung bis heute Fragen aufgibt[245]. Bekannt ist uns dieser Vers v. a. aus Fragmenten der lateinischen *Odyssee*-Übersetzung von Livius Andronicus und des von Naevius verfassten Epos über das *Bellum Punicum*; er ist aber auch inschriftlich bezeugt[246]. Die beiden geläufigsten Schemata des Verses sind:

$$x— \; x◡ \; x— \; ◡ \; | \; —◡ \; ◡x \; —◡$$

und

$$x— \; x◡ \; x— \; ◡ \; | \; x — x — ◡$$

In dieser Deutung handelt es sich beim ersten Typus um die Kombination aus einem katalektischen iambischen Quaternar mit einem Ithyphallicus (s. Kapitel V,2,c), im zweiten Fall um eine Verbindung aus katalektischem iambischen Quaternar mit einem reizianischen Kolon; zwischen den beiden Vershälften ist Hiat zulässig, nicht aber Synalöphe[247]. Es gibt allerdings auch Versuche, unter der Annahme der Möglichkeit von Iambenkürzungen, Synkopen und Synizesen den Saturnier als eine Kombination aus zwei *Ithyphallici* zu deuten, nach dem folgenden einheitlichen Schema[248]:

---

[245] Vgl. dazu grundlegend Groot, 1934, des weiteren Radke, 1981, 54-68, Boldrini, 1999, 86-90, und die Monographien von Luque Moreno, 2009, und Mercado, 2012.

[246] Die inschriftlichen Saturnier findet man gesammelt bei Buecheler, 1895, 1-12; teilweise behandelt werden sie auch in dem von Kruschwitz, 2007, herausgegebenen Sammelband.

[247] S. Boldrini, 1999, 86 f. Die Deutung des ersten Kolons als katalektischer iambischer Quaternar geht zurück auf Leo, 1905, 1-9.

[248] Die Deutung des ersten Kolons als Ithyphallicus geht zurück auf einen Vorschlag von Kloss (1993); nach Deufert, 2002, 368, ist auch das zweite Kolon als Ithyphallicus zu deuten, „der synkopiert, also um eine Senkung verkürzt sein kann … Die Mitteldihärese ist obligatorisch; vor ihr sind Hiat und *brevis in longo* statthaft, Synaloephe kennt sie nicht. Jeder der beiden Ithyphallici zerfällt in zwei Kola, ein cretisches (—x—) und ein baccheisches (x——)"; Wortgrenze am jeweiligen Kolonende sei „angestrebt, aber nicht obligatorisch". Die Annahme von Synkopen auch bei West, 2007, 52, der in diesem Zusammenhang von „many irregularities

$$-\text{x} \;\underset{\smile}{}\text{x} \; -\underset{\smile}{} \mid\; -(\text{x}) \; -(\text{x}) \; -\underset{\smile}{}$$

Beispiele:

virum mihi, Camena, insece versutum   Liv. Andr. *Od.* 1 Blänsdorf

⏑ — ⏑ — ⏑ — ⏑ | — ⏑ ⏑ — — ⏑

(⏑ ⏑ ⏑ — ⏑ — ⏑ | — ⏑ ⏑ — — ⏑, Iambenkürzung *virŭm*; Synkope 8. Element)[249]

ibi manens sedeto   donicum videbis

⏑— ⏑ — ⏑——| — ⏑ — ⏑——

(⏕ ⏑ — ⏑——| — ⏑ — ⏑——, Iambenkürzung bei *ibĭ*)

me carpento vehentem en domum venisse   Liv. Andr. *Od.* 15 Blänsdorf (*en*: Baehrens)

— — — — ⏑ — — | — ⏑ — — —⏑

(— — — — — — | — ⏑ — — —⏑, Synizese *vehentem*)

f)   Reizianischer Vers

$$\text{x}— \; \text{x}— \; \text{x}— \; \underset{\smile}{\smile} \mid \; \text{x}— \; \text{x}— \; \underset{\smile}{}$$

Benannt nach dem deutschen Philologen Friedrich Wolfgang Reiz (1733-1790). Der *versus Reizianus* ist zusammengesetzt aus einem iambischen Quaternar, dem ein reizianisches Kolon folgt.

Beispiele:

redi, quo fugis nunc? tene, tene.| quid, stolide, clamas?   Plaut. *Aul.* 415

⏑⏑ — ⏑ — —   ⏑⏑ ⏑ — | — ⏑⏑⏑ — —[250]

---

in the number of syllables" spricht, und ein sehr freies Grundschema des von ihm auch anders aufgeteilten Verses annimmt (x x x x|x ⏑ x|x x x x x x, mit einer Betonung auf dem vorletzten und meist langen Element).

[249] In Klammern wird der Vers jeweils nach der Deutung von Kloss und Deufert analysiert. Iambenkürzung bei *virum* nach Kloss, 1993, 99.

[250] Iambenkürzungen *rĕdĭ, tĕnĕ*; möglich wäre auch regulär *rĕdī* zu belassen und dafür Iambenkürzung bei *fŭgĭs* vorzunehmen.

neque cui ego de industria amplius | male plus lubens faxim.　　　　　Plaut. *Aul.* 420

ᴗ ᴗ　　ᴗᴗ　　— — 　ᴗ — 　ᴗ— | ᴗ ᴗ　— 　ᴗ ᴗ　　— ᴗ[251]

g)　*Euripideischer Vers*

$$\text{x}— \; ᴗ— \; \text{x}— \; ᴗ \underset{\smile}{} \; | \; —\text{x} \; —\text{x} \; —\underset{\smile}{}$$

Beim euripideischen Vers handelt es sich um eine Zusammensetzung aus einem iambischen Dimeter und einem Ithyphallicus[252], die so in der lateinischen Literatur, soweit ich sehe, nicht vorkommt und deshalb hier nur der Vollständigkeit halber angeführt wird.

Beispiel:

ἔνεστ᾽ Ἀπόλλων τῷ χορῷ· | τῆς λύρης ἀκούω·　　　　　Kallim. fr. 227,1 (Pf.)

ᴗ — 　　ᴗ — 　　— 　　— ᴗ — | — 　ᴗ — 　ᴗ ——

---

[251] Synalöphen *cui ego de industria amplius*; Iambenkürzungen *ĕgŏ, lŭbĕns.*

[252] Vgl. Boldrini, 1999, 112; Korzeniewski, 1991, 125. Das zweite Kolon dieses Verses, der Ithyphallicus (Kapitel V,2,c), ähnelt bis auf eine Silbe dem Lekythion oder „Euripideion" (katalektischer trochäischer Quaternar, s. S. 90); begreiflicherweise kommt das Euripides eher verspottende „Euripideion" aber im euripideischen Vers nicht als Kolon vor.

VI. Versarten

1. Iambische Versmaße

Iambische Verse werden entweder in Versfüße oder in Metren (ein Metrum = 2 Versfüße) gegliedert[253]. Der iambische *Versfuß* besteht vereinfacht aus einer Kürze und einer Länge (‿—, ein „reiner" Iambus), genau genommen aber ist er zusammengesetzt aus einem *elementum anceps* und einem *elementum longum*: x ‿‿. Beim iambischen *Metrum* ist das 3. Element immer eine Kürze: [x ‿‿ + ‿ ‿‿]. Der graphischen Vereinfachung halber wird in den folgenden Versschemata der iambische Versfuß in der Regel nicht mit x ‿‿ (bzw. ‿ ‿‿), sondern nur mit x— (bzw. ‿—) wiedergegeben.

Für Spezialisten:
Doppelkürzen werden nach den Regeln von Ritschl, Hermann-Lachmann, Fraenkel-Thierfelder-Skutsch und nach der Regel der Stellen mit Lizenz und der Jacobsohn'schen Lizenz gebildet. Für die Klauseln bei den iambischen Langversen gelten zudem die Regeln von Meyer, Bentley-Luchs und (nur für die frühe Tragödie) von Lange-Strzelecki[254].

a) *Iambischer Monometer*

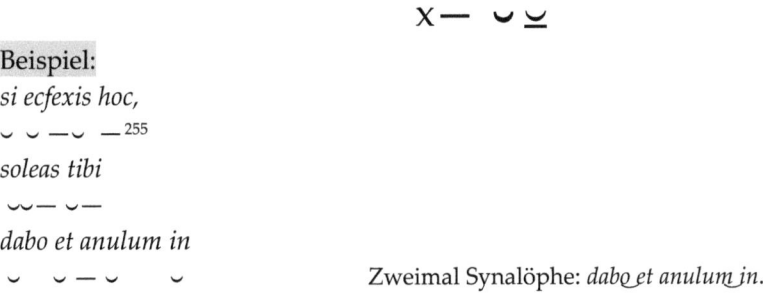

$$x— \;\; \cup \; \underset{\smile}{\cup}$$

Beispiel:
si ecfexis hoc,
‿ ‿ —‿ —[255]
soleas tibi
‿‿— ‿—
dabo et anulum in
‿ ‿— ‿ ‿   Zweimal Synalöphe: *dabo͜ et anulum͜ in.*

---

[253] In der griechischen Dichtung werden Iamben normalerweise in Metren organisiert; die freiere Variante (nach Versfüßen) ist römische Technik, die mit den altlateinischen Dichtern ihren Einzug hält. Verwendet ein lateinischer Dichter iambische Metren, handelt es sich gewissermaßen um einen metrischen „Gräzismus" (vgl. auch Christ, 1879, 313).

[254] S. zu diesen Regeln Kapitel VII,2.

[255] Hiat *si^h ecfexis*; Iambenkürzung nach Monosyllabon: *sĭ ĕcfēxĭs*. Möglich wäre auch — — ‿— (ohne Hiat und Iambenkürzung, dafür Synalöphe *si͜ ecfexis*). Zu archaisch langem Nominativ/ Akkusativ Neutrum *hōc* s. Boldrini, 1999, 65.

digito aureum et

◡ ◡   — ◡   ◡   Zweimal Synalöphe: *digito aureum et.*

bona pluruma   Plaut. *Cas.* 708-712

◡ ◡   — ◡   ◡

b) Katalektischer iambischer Dimeter: Hemiambus

$$\text{X}—\ ◡—\ \ \text{X}—\ \underset{\smile}{}$$

Beispiel:

preces mea expetessunt   Plaut. *Rud.* 259b

◡ — ◡ — ◡— —   Synalöphe *mea expetessunt.*

c) Iambischer Dimeter

$$\text{X}—\ ◡—\ \ \text{X}—\ ◡\underset{\smile}{}$$

Strenger gebaut als der iambische Quaternar (s. u.).

Beispiele:

inter minora sidera   Hor. *epod.* 15,2

— — ◡ —◡ — ◡◡

in verba iurabas mea   Hor. *epod.* 15,4

— — ◡ — — — ◡◡

d) Iambischer Quaternar

$$\text{X}—\ \text{X}—\ \text{X}—\ ◡\underset{\smile}{}$$

Beispiele:

numnam hunc percussit Iuppiter?   Plaut. *Amph.* 1073

—   — — — — — ◡◡   Synalöphe *numnam hunc.*

quod si fit, pereo funditus   Ter. *Andr.* 244

— — — ◡◡— — ◡◡

Schema katalektisch:

$$\text{X}—\ \text{X}—\ \text{X}—\ \underset{\smile}{}$$

Beispiel:

inde ilico praevortor   Plaut. *Capt.* 507a (dann bakcheische Dipodie)

— —◡— — — —   Synalöphe *inde ilico*; archaisch lange Endsilbe *praevortōr*.

e) *Iambischer Senar*

$$\times — \times — \times — \times — \times — ◡ \underset{\smile}{—}$$

Der iambische Senar findet sich als genuiner Sprechvers in der römischen Tragödie und Komödie (ca. 8000 Verse), daneben v. a. noch in den Fabeln des Phaedrus. Beim letzten Versfuß ist die Kürze fest; bei allen anderen Versfüßen kann die Länge durch zwei Kürzen ersetzt werden, und, besonders verwirrend, die Kürze durch eine Länge oder durch zwei Kürzen.

Der iambische Versfuß ×— (*anceps + longum*) kann somit in sechs verschiedenen Formen auftreten:

1. ◡—   2. ——   3. ◡◡—   4. ◡◡◡   5. —◡◡   6. ◡◡◡◡

Ein iambischer Senar, der fünfmal die Grundform (plus letzte immer feststehende Sequenz ◡◡) aufweist, enthält also theoretisch eine Fülle von $6^5 = 7776$ (!) möglichen Kombinationen. Hier überhaupt noch eine nach bestimmten Regeln „gebundene" Sprache zu erkennen, bereitet nicht nur uns Schwierigkeiten, wie eine Äußerung von Cicero belegt (Cic. *orat.* 184):

> Die Senare der Komödiendichter aber erscheinen wegen ihrer Ähnlichkeit mit der Umgangssprache oft so dahingeworfen, dass man bei ihnen manchmal kaum noch eine rhythmische Versform erkennen kann.
>
> *at comicorum senarii propter similitudinem sermonis sic saepe sunt abiecti, ut nonnumquam vix in iis numerus et versus intellegi possit.*

Zäsur im allgemeinen nach dem 5. Element („iambische Penthemimeres"), manchmal auch nach dem 7. Element (dann oft verbunden mit Einschnitt nach dem 3. Element). Synalöphe in der Zäsur ist zulässig.

In der altlateinischen Dichtung wie z. B. im iambischen Senar oder im katalektischen trochäischen Oktonar finden sich einige prosodische Besonderheiten, die in der späteren lateinischen Dichtung nicht mehr anzutreffen sind:

- Im archaischen Latein gelten z.T. andere Quantitäten (!) als im späteren klassischen Latein, z. B. *amāt* statt *amăt* für die 3. Pers. Sg. Ind. Präs. der 1. Konjugation oder manchmal *benē* und *facilē* statt *benĕ* und *facilĕ*[256].

---

[256] Zu diesen und weiteren Fällen s. die Übersicht bei Boldrini, 1999, 60-65.

- Iambenkürzung wird deutlich öfter vorgenommen[257].
- Bei Plautus (schon nicht mehr bei Terenz) wird Hiat öfter zugelassen (z. B. 2 Hiate Plaut. *Most.* 21: *corrumpe erilem*ʰ *adulescentem*ʰ *optumum*).
- Am Schluss eines Wortes kann der s-Laut apokopiert werden, wenn das folgende Wort konsonantisch anlautet (z. B. Plaut. *Most.* 20: *genu[s] ferratile* = ‿‿ — — —‿‿)[258].

Für Spezialisten:

Regeln für Auflösungen und Wortgrenzen

- Da nach der „Boldrinischen Syzygie" zwei Doppelkürzen immer dann als sprachliche Einheit gehört wurden, wenn eine vom Wortanfang gezählte ungerade kurze Silbe mit einer geraden kurzen Silbe verbunden ist (nicht umgekehrt erst eine gerade mit einer folgenden ungeraden)[259], darf bspw. ein pyrrhichisches Wort (wie *něquě*) nicht durch Verteilung auf das erste und zweite Element des iambischen Versfußes „zerrissen" werden (verboten somit *něquê*); ebenso darf ein tribrachysches Wort (wie *făcěrě*) nicht so auf die beiden Versfuß-Hälften verteilt werden, dass die Einheit der ersten ungeraden mit der zweiten geraden kurzen Silbe „zerrissen" wird (verboten also bspw. *făcérě*).
- Die erste Kürze der aufgelösten 2. Hälfte eines iambischen Versfußes (= *longum*) soll nicht die Kürze eines trochäischen Wortes sein (Ausnahmen sind eng zusammengehörige Wörter wie Verbindungen mit Präpositionen, z. B. Plaut. *Amph.* 942: *ĭntér ĕōs* ...).
- Besteht die erste Hälfte (= *anceps*) oder die zweite Hälfte (= *longum*) eines iambischen Versfußes aus zwei Kürzen, so endet in der Regel mit keiner dieser Kürzen ein mehrsilbiges (mindestens 3 Silben) Wort (Verbot des „zerrissenen Anapäst": ‿⌣—; Regel von Ritschl und Regel von Hermann-Lachmann; zu Ausnahmen s. dort, Kapitel VII, 2,c-d).
- Steht am Versende ein iambisches Wort, darf die erste Hälfte des 5. Fußes nicht von einer Kürze ausgefüllt sein (Regel von Bentley-Luchs; Ausnahmen s. Kapitel VII,2,i).

Rhythmus-Regeln

- Vier Doppelkürzen hintereinander (‿‿‿‿: Proceleusmaticus) anstelle eines iambischen Fußes sind im allgemeinen auf den Anfang des Verses beschränkt und dann nie mit einem einzigen Wort gebildet (Plaut. *Capt.* 133: *quĭs hĭc lŏquĭtŭr?*, Sen. *Med.* 488: *tĭbĭ pătrĭă cessit* ...). Nach der „Boldrinischen Syzygie" werden prokeleusmatische Wörter (Typ *făcĭlĭŭs*) niemals so positioniert, dass die 2. Silbe auf den Beginn der 2. Hälfte des iambischen Versfußes fällt (*facílius*); sie können aber so positioniert werden, dass der Beginn der 2. Hälfte des Versfußes auf die erste und auf die vierte Silbe fällt (*fácilĭús*).

---

[257] Ein nützliches Hilfsmittel für die Bestimmung der verschiedenen von Iambenkürzung betroffenen Wortarten und ihrer jeweiligen Position innerhalb eines Verses in der archaischen Komödie ist die Arbeit von Drexler, 1969.

[258] S. dazu unter Kapitel II,3,b.

[259] S. Boldrini, 1999, 26 f; so benannt nach Walter, 2002, 497.

- Die Ausfüllung eines iambischen Fußes durch ein daktylisches Wort ist ebenfalls selten und auf den Versanfang beschränkt (z. B. Plaut. *Trin.* 54: *ōmnĭbŭs amicis ...*).
- Wie in der Tragödie nach der Regel von Lange-Strzelecki bei Versen mit iambischer Klausel ein Doppeliambus als Rhythmus am Verschluss vermieden wird (∪— ∪⌣), so auch in den Fabeln des Phaedrus. Ausnahmen bei Phaedrus[260]:
    - Das letzte Wort besteht aus mehr als drei Silben (z. B. 1,2,3: *... licéntiá*).
    - Das letzte Wort besteht aus genau drei Silben und ein mehrsilbiges Wort geht voraus (z. B. 5,3,8: *... ánimal ímprobúm*).
    - Die letzten vier Silben sind auf eng zusammengehörige Wörter verteilt (z. B. 5,4,4: *... locútus ést*).

Beispiele:

Tu urbanus vero scurra,   deliciae popli,

— —, — —,— —, ∪|ᴴ—,∪∪—,∪— [261]

rus mihi tu obiectas? sane hoc, credo, Tranio,

— ∪∪, — —,—|ᴾ—, — — —,— —,∪— [262]

quod te in pistrinum scis actutum tradier.   Synalöphe *te̯ in.*

— —,— —,—|ᴾ—,— —,— —, ∪∪

cis hercle paucas tempestates, Tranio,

∪ —, ∪ — —,— —, — —,— —,∪—

augebis ruri numerum, genus ferratile.

——,——,— ∪ ∪, —|ᴴ∪ ∪, — —,∪∪ [263]

nunc, dum tibi lubet licetque, pota, perde rem,   20

— —, ∪∪∪ ∪,∪—, ∪|ᴴ—,— —,∪ ∪   Iambenkürzungen *tibĭ; lubĕt.*

corrumpe erilem adulescentem optumum;

— —, ∪—,∪|ᴾ∪ ∪,——,∪ — ,∪ ∪ [264]

---

[260] Zu weiteren Regeln für den iambischen Senar bei Phaedrus s. Crusius/ Rubenbauer, 1958, 67 f.

[261] Synalöphe *tu̯ urbanus*, Synkope *popli* statt *populi*, Silbe *po* kurz wegen nachfolgender *muta cum liquida*. Da beim iambischen Senar die metrische Analyse häufig größere Schwierigkeiten bereitet, werden als Hilfestellung hier (und beim iambischen Trimeter) die einzelnen Versfüße durch Kommata voneinander abgetrennt.

[262] Iambenkürzung *mĭhĭ*; Synalöphen *tu̯ obiectas, sane̯ hoc*.

[263] Schwaches auslautendes „s", deshalb *gĕnŭ[s] ferratile*.

[264] Synalöphe *corrumpe̯ erilem*. Die Hiate *erilemʰ adulescentemʰ optumum* verstärken metrisch die Inszenierung des vor Empörung schnaufenden Sklaven Grumio.

dies noctesque bibite, pergraecamini,
◡—,— —, ◡ ◡ ◡,◡|ᴴ—,— —, ◡—
amicas emite liberate, pascite
◡—,— ◡ ◡,◡ —,◡—,◡ —, ◡ ◡
parasitos,   obsonate   pollucibiliter.
◡ ◡—,— |ᵀ—,— —,◡|ᴴ—,—◡◡,◡ ◡   Plaut. *Most.* 15-24
Ioculare tibi videtur,   et sane levi,
◡ ◡—,◡ ◡ ◡, ◡ —,◡|ᴴ—,— —, ◡—
dum nihil habemus maius, calamo ludimus.
 —   ◡ ◡, ◡ —,— —,—|ᴴ◡ ◡,— —, ◡ ◡
sed diligenter intuere has nenias:
 — —,◡—, ◡|ᴾ—,◡—,— —,◡—   Synalöphe *intuere has.*
quantam sub titulis   utilitatem reperies!
  — —, — ◡ ◡,—|ᴾ—,◡◡—,— ◡ ◡,◡—
non semper ea sunt quae videntur; decipit   5
  — —, ◡ ◡ ◡, — |ᴾ—, ◡ —, — —,◡◡
frons prima multos: rara mens intellegit
 —   —,◡ —,—|ᴾ—,◡ —, — —, ◡ ◡
quod interiore   condidit cura angulo.
 — —,◡ ◡—,◡ —, ◡—, — —, ◡—   Synalöphe *cura angulo.*
Phaedr. *fab.* 4,2,1-7

f) Iambischer Trimeter

Der iambische Trimeter befolgt strengere Regeln als der iambische Senar: das 3. und
das 7. Element wird regelmäßig als *breve* gebildet. Zäsur tritt vorwiegend nach dem
5. Element auf („iambische Penthemimeres"), „seltener nach dem 7., gelegentlich
auch nach dem 3. Element"[265].

---

[265] Boldrini, 1999, 104. Stroh (schriftliche Mitteilung vom 12.5.2012) sieht bezüglich der Zäsuren folgende regelhafte Verteilung: „Der Trimeter hat Wortende entweder [1.] nach dem 5.
(und 7. oder 8.) Element oder aber [2.] nach dem 4. und 7. Element."

Beispiel:

fugit iuventas   et verecundus color,
— —, ◡ —,— |ᴾ—, ◡—,— —, ◡◡

reliquit ossa pelle amicta lurida,
◡—, ◡ —,◡ —, ◡ —,◡ —,◡—   Synalöphe *pelle̲amicta.*

tuis capillus albus est odoribus,
◡—, ◡—, ◡|ᴾ—,◡ —, ◡—,◡ ◡

nullum a labore   me reclinat otium.
—   —, ◡—,◡|ᴾ—, ◡—, ◡ —,◡◡[266]   Hor. *epod.* 17,21-24

Besonderheiten des iambischen Trimeters bei Seneca: Auflösungen treten an bestimmten Stellen gehäuft auf; selten findet sich mehr als eine Auflösung pro Vers (in den *Epoden* von Horaz sind Auflösungen insgesamt sehr selten). Die aufgelösten Elemente verteilen sich nie auf zwei verschiedene Wörter und bilden nie das Ende eines mehrsilbigen Wortes. Häufung mehrerer Auflösungen ist oft ein Zeichen von Emotionalität. Zäsur in einem spondeischen fünften Fuß wird vermieden (*lex Porsoniana*)[267].

Beispiel:

Quicumque regno fidit   et magna potens
—   —,   ◡ —,— —,◡|ᴴ—,— —, ◡ —

dominatur aula   nec leves metuit deos
◡ ◡ —,◡ —,— |ᴾ—, ◡ —, ◡ ◡—, ◡—

animumque rebus   credulum laetis dedit,
◡ ◡ —, ◡ —,— |ᴾ—, ◡ —, — —, ◡ ◡[268]

me videat et te Troia: non umquam tulit …
—   ◡ ◡,◡—,— —,◡|ᴴ—,— —, ◡ ◡

Sen. *Tro.* 1-4

---

[266] Synalöphe *nullum̲a*; Silbe *re* von *reclinat* kurz wegen nachfolgender *muta cum liquida.*

[267] Elision an dieser Stelle ist aber erlaubt. Zu dieser Brückenstelle und zu Porsons Gesetz s. ausführlicher (mit Angaben zur älteren Literatur) Korzeniewski, 1968, 50, mit Anm. 49 und 50; zur Anwendung des Gesetzes bei Seneca s. Raven, 1965, 54.

[268] Trennung der parallelen Wortstellung *animum – rebus - credulum – laetis* durch die Penthemimeres: AB|ab.

Beispiele für den **trimeter purus** („reine" Iamben):

phasellus ille, quem videtis, hospites   Catull. 4,1

⏑— ⏑ —⏑|ᴾ— ⏑—⏑ — ⏑ —

quis hoc potest videre, quis potest pati   Catull. 29,1

⏑ — ⏑ — ⏑—⏑ |ᴴ— ⏑ — ⏑ —

Sabinus ille, quem videtis, hospites   Ps.-Verg. *catal.* 10,1

⏑ — ⏑ —⏑|ᴾ— ⏑—⏑ — ⏑ —

g) *Anaklastischer iambischer Trimeter: Choliambus (Hinkiambus, Skazon)*

Der Choliambus (χωλός = „lahm, hinkend") wird auch Hinkiambus, Skazon (σκάζω = „hinken") oder hipponakteischer Trimeter genannt, nach seinem angeblichen Erfinder Hipponax (6. Jhdt. v. Chr.), der das Versmaß für Schmäh- und Spottgedichte verwendet hat[269]. Er ist gebaut wie ein iambischer Trimeter, nur dass das vorletzte 11. Element nicht durch eine Kürze, sondern durch eine Länge gebildet wird. Es liegt eine Anaklasis des Rhythmus durch Vertauschung der Quantitäten im letzten Versfuß vor; von daher lautet die exakte metrische Beschreibung: anaklastischer iambischer Trimeter. Durch das Umspringen des iambischen zu einem trochäischen Rhythmus „hinkt" der Vers gewissermaßen an seinem Ende.

Im iambischen Trimeter ist das vorletzte Element regelmäßig ein *breve*; durch die Anaklasis beim Choliambus befindet sich an dieser Stelle aber nun keine Kürze mehr. Die rhythmische Gesetzmäßigkeit, dass am Ende eines iambischen Trimeters ein reiner Iambus stehen muss, verlagert sich dadurch gleichsam vom letzten auf den vorletzten Versfuß (nun ist das 9. Element regelmäßig kurz). Gelegentlich werden die Längen der ersten beiden Metren (2., 4., 6. und 8. Element) durch zwei Kürzen ersetzt.

Zäsur findet sich meistens nach dem 5. Element (Penthemimeres; gelegentlich auch nach dem 7. Element: Hephthemimeres).

---

[269] Manchmal wird der Vers auch „Hipponaktéus" genannt, nicht zu verwechseln mit dem äolischen Versmaß gleichen Namens.

Beispiele:

Miser Catulle, desinas ineptire,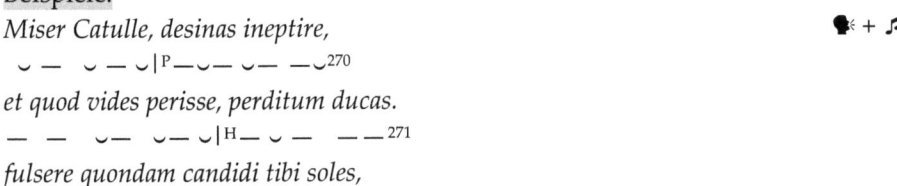

‿ — ‿ — ‿ |ᴾ—‿— ‿— —‿²⁷⁰

et quod vides perisse, perditum ducas.

— — ‿— ‿— ‿ |ᴴ— ‿ — — —²⁷¹

fulsere quondam candidi tibi soles,

——‿ — —|ᴾ — ‿— ‿— — — Wiederholende Vokalassonanz [*can-*]*didi tibi.*

cum ventitabas, quo puella ducebat

—   — ‿——|ᴾ— ‿— ‿ — — ‿

amata nobis quantum amabitur nulla.   5

‿— ‿ — —|ᴾ—   ‿ — ‿— — ‿²⁷²

---

²⁷⁰ Die Penthemimeres trennt den Vers symmetrisch in zwei Hälften mit je zwei Wörtern und hebt den Eigennamen hervor; Betonung von *miser* durch die Stellung am Anfang des Verses und des ganzen Gedichts. Um das „Umspringen" im Rhythmus besser zu verdeutlichen, hierzu eine rhythmische deutsche Übersetzung: Catúll, du sóllst, du Ármer, aúfhör'n zú spínnen!

²⁷¹ Die Hephthemimeres unterstreicht die durch die Alliteration *perisse – perditum* geschmückte chiastische Anordnung *vides perisse – perditum ducas*; das Stilmittel der Paronomasie bei *perisse - perditum*, das auf der Wiederholung ähnlicher Konsonanten bzw. Vokale beruht, verstärkt die Eindringlichkeit der Selbstermahnung. Überhaupt sind Wiederholungen aller Art eines der stilistischen Hauptmerkmale dieses Gedichtes, die zusammen mit den Imperativen und den gehäuften Fragen am Ende dazu dienen, das Gesagte besonders eindringlich zu gestalten.

²⁷² Synalöphe *quantum̲amabitur*; Polyklise *amata – amabitur*, von der Klangwirkung und Funktion her ähnlich wie die Paronomasie in Vers 2 *perisse – perditum*. „Polyklise" ist eine Neuprägung (vom Adjektiv πολύς „viel" und dem Substantiv κλίσις „Beugung/ Flexion"), die an dieser Stelle ausführlicher zu begründen der Platzmangel verbietet; wenige Hinweise müssen genügen. Für das in den Texten häufig zu beobachtende Phänomen der Wiederholung eines *Verbums* in verschiedenen Flexionsformen auf engem Raum, jedoch ohne eine hervorgehobene Stellung innerhalb einer syntaktischen oder metrischen Einheit (wie dies z. B. bei Anapher, Epipher, Anadiplose, *geminatio*, *complexio* oder bei der „polyptotischen *redditio*" der Fall ist, vgl. Lausberg, 2008, §§ 616-619; 628-634, 648,5), existiert in der antiken rhetorischen Theorie kein eigener Begriff (s. Lausberg, 2008, § 641), was dazu geführt hat, dass uns bis heute bei der philologischen Arbeit ein wichtiges Instrument der Textanalyse schlichtweg fehlt und das entsprechende Phänomen nicht zuletzt deswegen oft unbeachtet bleibt. Als Pendant zum Polyptoton (Wiederholung desselben *Nomens/ Pronomens* in verschiedenen Flexionsformen, vgl. Lausberg, 2008, §§ 640-648) wird hier deshalb der Begriff „Polyklise" geprägt: Wiederholung desselben *Verbums* in verschiedenen Flexionsformen.

ibi illa multa cum iocosa fiebant,

ᴗ —ᴗ — ᴗ — ᴗ—ᴗ — — —²⁷³

quae tu volebas nec puella nolebat,

— — ᴗ— — | ᴾ— ᴗ—ᴗ — —ᴗ²⁷⁴

fulsere vere   candidi tibi soles.

— —ᴗ — — | ᴾ—ᴗ— ᴗ— — —²⁷⁵

nunc iam illa non vult: tu quoque impote<ns noli>,

—   — ᴗ — — | ᴾ — ᴗ   — ᴗ—   — —²⁷⁶

nec quae fugit sectare, nec miser vive,   10

—   — ᴗ — —ᴗ | ᴴ— ᴗ — — ᴗ²⁷⁷

sed obstinata mente perfer, obdura.

— — ᴗ— — — ᴗ | ᴴ—ᴗ — — —²⁷⁸

vale, puella. iam Catullus obdurat,

ᴗ— ᴗ— ᴗ | ᴾ— ᴗ— ᴗ — — ᴗ²⁷⁹

nec te requiret nec rogabit invitam.

— — ᴗ — — | ᴾ— ᴗ —ᴗ — — ᴗ²⁸⁰

at tu dolebis, cum rogaberis nulla.

— —ᴗ — — | ᴾ — ᴗ —ᴗ— — ᴗ²⁸¹

---

²⁷³ Synalöphe *ibi illa*; konsonantisches „i" bei *iocosa*, deshalb „Positionslänge" auf *cum* wegen nachfolgender Doppelkonsonanz.

²⁷⁴ Zwei durch die Penthemimeres getrennte, parallel gebaute Trikola und Paronomasie *volebas – nolebat*. Die Litotes *nec … nolebat* unterstreicht das Sich-Zieren der *puella*.

²⁷⁵ Die schönen Erlebnisse der vergangenen Zeit werden sprachlich durch die fast gleiche Wiederholung von Vers 3 eindringlich in Erinnerung gerufen.

²⁷⁶ Synalöphen *iam illa* und *quoque impotens*. Der mit *nunc* markierte, inhaltlich schroffe Einschnitt wird mit dem abgehackten Rhythmus unterstrichen, der durch die Häufung der Monosyllaba entsteht. Wenn die Ergänzung *impote<ns noli>* stimmt, dann läge hier wieder eine Polyklise vor (*non vult – noli*; s. oben zu Vers 5).

²⁷⁷ *miser*: wiederholende Aufnahme des Gedichtanfangs.

²⁷⁸ *obstinata … obdura*: Homoiarkton; Vokalassonanz *mente – perfer*.

²⁷⁹ Zusammen mit dem vorigen Vers wieder eine Polyklise *obdura – obdurat* (s. oben zu Vers 5), unterstrichen durch die parallele Stellung am Versende.

²⁸⁰ *nec … requiret … nec rogabit*: Anapher mit zwei alliterierenden Verben; Trennung des Verses durch die Penthemimeres in zwei Trikola.

²⁸¹ Zusammen mit dem vorigen Vers wieder eine Polyklise *rogabit – rogaberis* (s. oben zu Vers 5), unterstrichen durch die parallele Stellung jeweils an vorletzter Stelle im Vers.

scelesta, vae te, quae tibi manet vita?   15

◡— ◡| T— — | P — ◡— ◡ — — ◡[282]

quis nunc te adibit? cui videberis bella?

— — — ◡ — — | P— ◡— ◡— — ◡   Synalöphe *te̯ adibit.*

quem nunc amabis? cuius esse diceris?

— — — ◡ — — | P— ◡ — ◡ — — ◡

quem basiabis? cui labella mordebis?

— — — ◡— — | P— ◡— ◡ — — ◡

at tu, Catulle, destinatus obdura.

— — — ◡ — ◡| P— ◡ — ◡ — — — [283]

Catull. 8

ite hinc, inanes, ite, rhetorum ampullae   Ps.-Verg. *catal.* 5,1

— — — ◡ — — | P— ◡| H— ◡   — — — Zweimal Synalöphe: *ite̯ hinc, rhetorum̯ ampullae.*

Titulle, moneo, vive: semper hoc serum est   Mart. 8,44,1

◡— ◡| T ◡ ◡— | P — ◡| H— ◡   — —   — [284]

---

[282] Bis zum vorletzten Vers folgt ab hier eine regelrechte „Kanonade" parallel gebauter, regelmäßig mit der Penthemimeres als Hauptpause unterteilter Fragen, in ihrer Eindringlichkeit noch unterstrichen durch das Polyptoton *quae – quis – cui – quem – cuius – quem – cui* und durch die Wiederholung des Personalpronomens *te – tibi – te*.

[283] Die Selbstermahnung wird abschließend noch einmal verstärkt und unterstrichen durch die variierende Wiederaufnahme von Vers 11.

[284] Auflösung des zweiten Longums; Aphärese *serum(e)st*; Nutzung der drei Haupt-pausen zur metrischen Betonung der syntaktischen Gliederung.

h) Katalektischer iambischer Oktonar („Septenar")

$$\text{x}-\ \text{x}-\ \text{x}-\ \cup\underset{\smile}{} \ |\ \text{x}-\ \text{x}-\ \text{x}-\ \underset{\smile}{}$$

In der Antike wurde dieser Vers „ungeschickter Weise"[285] als „Septenar" bezeichnet, und auch in modernen Darstellungen hat sich dieser Terminus einen festen Platz erobert[286]. Rein analytisch betrachtet handelt es sich aber um einen katalektischen Oktonar[287]. Oft mit Mitteldihärese wie oben im Schema angegeben nach dem 8. Element, ansonsten mit Zäsur nach dem 9. Element.

Für Spezialisten:
Das 1. Kolon, mit *breve* als vorletztem Element, folgt der Regel von Bentley-Luchs (s. Kapitel VII,2,i). Wortende eines mehrsilbigen Wortes nach dem 4. und 12. Element wird vermieden (Regel von Meyer, s. Kapitel VII,2,h).

Beispiele:
lenonis servom; quid habeat sermonis auscultabo   Plaut. *Poen.* 822

$-\ -\ -\ -\ -\ |^{\text{P}}\ \cup\ \ \ \cup\cup-|-\ -\ \cup\ -\ \ -\ -\ -$

tortis superciliis, contracta fronte, fraudulentum   Plaut. *Rud.* 318

$-\ -\ \ \cup\ -\ \widetilde{\cup}\ -\ \ -\ -\ |-\ \cup\ \ \ -\ \cup\ -\ \cup$

i) Katalektischer iambischer Tetrameter

$$\text{x}-\ \cup-\ \ \text{x}-\ \cup\underset{\smile}{} \ |\ \text{x}-\ \cup-\ \ \text{x}-\ \underset{\smile}{}$$

Wie der katalektische Oktonar, nur strenger gebaut.

Beispiel:
quae nunc tuis ab unguibus reglutina et remitte   Catull. 25,9

$-\ \ -\ \ \cup-\ \cup\ -\ \ \cup-\ |\ \cup\ -\ \cup\ \ -\ \cup\ -\ \cup$[288]

---

[285] So das treffende Urteil von Christ, 1879, 341.

[286] Vgl. bspw. Boldrini, 1999, 107.

[287] S. dazu ausführlicher die Anmerkungen zum katalektischen trochäischen Oktonar, Kapitel VI,2,d.

[288] Silbe *re* von *reglutina* kurz wegen nachfolgender *muta cum liquida*; Synalöphe *reglutina̧ et*.

j) Iambischer Oktonar

$$\text{x}— \ \text{x}— \ \text{x}— \ \cup \underset{\smile}{} \ | \ \text{x}— \ \text{x}— \ \text{x}— \ \cup \underset{\smile}{}$$

Meistens mit Mitteldihärese wie im Schema angegeben; fehlt die Mitteldihärese, wird der Versfuß vorher (7. + 8. Element) „freier" (x— statt ⏑⏓).

Beispiele:

pro di immortales! opsecro, quid ego oculis aspicio meis   Plaut. *Men.* 1001

— — — ——|ᴾ—⏑— | ⏑ ⏑ ⏑⏑— — ⏖— ⏑—²⁸⁹

nullam pol credo mulierem me miseriorem vivere   Ter. *Hec.* 566

— — — — —— ⏑⏖— |— ⏑⏑⏑—— — ⏑ ⏑

k) Iambische Strophenformen

Iambischer Trimeter mit iambischem Dimeter

$$\text{x}— \ \cup— \ \text{x}— \ \cup— \ \cup— \ \cup \underset{\smile}{}$$

$$\text{x}— \ \cup— \ \text{x}— \ \cup \underset{\smile}{}$$

Kombination aus einem iambischen Trimeter mit einem nachfolgenden iambischen Dimeter; bevorzugtes Wortende im Trimeter nach dem 5. Element.

Beispiel:

venena miscent fas nefasque, non valent

⏑ — ⏑ — — |ᴾ—⏑— ⏑ — ⏑ —

convertere humanam vicem.   Hor. *epod.* 5,87-88

— — ⏑ — — — ⏑⏑   Synalöphe *convertere humanam.*

Iambischer Trimeter mit Elegiambus

$$\text{x}— \ \cup— \ \text{x}— \ \cup— \ \cup— \ \cup \underset{\smile}{}$$

$$—\!⏖ \ —\!⏖ \ \underset{\smile}{} \ | \ \text{x}— \ \cup— \ \text{x}— \ \cup \underset{\smile}{}$$

Kombination aus einem iambischen Trimeter (bevorzugtes Wortende nach dem 5. Element) mit einem nachfolgenden Elegiambus (s. Kapitel V,3,c).

---

²⁸⁹ Zwei Synalöphen: *di immortales, ego oculis*; Silbe *se* von *opsecro* kurz wegen nachfolgender *muta cum liquida*. Auflösung des ersten Iambus nach der Mitteldihärese in vier Doppelkürzen.

Beispiel:

Petti, nihil me sicut antea iuvat

‒‒ ◡ ‒ ‒ |ᴾ‒◡ ‒◡‒ ◡◡

scribere versiculos amore percussum gravi   Hor. *epod.* 11,1-2

 ‒◡◡ ‒◡◡ ‒|◡‒◡ ‒ ‒‒ ◡ ‒

2. Trochäische Versmaße

Der trochäische *Versfuß* besteht vereinfacht aus einer Länge mit nachfolgender Kürze (ein „reiner" Trochäus: —◡), genau genommen aber ist er zusammengesetzt aus einem *elementum longum* und einem *elementum anceps*: ‿x. Das trochäische *Metrum* besteht aus zwei trochäischen Versfüßen, wobei das zweite Element immer eine Kürze ist: [‿ ◡ + ‿ x]. Der graphischen Vereinfachung halber wird in den folgenden Versschemata der trochäische Versfuß in der Regel nicht mit ‿ x (bzw. ‿ ◡), sondern nur mit — x (bzw. — ◡) wiedergegeben.

Für Spezialisten:
Doppelkürzen werden nach den Regeln von Ritschl, Hermann-Lachmann, Fraenkel-Thierfelder-Skutsch und nach der Regel der Stellen mit Lizenz und der Jacobsohn'schen Lizenz gebildet. Für die Klauseln bei katalektischen Versen, deren zweitletztes Element eine Kürze ist, gilt zudem die Regel von Bentley-Luchs[290].

a) *Trochäische Dipodie (und Tripodie)*

$$— \text{x} \quad — \text{◡}$$

Selten bei Plautus. Zur trochäischen Tripodie (Ithyphallicus) s. Kapitel V,2,c.

Beispiel:
| *iure iniustas* | Plaut. *Amph.* 247 |
| — — — — | Synalöphe *iure iniustas*. |

b) *Trochäischer Dimeter*

$$— ◡ \quad — \text{x} \quad — ◡ \quad — ◡$$

Häufigste Zäsur nach dem dritten Element. Der Vers kommt katalektisch in der hipponakteischen Strophenform bei Hor. *carm.* 2,18 als erster Vers eines Distichons vor, als katalektischer trochäischer Dimeter mit „reinen" Trochäen (Beispielvers s. unter Kapitel VI,2,h).

---

[290] Zu diesen Regeln s. Kapitel VII,2.

c) Trochäischer Quaternar

$$— x \quad — x \quad — x \quad — \smile$$

Beispiele:

utinam ita essem. optas quae facta	Plaut. *Amph.* 575
◡ ◡ ◡ — — — — — ◡	Drei Synalöphen: *utinam ita essem optas.*
pestis te tenet. nam cur istuc	Plaut. *Amph.* 581
— — — ◡ ◡ — — — —	Iambenkürzung bei *tĕnĕt.*

Schema katalektisch (s. dazu auch unter „Lekythion" in Kapitel V,2,c), mit obligatorischer Kürze für das vorletzte Element[291]:

$$— \ x \ — \ x \ — \ \smile \ \smile$$

Beispiele:

sitne Ballio domi	Plaut. *Pseud.* 1131[a]
— ◡ — ◡ — ◡ —	
aut unde auxilium petam?	Ter. *Phorm.* 729
— — — ◡ ◡ — ◡ ◡	Synalöphe *unde auxilium.*

d) Katalektischer trochäischer Oktonar („Septenar")

$$— x \quad — x \quad — x \quad — \ x \mid — x \quad — x \quad — \smile \ \smile$$

Neben dem iambischen Senar gehört der katalektische trochäische Oktonar zum wichtigsten Dialogvers in Komödie und Tragödie. In der Antike wurde der Vers etwas irreführend „Septenar" genannt[292]. Trotz der auch noch in modernen Metriken konventionellen Bezeichnung als trochäischer „Septenar"[293] handelt es sich aber, wie

[291] S. Crusius/ Rubenbauer, 1958, 75; Boldrini, 1999, 112.

[292] Dieselbe Bezeichnung, *versus septenarius*, erhielt in der Antike auch der katalektische iambische Oktonar; s. Christ, 1879, 341 f. Ist die Rede vom „Septenar" schlechthin, so ist der trochäische „Septenar" gemeint (Crusius/ Rubenbauer, 1958, 72, Anm. 1).

[293] Vgl. bspw. Boldrini, 1999, 114.

man schon bemerkt hat, „in Wirklichkeit" um ein „katalektisches achtfüßiges Versmaß"[294]. Normalerweise mit Mitteldihärese nach dem 8. Element (in diesem Fall kann das 8. Element als *indifferens* behandelt werden, also ⏒ statt x); statt der Mitteldihärese kann in selteneren Fällen der Einschnitt auch nach dem 7. oder nach dem 10. Element liegen[295]. Nach der Jacobsohn'schen Lizenz können das 3. und das 11. Element nach Wortende als *indifferentia* behandelt werden[296]. Zu prosodischen Besonderheiten von archaischen bzw. altlateinischen „Septenaren" s. Kapitel VI,1,e.

Beispiel:

Limen superum inferumque, salve, simul autem vale:

— —, ⏑ ⏑ ⏑, — ⏑, — ⏑, | — —, | ⏑ ⏑ — , — ⏑, —[297]

hunc hodie postremum extollo mea domo patria pedem.

— ⏑⏑, — —, — — —, — —, | ⏑⏑ ⏑, — ⏑⏑, — ⏑, ⏑[298]

---

[294] Halporn/ Ostwald, 1983, 21; vgl. auch Crusius/ Rubenbauer, 1958, 72. Die Bezeichnung „Septenar" ließe sich rechtfertigen, wenn man hier (wie auch beim iambischen und anapästischen „Septenar") von einem „hypermetrischen Septenar" o.ä. sprechen würde (unglücklich gewählt ist der schon antik vorkommende – s. Christ, 1879, 106 – Begriff „hyperkatalektisch", etwa bei Drexler, 1967, 25, mit Anm. 3, und 27: Bezeichnung des Hipponakteus als „hyperkatalektischer" Glykoneus; vgl. Schroeder, 1929, 29, s.v. κατάληξις: „'Hyperkatalektisch' war und ist immer nur ein Verlegenheitsausdruck"). Es ist aber rein sachlich nicht indifferent, ob man von einem Schema „7 plus ½" („hyperkatalektischer" oder „hypermetrischer" Septenar) oder von einem Schema „8 minus ½" („katalektischer" Oktonar) ausgeht, da antike Versmaße typischerweise katalektisch enden, während Hypermeter vereinzelte Ausnahmefälle bleiben.

[295] Beipiele dafür Plaut. *Asin.* 325 bzw. Plaut. *Epid.* 239.

[296] S. dazu Kapitel VII,2,g. Außerdem wird tendenziell nach dem 7. und 11. Element nach der Meyer'schen Regel (s. Kapitel VII,2,h) Wortende von mehrsilbigen Wörtern vermieden, wenn das Element, das vorausgeht, aus einer Länge oder einer Doppelkürze besteht. Vgl. Boldrini, 1999, 116.

[297] Hiat *superum*[h] *inferumque*; Unterstreichung der komischen Wirkung eines gleichzeitigen Begrüßens und Verabschiedens durch die Anfangs- und Endstellung von *salve* und *vale* im zweiten Kolon. Da bei den längeren trochäischen Versmaßen die metrische Analyse häufig größere Schwierigkeiten bereitet, werden als Hilfestellung die einzelnen Vers-füße durch Kommata voneinander abgetrennt.

[298] Synalöphe *postremum extollo*; Iambenkürzung *měă* statt *měā*.

usus, fructus, victus, cultus iam mihi harunc aedium

— —, — —, — —, — —, | — ◡, — —, — ◡,◡[299]

interemptust, interfectust, alienatust. occidi.

— ◡,— — —, — —,— —,| ◡◡—,— —,—◡,—[300]

di penates meum parentum, familiai Lar pater,

— ◡,— —, ◡ ◡ ◡,— —, | ◡◡,— —,— ◡,◡[301]

vobis mando, meum parentum rem bene ut tutemini.　　　　　　　835

— —, — —, ◡ ◡ ◡, — —, | — ◡, — —,—◡,—[302]

ego mihi alios deos penatis persequar, alium Larem,

◡ ◡ ◡, ◡◡—,◡ ◡ ◡,— —,— ◡, — | ◡◡,— ◡,◡[303]

aliam urbem, aliam civitatem: ab Atticis abhorreo.

◡ ◡ —, ◡◡ —,—◡,— ◡, —◡,— ◡,— ◡,—[304]

Plaut. *Merc.* 830-837

e)　*Katalektischer trochäischer Tetrameter*

—◡ —x —◡ —◡̲ | —◡ —x —◡ ◡̲

Er ist strenger gebaut als der katalektische trochäische Oktonar („Septenar")[305].

---

[299] Synalöphe *mihi harunc.* Die mit den blockartig hervorgestoßenen, zweisilbigen Worten korrespondierende Spondeenhäufung am Anfang des Verses unterstreicht die „Tragik" des Sprechers Charinus.

[300] Aphäresen anstelle von *interemptus est, interfectus est, alienatus est;* ein Vers, der nur aus Verben besteht, die inhaltlich auf dasselbe abzielen, ein Hendiatrion; die asyndetische Reihung dieser Verben verstärkt die „Tragik".

[301] Iambenkürzung *mĕŭm;* prosodische Dihärese: fünfsilbiges *familiāī* statt viersilbiges *familiae.*

[302] Iambenkürzung *mĕŭm;* Synalöphe *bene ut.*

[303] Nach den feierlichen Bitten jetzt eine Beschleunigung des Rhythmus zur Anzeige des verzweifelten Entschlusses, fortzuziehen. Synalöphe *mihi alios;* Iambenkürzung *dĕŏs;* seltenere „Pause" nach dem 11. Element; archaisch lange Endung *persequār,* s. Boldrini, 1999, 61.

[304] Wie vorher schnellerer Rhythmus und Synalöphen *aliam urbem aliam civitatem: ab* zur Untermalung des raschen und beherzten Entschlusses.

[305] Vgl. Boldrini, 1999, 115.

Beispiel:

morte facili dignus haud sum qui nova natum nece

— ◡, ◡◡—, — ◡,   —   —,|— ◡,— —,— ◡,◡

segregem sparsi per agros quique, dum falsum nefas

— ◡,— —,— ◡,— —,— ◡, | — —,— ◡,—

exsequor vindex severus, incidi in verum scelus.   1210

—◡, — —,— ◡,— ◡,|—◡, — —,— ◡,◡   Synalöphe *incidi‿in.*

sidera et manes et undas scelere complevi meo:

—◡, — —,— ◡, — —,|◡◡◡, — —,— ◡,—   Synalöphe *sidera‿et.*

amplius sors nulla restat; regna me norunt tria.

— ◡,— —, — ◡, — —,|— ◡, — —, — ◡,◡   Synkope *norunt* für *noverunt.*

Sen. *Phaedr.* 1208-1212

Versus quadratus

Oft ähnlich streng wie ein katalektischer trochäischer Tetrameter ist auch der vermutlich unabhängig entstandene, „volkstümliche" *versus quadratus* aus frührömi-
scher Zeit gebaut[306]. Es handelt sich dabei ursprünglich um rhythmisch besonders
einfach und deshalb eingängig gestaltete Sinnsprüche, Kinder- und Spottlieder. Die
Tradition der *versus quadrati* hat vermutlich auch die Gestaltung mancher katalektischer trochäischer Oktonare im römischen Drama beeinflusst, wo das stark rhythmi-
sierende Prinzip aber zunehmend zugunsten des quantitierenden in den Hinter-
grund tritt[307]. Eine klare Abgrenzung zwischen *versus quadrati* und katalektischen
trochäischen Oktonaren bzw. Tetrametern fehlt bislang[308], doch können folgende
Merkmale als besonders charakteristisch für einen *versus quadratus* gelten:

---

[306] Einzelne nicht-literarische *versus quadrati* sind zusammengestellt bei Courtney, 1993, 470-
485, und bei Gerick, 1996, 27-42; die Untersuchung von Gerick ist einschlägig, der auf Fraenkel,
1927, aufbaut; vgl. auch Deufert, 2002, 369-371.

[307] Beispiele: Plaut. *Asin.* 512, *Cist.* 60, *Men.* 403, *Merc.* 397.

[308] Boldrini, 1999, 116, plädiert dafür, man solle im Falle der *versus quadrati* „besser von katalektischem trochäischem Tetrameter reden"; Deufert, 2002, 369-371, versteht sie als rhythmisch besonders markierte „Septenare"; Soubiran, 1988, 5, schreibt diplomatisch: „les *uersus
populares* … présentent tantôt des septénaires …, tantôt des tétramètres catalectiques". Gerick,
1996, 13 f, akkumuliert in seiner Untersuchung mehrere Merkmale zweier „Hauptformen" (87
f feinere Unterteilung in vier Haupttypen mit Varianten), liefert letztlich aber keine eindeuti-
gen Kriterien dafür, ab wann ein katalektischer Oktonar als *versus quadratus* anzusehen ist

- „kommatische" Gliederung des Verses in Dipodien: regelmäßig Mitteldihärese (nach dem 8. Element), daneben häufig Einschnitt nach dem 4. und nach dem 12. Element[309]
- die einzelnen Kola fallen oft mit syntaktischen Einheiten zusammen; häufig fällt dabei der Wortakzent mit einem *longum* im Versrhythmus zusammen
- wenig Auflösungen, von daher eine einfache Rhythmik (oft wie beim katalektischen Tetrameter regelmäßige Bildung des 2., 6. und 10. Elements als Kürze)
- oft finden sich besonders markante und eingängige Stilmittel wie Anapher, Alliteration, Homoioteleuton, Vokalassonanz, Parallelismus oder Antithese

Beispiele:

Gallias Caesar subegit | Nicomedes Caesarem,

— ◡— — — ◡—— | — ◡ — — — ◡ ◡

ecce Caesar nunc triumphat, | qui subegit Gallias,

— ◡ — — — ◡ — — | — — ◡ — — — ◡—

Nicomedes non triumphat, | qui subegit Caesarem.

— ◡ — — — ◡ — — | — ◡ — — — ◡ ◡   Anonym[310]

postquam Crassus carbo factus, Carbo crassus factus est

— — — — — — — — |— — — — — ◡ —   Anonym[311]

(wieviele dieser Merkmale müssen in welcher konkreten Ausprägung zusammenkommen, wo liegen die Grenzen?).

[309] Neben diesem viergeteilten Typus unterscheidet Gerick, 1996, 14, noch einen dreigeteilten (Beispiel: Plaut. *Cist.* 60, deutliche Einschnitte nur nach dem 4. und 8. Element). An den Grenzen der einzelnen Kola sind Hiat und *brevis in longo* erlaubt, daneben ist aber auch Synalöphe möglich.

[310] Überliefert bei Suet. *Iul.* 49,4 = fr. 1-4 der *versus triumphales* bei Courtney, 1993, 483.

[311] Beim Grammatiker Marius Plotius Sacerdos überliefert (H. Keil, Grammatici Latini, 7 Bde., Leipzig 1855-1880, Bd. 6, 461 = fr. 1-2 der *versus populares* in Courtney, 1993, 470).

f) Trochäischer Oktonar

$$—\text{x} \; —\text{x} \; —\text{x} \; — \; \cup \; | \; —\text{x} \; —\text{x} \; —\text{x} \; —\cup$$

Im Einzelfall ist es oft schwierig zu entscheiden, ob ein trochäischer Oktonar oder zwei trochäische Quaternare vorliegen[312].

Beispiel:

nam duplex hodie facinus feci, | *duplicibus spoliis sum affectus*   Plaut. *Bacch.* 641

$$— \; \cup \; \cup, \; \cup\cup—, \cup \; \cup \; —, —\,—, | \; \cup \; \cup \; \cup \; \cup, — \; \cup\cup, — \qquad —, — \; \cup^{313}$$

g) Trochäische Strophenformen

Hipponakteische Strophe (tr^{dc} + ia^{tc})

$$—\cup \; —\text{x} \; —\cup \; \cup$$

$$\text{x}— \; \cup— \; \; \text{x}— \; \cup— \; \; \cup— \; \cup$$

Kombination aus einem katalektischen trochäischen Dimeter und einem nachfolgenden katalektischen iambischen Trimeter (mit bevorzugtem Wortende nach dem 5. Element); in Ode 2,18 bei Horaz besteht der trochäische Vers aus „reinen" Trochäen (Schema $—\cup \; —\cup \; —\cup \; \cup$).

Beispiel:

non ebur neque aureum

$$— \; \cup— \; \cup \; \; —\cup\cup \qquad \text{Synalöphe } neque\_aureum.$$

mea renidet in domo lacunar   Hor. *carm.* 2,18,1-2

$$\cup—\cup \; —\cup \; — \; \cup \; — \; \cup \; — \; \cup$$

---

[312] Vgl. dazu Boldrini, 1999, 116 f.

[313] Silbe *du* jeweils kurz wegen nachfolgender *muta cum liquida*; Iambenkürzung bei *dŭplĕx*; Synalöphe *sum affectus*.

3. Daktylische Versmaße

a) Daktylischer Tetrameter: Alcmanicus

Der Alcmanicus ist ein akatalektischer daktylischer Tetrameter[314], benannt nach dem griechischen Lyriker Alkman (7. Jhdt. v. Chr.).

Beispiele:

unde sonus trepidas aures ferit?   [Sen.] *Herc. Oet.* 1944

— ◡ ◡ — ◡ ◡ — — ◡ ◡

ac neque iam stabulis gaudet pecus   Hor. *carm.* 1,4,3a (danach ein Ithyphallicus)

— ◡ ◡ — ◡ ◡ — — ◡ ◡

b) Daktylischer Pentameter

Verdoppelung eines Hemiepes, also eines katalektischen daktylischen Trimeters. Die zweite Hälfte ist rein daktylisch gebaut (Ausnahmen nur in ungelenken Versinschriften).

Der schon in der Antike geläufige Begriff „Pentameter" erklärt sich daraus, dass man in diesem Vers eine Kombination von 2½ + 2½ daktylischen Metren erblickte[315]. Aufgrund des häufigen Vorkommens wird er meist nur als „Pentameter" bezeichnet (ohne die nähere Spezifikation „daktylisch").

---

[314] S. Boldrini, 1999, 98.

[315] Die weitgehend fehlende Synaphie zwischen den beiden Versteilen bestätigt die Richtigkeit der analytischen Trennung in zwei katalektische daktylische Trimeter, da Katalexe und Synaphie im antiken Versbau einander ausschließen (s. Bickel, 1912, 577). Andere Auflösung bei Quint. 9,4,98: 2 Daktylen, 1 Spondeus, 2 Anapäste; in dieser Sichtweise freilich würde es sich in der Mitte des Verses um eine Zäsur (Penthemimeres) handeln, nicht um eine Dihärese.

In der Antike tritt der Vers fast nur in Zusammenhang mit dem Hexameter im „elegischen Distichon" auf; erst spät (z. B. im 5./6. Jhdt. n. Chr. bei Martianus Capella 9,907 f) erscheinen längere Reihen von Pentametern ohne Hexameter[316].

Dihärese und Zäsur

Der Einschnitt nach dem ersten Hemiepes steht an genau derselben Stelle wie im Hexameter die Penthemimeres. Beim Pentameter spricht man allerdings nicht von einer Zäsur, da der Vers als „zusammengesetzt" (asynartetisch) betrachtet wird, so dass der erste Teil in der Mitte katalektisch „endet", von daher also nicht ein Metrum „durchschnitten" wird, sondern das regelmäßige Wortende *nach* einem (Halb-)Metrum erfolgt. Es handelt sich deshalb im Pentameter an dieser Stelle um eine Dihärese („Mitteldihärese")[317].

Die Silbe vor der Dihärese ist kein *elementum indifferens*, und auch das letzte Element im Vers ist normalerweise ein *longum*, nur in seltenen Ausnahmen *indifferens*[318].

In der ersten Vershälfte findet sich oft Trithemimeres. Wie beim daktylischen Hexameter findet sich (oft nach Enjambement) außerdem häufiger ein syntaktischer Einschnitt nach dem 1. Metrum der ersten Pentameterhälfte, die Protodihärese (s. dazu beim daktylischen Hexameter), z. B. Tib. 1,2,27 f: *nec sinit occurrat quisquam, qui corpora ferro* ‖ *vulneret* |[PD] … Für die zweite Vershälfte hat sich, soweit ich sehe, keine feste Pausenregelung herausgebildet.

Synalöphe und Hiat

Synalöphe ist seltener als im Hexameter und beschränkt sich meist auf das erste Kolon. Zwischen den beiden Pentameterhälften findet sich nur gelegentlich bei Catull

---

[316] Eine breit angelegte Studie zur Verwendung von Pentameterversen (monostichisch, stichisch und in verschiedenen Variationen zusammen mit Hexameterversen) v. a. in Inschriften bietet Kruschwitz, 2020.

[317] Drexler, 1967, 22, nennt den Einschnitt in der Mitte des Pentameters „Versfuge"; es ist fraglich, ob die Einführung eines zusätzlichen Begriffes sinnvoll ist. Eine „künstliche" Sprechpause in der Mitte des Pentameters, wie sie oft im schulischen Unterricht an dieser Stelle praktiziert wird, hat es in der Antike nicht gegeben, vgl. Stroh, 1981, 77, mit Anm. 27; Zeleny, 2008, 56 f; dazu auch Quint. 9,4,97 f. Zur Problematik des Pausenbegriffes s. im Kapitel IV,2,f, „Pausen und Brücken".

[318] So Boldrini, 1999, 97, mit Verweis auf die Seltenheit solcher Fälle wie *dătĕ* oder *pĕdĕ* an den Pentameterenden von Tib. 1,1,24 bzw. 1,3,92.

und Properz Synalöphe, selten zwischen beiden Hälften ein Hiat (z. B. Catull. 68,158: *a quo sunt primo*ʰ *omnia nata bona*).

Regeln zur Wortstellung

Beim daktylischen Pentameter finden sich ähnliche Spielarten versgliedernder Wortsymmetrie wie beim daktylischen Hexameter:

Rahmung

Verteilung von Substantiv und Attribut auf Anfang und Ende des Verses, z. B. Ov. *am.* 1,13,24:

lanificam *revocas* | *ad sua pensa* **manum**.

Zentrierung

Verteilung von Substantiv und Attribut auf das Ende der ersten und den Beginn der zweiten Pentameterhälfte, z. B. Tib. 1,1,18:

terreat ut **saeva** | **falce** *Priapus aves.*

Chiasmus und Parallelisierung

Kreuzweise Anordnung (Chiasmus), z. B. von zusammengehörigen Nomina und Verbalformen bei Ov. *trist.* 3,1,80:

privato <u>liceat</u> | <u>delituisse</u> **loco**.

Verteilung von zwei Substantiven und zwei Attributen auf Anfang und Schluss der Halbverse, z. B. Ov. *ars* 1,476:

dura *tamen* <u>molli</u> | **saxa** *cavantur* <u>aqua,</u>

Verteilung von Substantiv und Attribut auf den Schluss der beiden Vershälften, z. B. Tib. 1,4,18:

longa dies **molli** | *saxa peredit* **aqua;**

Tib. 1,4,30:

quam cito **formosas** | *populus alta* **comas**

Exkurs für Spezialisten:
Aufgrund der Tatsache, dass an das Ende der beiden Vershälften oft zusammengehörige Wörter mit gleichlautenden Endungen positioniert werden, kommt es des öfteren vor, dass die beiden Hälften sich reimen, vgl. z. B. noch Ov. *am.* 3,1,42 und *am.* 3,1,46:

non sum **materia** | *fortior ipsa* **mea**
haec est **blanditiis** | *ianua laxa* **meis**

Ähnlich bewirkt im Hexameter die Penthemimeres, gelegentlich auch die Hephthemimeres, dass immer wieder einmal am Ende der beiden Versteile zusammengehörige und damit auch gleich auslautende Wörter zu stehen kommen, z. B. Ov. *met.* 1,529.533.536; *am.* 3,1,31.33; *ars* 1,59:

*et levis **inpulsos** |*^P* retro dabat aura **capillos***

*ut canis in **vacuo** |*^P* leporem cum Gallicus **arvo***

*sperat et **extento** |*^P* stringit vestigia **rostro***

*hactenus, et movit **pictis** |*^H* innixa **cothurnis***

*altera, si memini, **limis** |*^H* subrisit **ocellis***

*quot caelum **stellas**, |*^P* tot habet tua Roma **puellas***

Nach Crusius/ Rubenbauer geschieht dies „meist zufällig"[319], und Halporn/ Ostwald meinen, es gebe keine Anzeichen dafür, „daß die römischen Dichter den Reim um seiner selbst willen suchten"[320]. Es ist erstens die Frage, ob es sich hier wirklich nur um Zufälle handelt, und zweitens, um welche Art von Reimen es geht, um Endreime oder um Binnenreime. Während Endreime in der antiken Dichtung kaum signifikant sind, sind es Binnenreime um so mehr[321]. Kann das häufige Vorkommen des Binnenreims nicht gerade als Anzeichen dafür gewertet werden, dass man dieses sprachlich-klangliche Phänomen immer öfter angestrebt hat? Es ist nicht unplausibel, dass Binnenreime gerade in Hexametern und Pentametern, die mit zu den gebräuchlichsten Versarten gehörten, die langsame Entwicklung hin zur binnen- und evtl. auch zur end-reimenden Dichtung begünstigt haben[322], weil der Wohlklang, der sich durch die jeweils vor den Einschnitten befindlichen Reimworte ergab, zunehmend als ästhetisch ansprechend empfunden wurde.

---

[319] S. Crusius/ Rubenbauer, 1958, 59.

[320] S. Halporn/ Ostwald, 1983, 17. Immerhin ist nach den Autoren (ebd. 16) die „spielerische Verwendung des Reims" eine Entwicklung, die v. a. bei Ovid zu beobachten ist.

[321] S. Tordeur, 1992, 326: „Une lecture partielle de Lucrèce montre son indifférence envers la rime léonine. … Mais *tous* les autres poètes – Catulle, Virgile, Horace, Ovide, Ausone, Claudien, Prudence, Sidoine puis Alcuin – présentent significativement plus de rimes que prévu, parfois même deux à trois fois plus. Il y a là une différence profonde avec la technique de la rime verticale." Binnenreime finden sich bereits in homerischen Hexameterversen nicht selten, vgl. Hom. *Il.* 16,112 ἔσπετε νῦν μοι, Μοῦσαι Ὀλύμπια δώματ' ἔχουσαι, oder Hom. *Od.* 1,56 αἰεὶ δὲ μαλακοῖσι καὶ αἱμυλίοισι λόγοισι, um nur zwei Beispiele herauszugreifen.

[322] Ohne dass man deshalb gleich von einer im engeren Sinn „genetischen Ableitung" der reimenden Dichtung aus den Homoioteleuta antiker Verskunst ausgehen müsste; kritisch zu einer solchen Ableitung Stroh, 2009, 59 f (in der Anmerkung).

Pentameterklauseln

Am Ende der ersten Vershälfte steht im allgemeinen nur dann ein Monosyllabon, wenn entweder ein zweites Monosyllabon oder ein Wort mit zwei Kürzen vorausgeht (Ov. *am.* 1,6,20: *ad dominam pro te | verba tremente tuli*; 1,2,10: *cedamus: leve fit, | quod bene fertur, onus*).

Am Ende der zweiten Vershälfte lassen Catull und Properz in den ersten drei Elegienbüchern noch Wörter von unterschiedlichem Silbenumfang zu. Mit Tibull und Properz 4 aber setzt eine Entwicklung ein, die dazu tendiert, den Pentameter mit einem *zweisilbigen Wort* zu beschließen (bei Ovid fast immer).

c) *Daktylischer Hexameter*

Der aus sechs Daktylen zusammengesetzte Hexameter ist in Bezug auf den sechsten Fuß nur bedingt vollständig[323]; das letzte Element ist *indifferens*[324]. Nach seiner hauptsächlichen Verwendung im Epos heißt er auch **versus hērōus** (vgl. Quint. 9,4,88); er wird aber auch bspw. für Lehr- und Hirtendichtung, Satiren, Hymnen oder „magische" Texte verwendet. Aufgrund seines häufigen Vorkommens bezeichnet man ihn oft schlicht als „Hexameter", ohne die eigentlich notwendige nähere Bestimmung („daktylischer Hexameter")[325].

Die Grundform des daktylischen Versfußes ist —◡◡; die Länge kann nicht durch Doppelkürzen ersetzt werden[326], die beiden Kürzen aber in der Regel durch eine

---

[323] Zur Problematik der Anwendung des Begriffs „Katalexe" beim Hexameter s. unten, „Für Spezialisten 1".

[324] Vom Rhythmus her mag der Hexameter einen in der Berücksichtigung von Quantitäten untrainierten Rezipienten aufs erste an den Dreivierteltakt des Walzers erinnern (◡◡◡, ◡◡◡); aber das wäre eine typische durch das akzentuierende Sprachempfinden verursachte Fehlinterpretation. Am ehesten entspricht der Daktylus der ersten Hälfte des Grundschrittes des Jive (für die Länge „rück-vor", für die beiden Kürzen „seitschluss-seit").

[325] Statistische Untersuchungen zum römischen Hexameter bietet Geiger, 2021.

[326] Zwei Belege für eine Auflösung des ersten Longums bei Ennius, *Annales* 332 und 511 (Skutsch) sind unsicher, vgl. Skutsch, 1985, 52.

Länge (also Daktylus durch Spondeus)[327]. Das fünfte Metrum ist allerdings in der Regel daktylisch. Seltene und dann oft mit einer bestimmten stilistischen Gestaltungsabsicht eingesetzte Verse mit spondeischem fünften Versfuß heißen *versus spondiaci* (bzw. σπονδειάζοντες / σπονδειακοὶ στίχοι), z. B. Verg. *georg.* 3,276:

saxa per et scopulos et depressas convalles
— ᴗ ᴗ — ᴗ ᴗ —| — — — — — — —

Mehrere Spondeen am Versende wie bei diesem Beispiel sind äußerst selten[328]. Es wird zur Regel[329], dass in solchen *versus spondiaci* der 4. Fuß als Daktylus gebildet wird und außerdem das Ende des 5. Metrums nicht mit einem Wortende zusammenfallen darf (Brücke zwischen 10. und 11. Element); z. B. Lucr. 1,616[330]:

corpora constabunt ex partibus infinitis
— ᴗ ᴗ — — — |— — ᴗ ᴗ —— — —

In der klassischen lateinischen Dichtung gibt es nur einen Vers, der ausschließlich aus Spondeen besteht (Catull. 116,3: *qui te lenirem nobis, neu conarere*)[331]. Sonst sind allenfalls Spondeenhäufungen zu beobachten. Sie können stilistisch eingesetzt werden, wenn es um Ernstes, Schweres, Mühsames, Bedeutungsvolles o.ä. geht, z. B. *multum ille et terris iactatus* (— — — — — — —ᴗ, Verg. *Aen.* 1,3) oder *arcebat longe Latio, multosque per annos ‖ errabant acti fatis* (— — — — —ᴗᴗ — — —ᴗᴗ — — ‖ — — — — — — —, Verg. *Aen.* 1,31 f), in beiden Fällen zur Beschreibung der langen und mühevollen Irrfahrten des Aeneas und seiner Gefährten; oder bei Horaz zur Unterstreichung des Wunsches, der schwere Sturm möge die Wälder treffen, den Seefahrer aber unbehelligt lassen: *plectantur silvae te sospite* (— — — — — — —ᴗᴗ, Hor. *carm.* 1,28,27);

---

[327] Halporn/ Ostwald, 1983, 14, sprechen demgemäß von einem „dreisilbigen" (—ᴗᴗ) und einem „zweisilbigen" (— —) Daktylus (nicht unbedingt hilfreich).

[328] Nach Crusius/ Rubenbauer, 1958, 53, hier „versmalend zur Bezeichnung der tiefen Senkungen". Vgl. als weiteres Beispiel Catull. 64,91 f: *non prius ex illo flagrantia declinavit ‖ lumina* (Ariadne kann ihre vor Liebe brennenden Augen einfach nicht von Theseus abwenden). Bei Eigennamen am Ende des Verses haben *spondiaci* aber meistens keine stilistische Funktion, vgl. Hor. *carm.* 1,28,21; *epod.* 16,17.29.

[329] Nach Crusius/ Rubenbauer, 1958, 53, „seit Lukrez"; aber wie u. a. der gerade zitierte Vers Verg. *georg.* 3,276 zeigt, gibt es Ausnahmen von dieser Regel.

[330] Betonung des *regressus ad infinitum*, der sich ergeben würde, wenn man keine kleinsten Teilchen (Atome) als Grundbausteine für die Materie annehmen würde.

[331] Vielleicht Nachahmung eines Kallimachos-Verses, um den es in diesem Epigramm geht. Zu Beispielen für einen solchen „Holospondeus" in der griechischen Dichtung s. Korzeniewski, 1968, 29.

oder zur Unterstreichung einer nicht enden wollenden Trauer: *te matutinus flentem conspexit Eous* ‖ *et flentem paulo vidit post Hesperus idem* ($-- ~ -- ~ -- ~ -- ~ -\smile\smile~ -\smile$ ‖ $-- ~ -- ~ -- ~ -- ~ -\smile\smile~ -\smile$, Cinna fr. 6 Blänsdorf).

Das Gegenteil eines „Holospondeus" ist ein ausschließlich aus Daktylen zusammengesetzter Hexameter (ein „Holodaktylus")[332], z. B. *protinus alter amat, fugit altera nomen amantis* (Ov. *met.* 1,474), zur Unterstreichung der Schnelligkeit, mit der Apollon sich in Daphne verliebt und Daphne zugleich vor Apollon flieht, oder *mota dedit veniam – teneri properentur Amores* (Ov. *am.* 3,1,69), ebenfalls zur Betonung der Eile, derer sich die *Amores* jetzt im letzten Buch von Ovids Erstlingswerk befleißigen sollen, bevor er sich endlich der Tragödie widmen will[333].

Für Spezialisten 1:

Im Fall des Hexameters (und anderer daktylischer Versmaße) ist die Verwendung des Begriffes „katalektisch" zu diskutieren[334]. Denn wenn wie in der überwiegenden Zahl der Fälle das letzte Metrum spondeisch ($--$) und der Spondeus von den Moren her ein „vollwertiger" Ersatz für den Daktylus ist (beide haben 4 Moren), dann kann man nicht von einem verfrühten „Aufhören" des Verses sprechen; dies trifft nur dann zu, wenn das letzte Metrum mit einem Trochäus gefüllt wird ($-\smile$; in diesem Fall nur 3 anstatt von 4 Moren). Das Problem ist also, dass nicht ein ganzes, sondern nur ein „halbes" Element am Versende wegfällt, und auch das nicht immer. Statt je nach konkret vorliegenden Versen abwechselnd von „hemikatalektischen" ($-\smile$) und „akatalektischen" ($--$) Hexametern zu sprechen, hat sich die (auch nicht

---

[332] Beispiele für das Griechische ebenfalls bei Korzeniewski, 1968, 29.

[333] Thraede, 1978, 3 f, steht nach seinen statistischen Auswertungen einer „expressiven Deutung" überwiegend spondeisch bzw. überwiegend daktylisch gestalteter Hexameter äußerst skeptisch gegenüber; er weist mit Recht darauf hin, dass die isolierte Beobachtung versrhythmischer Eigenarten nicht ohne Rücksicht auf den Inhalt zu interpretatorischen Folgerungen oder gar zur Aufstellung verabsolutierter Regeln führen darf. Es scheint aber doch immerhin Tendenzen zu geben, und ein Vers wie Hor. *sat.* 1,9,9 beispielsweise deutet durchaus auf eine absichtsvolle Beziehung zwischen Inhalt und rhythmischer Gestaltung, wenn das Thema „Schnelligkeit" mit Daktylen, das „Innehalten" mit Spondeen untermalt wird: *ire modo ocius, interdum consistere in aurem* ($-\smile\smile~ -\smile\smile~ -- ~ -- ~ -\smile\smile~ -\smile$); für absichtliches „Tempo" spricht offenkundig ein Holodaktylus wie Verg. *georg.* 3,284: *sed fugit interea, fugit inreparabile tempus*. Zur möglichen „Semantik" metrischer Formen allgemein s. auch Mellmann, 2007, 95 f.

[334] Boldrini, 1999, 91, verwendet ihn nicht; anders Crusius/ Rubenbauer, 1958, 48; Snell, 1982, 13; Halporn/ Ostwald, 1983, 14 f, in der Kurznotation.

ganz befriedigende, aber beide Varianten umfassende) Bezeichnung *versus catalecticus in bisyllabum* eingebürgert[335]. Man kann im Fall —◡ die letzte Silbe aber auch als eine *brevis in longo* auffassen, die durch die Pause am Versende den Wert eines *longum* erhält und von daher die 3 Moren wieder zu 4 Moren komplettiert[336]; in dieser Sichtweise ist der daktylische Hexameter ein akatalektisches Versmaß[337].

Für Spezialisten 2:
Es spricht manches dafür, dass der Hexameter ursprünglich ein aus zwei verschiedenen Kola zusammengesetzter (also ein asynartetischer) Vers war, eine Verbindung aus Hemiepes (—◡◡ —◡◡ —) und Enhoplion (x —◡◡ —◡◡ —◡)[338]. Eine solche Kolonanalyse räumt viele Schwierigkeiten aus dem Weg, die schon die antiken Metriker mit einer metrisierenden Erklärung einiger (nicht nur daktylischer) stichisch verwendeter Verse hatten[339].

Zäsuren und Dihäresen

Die wichtigsten **Zäsuren** im Hexameter liegen nach dem 2., 3. und 4. Longum:
—◡◡ —|◡◡ —|◡◡ —|◡◡ —◡◡ —◡

Da man sich den daktylischen bzw. spondeischen Versfuß als aus zwei Hälften bestehend dachte (1. Teil: —, 2. Teil: ◡◡), zählt man die Zäsuren nach „Halbfüßen".

Die häufigste Zäsur im Hexameter liegt nach dem dritten Longum bzw. nach dem 5. „Halbfuß" und heißt deshalb

|ᴾ = **Penthemimeres** (τομὴ πενθημιμερής, *caesura semiquinaria*); Beispiel: *arma virumque cano*, |ᴾ *Troiae qui primus ab oris* (Verg. *Aen.* 1,1)[340]. Seltener ist eine Zäsur nach dem 7. „Halbfuß", die

---

[335] Vgl. Bickel, 1912, 567; Crusius/ Rubenbauer, 1958, 37: „wenn vom letzten Metrum … zwei Silben bleiben"; Kritik an dieser Bezeichnung bei Drexler, 1967, 25. S. dazu auch Kapitel VII,3 s. v. „Katalektischer Vers".

[336] S. dazu oben im Kapitel III,1,b, S. 57. S. dazu auch Quint. 9,4,93 f.

[337] So bspw. Latacz, DNP 4, 1998, 12: „akatalektischer daktylischer Hexameter"; bereits Gleditsch, 1901, 117: „… der Vers wird mit Unrecht für einen katalektischen ausgegeben."

[338] So bereits Bergk, 1854. Eine andere Theorie bevorzugt eine Zusammensetzung aus Glykoneus und Pherekrateus, vgl. Berg/ Haug, 2000.

[339] Eine Vertiefung dieser historischen Perspektive würde den Rahmen dieser Darstellung sprengen; vgl. dazu Steinrück, 2003; zu Theorien antiker Metriker über den Ursprung des Hexameters s. Stachon, 2022.

[340] Gezählt werden die Zäsuren also nicht nach der Anzahl der konkret vorliegenden *Wortsilben*, sondern nach Versfuß-Hälften. Der Einschnitt nach *arma virumque cano* erfolgt nach der fünften Versfuß-Hälfte (obwohl in diesem Fall bis zu diesem Einschnitt sieben Silben „verbraucht" wurden).

|ᴴ = **Hephthemimeres** (τομὴ ἑφθημιμερής, *caesura semiseptenaria*), die oft gekoppelt
auftritt mit einer Zäsur nach dem 3. „Halbfuß", der

|ᵀ = **Trithemimeres** (τομὴ τριθημιμερής, *caesura semiternaria*[341]), Beispiel für beide
Ov. *met.* 1,314: *terra ferax*, |ᵀ *dum terra fuit*, |ᴴ *sed tempore in illo*[342].

Die häufige Verwendung der Penthemimeres hängt damit zusammen, dass sie den
Vers organisch in zwei annähernd gleiche Hälften teilt. Aus ähnlichen Gründen, also
aus Gründen der Ausgewogenheit der Proportionen, werden oft Trit- und Hephthemimeres miteinander kombiniert (Aufteilung des Verses in drei annähernd gleiche
Teile). Es sind darüber hinaus aber auch andere Kombinationen möglich[343].

Das Element, das der Trithemimeres, Penthemimeres und Hephthemimeres vorangeht, *kann* vereinzelt als *indifferens* behandelt werden[344], folglich also nicht nur in
einer Länge, sondern auch in einer Kürze bestehen (***brevis in longo ante caesuram***).
Beispiele: Verg. *ecl.* 7,23: *versibus ille facĭt*, |ᴾ *aut si non possumus omnes*; Verg. *Aen.* 4,64:
pectorĭbŭs |ᵀ *inhians spirantia consulit exta*[345].

|ᵗᵗ = Zäsur **κατὰ τρίτον τροχαῖον**: Weniger häufige („weibliche") Zäsur im He-
xameter nach der ersten Kürze des dritten Fußes („nach dem dritten Trochäus")[346].

---

[341] Die lateinische Entsprechung *semitrinaria* bzw. *semiternaria* scheint es antik nicht gegeben
zu haben (vgl. auch Crusius/ Rubenbauer, 1958, 50); Boldrini, 1999, 92, benutzt die Bezeichnung *semiternaria* trotzdem. Drexler, 1967, 88, notiert, dass er alle drei lateinischen Bezeichnungen „nicht nachweisen" könne.

[342] Alle drei Zäsuren bspw. bei Verg. *Aen.* 1,582: *nate dea*, |ᵀ *quae nunc* |ᴾ *animo* |ᴴ *sententia
surgit?*

[343] „Diese Fälle sind einerseits zu häufig, um übersehen werden zu können, andererseits zu
selten, als dass sie sich dem Gedächtnis wirklich einprägten, als dass sie ein Gewohnheitsrecht
begründeten." Drexler, 1982, 324.

[344] Während beispielsweise Vergil von dieser Freiheit Gebrauch macht, sind solche Fälle bei
Lukrez nicht zu finden.

[345] Vgl. Boldrini, 1999, 95; nur selten auch vor anderen Einschnitten, vgl. am Hexameter-
Ende *fultŭs hyacintho* bei Verg. *ecl.* 6,53.

[346] Während bei den Griechen diese Zäsur neben der wichtigsten Zäsur, der Penthemimeres, recht häufig zu finden ist, tritt sie in der lateinischen Dichtung deutlich zurück; dafür verwenden die Lateiner (wiederum neben der „Hauptpause", der Penthemimeres) vermehrt die
Hephthemimeres, die bei den Griechen eher selten anzutreffen ist (s. Drexler, 1967, 19, Anm.
20; Steinrück, 2003, 10). Die ebenfalls seltenere Trithemimeres wurde von den antiken Metrikern nicht als Pause anerkannt (s. u. S. 133). Über die Verteilung der Häufigkeit der einzelnen
Pausen im lateinischen Hexameter s. Drexler, 1982, 323 f; vgl. auch Thraede, 1978, 16-38, der

Beispiele: *spargens umida mella* |ᵗᵗ *soporiferumque papaver* (Verg. *Aen.* 4,486); *naturae verique.* |ᵗᵗ *sed omnis una manet nox* (Hor. *carm.* 1,28,15). Meistens verbunden mit Trit- oder Hephthemimeres.

Ein schönes Beispiel für eine gestalterisch gezielt eingesetzte Zäsur ist eine Passage in *De rerum natura* (Lucr. 5,1043), wo Lukrez im Kontext der Sprachentstehungstheorie die Vorstellung, es hätte einmal einen einzelnen Menschen gegeben, der die Sprache „erfunden" hat, als völligen Unsinn hinstellt, indem er das entscheidende, abwertende *desiperest* an das Ende einer über drei Verse reichenden Satzperiode, aber ganz betont an den Anfang des dritten Verses setzt, danach als Pause die Trithemimeres – an keiner anderen Stelle im Umkreis von über 140 Versen findet sich ein solcher Einschnitt (Satzende nach der Trithemimeres):

proinde putare aliquem tum nomina distribuisse

— ◡ ◡— ◡◡ — |ᴾ— — ◡◡ — ◡◡—◡³⁴⁷

rebus et inde homines didicisse vocabula prima,

—◡◡ —   ◡◡ —|ᴾ◡◡ — ◡◡ — ◡◡ — ◡³⁴⁸

desiperest! ...

—◡◡ — |ᵀ

Die **Dihärese** nach dem 4. Metrum wird, da sie in bukolischen Gedichten (z. B. in Vergils *Eklogen*) besonders häufig vorkommt, „**bukolische Dihärese**" (|ᵇᴰ) genannt³⁴⁹; sie begegnet aber auch im Epos. Meistens tritt sie zusammen mit der Penthemimeres auf und oft wird sie mit einem syntaktischem Einschnitt verbunden, z. B. Verg. *ecl.* 10,77: *ite domum saturae,* |ᴾ *venit Hesperus,* |ᵇᴰ *ite capellae*; Verg. *ecl.* 8,68: *ducite ab urbe domum,* |ᴾ *mea carmina,* |ᵇᴰ *ducite Daphnim*; ohne syntaktischen Einschnitt: Verg. *Aen.* 1,7: *Albanique patres* |ᴾ *atque altae* |ᵇᴰ *moenia Romae*. Oft gehört der Text nach der Dihärese inhaltlich schon zum nächsten Vers, z. B. Verg. *ecl.* 10,11 f: *nam neque Parnasi vobis iuga,* |ᵇᴰ *nam neque Pindi* ‖ *ulla moram fecere* ... Bei Vergil steht vor der bukolischen Dihärese im 4. Fuß meist ein Daktylus (wie bei den *versus spondiaci*); in der Satirendichtung und bei Horaz hingegen kommt im 4. Fuß öfter ein Spondeus vor.

---

die Existenz der Zäsur κατὰ τρίτον τροχαῖον für die lateinische Dichtung bestritten und die verbleibenden drei Zäsuren für gleichberechtigt erklärt (ebd. 17).

³⁴⁷ Synizese *proinde*; Synalöphe *putare aliquem*.

³⁴⁸ Synalöphe *inde homines*; Silbe *la* kurz wegen nachfolgender *muta cum liquida*.

³⁴⁹ Eine eingehende Untersuchung der bukolischen Dihärese in Vergils Eklogen bei Korzeniowski, 1998, 73-98.

Protodihärese

Häufig finden sich im Hexameter (und entsprechend im Pentameter) Wortende und syntaktischer Einschnitt (d.h. eventuell eine Sprechpause) nach dem 1. Metrum , z. B. Verg. *Aen.* 1,2 f (... *Laviniaque venit* ‖ *litora;* | ...). Obwohl dies immer wieder bemerkt wird[350], hat diese Dihärese keinen eigenen Namen[351]. Da sie oft mit einem Enjambement verbunden ist, rückt sie das vor der Dihärese stehende Wort an eine betonte Versanfangs-Stellung. Aber auch ohne Enjambement liegt auf dem Wort oder auf der Wortgruppe vor der Dihärese oft ein besonderer Nachdruck, so dass diese Dihärese für eine Versanalyse daktylischer Langverse unter funktional-stilistischer Hinsicht so wichtig erscheint, dass eine eigene Bezeichnung hilfreich ist. Da es sich um die erste mögliche Dihärese handelt, wird hier die Bezeichnung „**Protodihärese**" (|PD) vorgeschlagen. Vgl. für den Hexameter bspw. noch Verg. *Aen.* 1,135: *quos ego!* |PD – *sed motos praestat componere fluctus;* für den Pentameter Catull. 85,2: *nescio;* |PD *sed fieri sentio et excrucior.*

Zu wenig Pausen

Bei den antiken Metrikern gab es nur vier anerkannte „Pausen" im Hexameter: Pent- und Hephthemimeres, die τομὴ κατὰ τρίτον τροχαῖον und die bukolische Dihärese;

---

[350] So schon Christ, 1879, 180 f, mit Beispielen aus Homers *Ilias*; vgl. auch Drexler, 1967, 88, mit Beispielen aus Vergils *Aeneis*. Zu den Pausen im Hexameter s. auch die grundlegende Hexameter-Studie von Fränkel, 1955.

[351] Zur Problematik der *möglichen* und der traditionell bekannten und benannten „Pausen" im Vers schreibt Boldrini (1999, 95): „Hat man sich mit der Metrik des Hexameters etwas vertraut gemacht, sieht man, wie schwierig es manchmal ist, sich zwischen verschiedenen Möglichkeiten von Einschnitten zu entscheiden ... Doch gerade deswegen müssen wir manchmal aufgrund unseres eigenen Empfindens entscheiden; man muß in solchen Fällen also bestrebt sein, die vorgeschlagenen Lösungen nicht als feste Tatsachen, sondern als diskutable, wenn auch nachvollziehbare Vorschläge zu betrachten." Meines Erachtens hängt die Problematik mit unserem fehlenden Wissen über die ursprünglich mit der Dichtung verbundene musikalische Gestaltung zusammen (bzw. beim Hexameter speziell mit den konkreten Techniken des bei der Rezitation praktizierten Sprechgesanges). Sie ist tatsächlich nicht mehr lösbar; das sollte aber nicht zu Entscheidungen nach dem Empfinden führen, sondern eher zu einer gewissen Zurückhaltung beim Aufspüren von Einschnitten im Vers. Es ist naheliegend, dass man neben den gebräuchlichen, mit einem eigenen Namen versehenen Einschnitten solche am ehesten als gesichert und sinnvoll annehmen kann, die mit syntaktischen Einschnitten einhergehen (vgl. dazu die Ausführungen im Kapitel IV,2,f „Pausen und Brücken" unter dem Punkt „Für Spezialisten 2", S. 78).

die Protodihärese fehlt ebenso wie die Trithemimeres[352]. Ein Vers gilt dann als unzureichend „moduliert", wenn keine einzige der „Hauptpausen" vorkommt[353]. Als Kronzeuge dafür wird in der Regel ein Vers aus Horazens *ars* angeführt, in dem sich nur die Trithemimeres und damit für antike Ohren überhaupt keine anerkannte „Pause" findet (*ars* 263): *non quivis* |ᵀ *videt inmodulata poemata iudex*[354].

Zu viele Pausen

Die Häufung von Wortenden nach der ersten Kürze eines Daktylus wurde offenbar als unschön empfunden und von daher eher vermieden[355]; eine Ausnahme ist die oben genannte Zäsur „nach dem dritten Trochäus". Verse, bei denen mehrmals hintereinander Wortenden mit Versfußenden zusammenfallen, galten als unschön („klapprig"); vgl. z. B. Ennius, *sat.* 11 (Vahlen): *lati* |ᴾᴰ *campi* | *quos gerit* | *Africa* |ᵇᴰ *terra politos*[356].

Regeln zur Wortstellung

Den verschiedenen Ausformungen versgliedernder Wortsymmetrie im Hexameter liegt in vielen Fällen als Stilmittel die Fähigkeit der lateinischen Sprache zugrunde, aufgrund ihrer Endungen als zusammengehörig erkennbare Wörter voneinander zu trennen (Hyperbaton).

Rahmung

Ein Substantiv und das ihm zugehörige Adjektiv werden oft auf Versanfang und Versende oder doch so auf den Vers verteilt, dass ein Teil vor der Penthemimeres oder Hephthemimeres steht, das andere danach. Beispiel mit Flexionsreim Verg. *ecl.* 4,53:

---

[352] Dafür war noch eine Zäsur κατὰ τέταρτον τροχαῖον in der Diskussion. Vgl. Christ, 1879, 173; Zeleny, 2008, 50. Ausonius war allerdings die Trithemimeres bereits bekannt, wie aus seiner *praefatio* zum *Cento nuptialis* hervorgeht; diesen Hinweis verdanke ich der Rezension von Tordeur zur 1. Auflage dieses Buches (Latomus 74, 2015, 307 f.).

[353] Vgl. Christ, 1879, 181; Drexler, 1967, 105.

[354] Weitere Belege für solche selteneren Verse bei Christ, 1879, 181 f; in einigen Fällen kann aber auch stilistische Absicht dahinterstehen, vgl. Enn. *ann.* 42 (Skutsch): *corde capessere: semita nulla pedem stabilibat*, mit dem Kommentar von Skutsch (1985, 199): „The absence of a caesura is perhaps deliberate: *ut semita nulla pedem, ita caesura nulla versum stabilit.*"

[355] Vgl. Crusius/ Rubenbauer, 1958, 49. Hor. *epist.* 1,9,4 (*dignum mente*| *domoque*| *legentis*| *honesta*| *Neronis*) ist nach Crusius/ Rubenbauer „als Scherz … aufzufassen" (ebd.).

[356] Vgl. auch Hom. *Il.* 1,214: ὕβριος| εἵνεκα| τῆσδε· σὺ| δ' ἴσχεο,|ᵇᴰ πείθεο| δ' ἡμῖν.

o mihi tum **longae** |ᴾ *maneat pars ultima* **vitae.**

Manchmal wird ein Vers auch durch zwei Verben gerahmt, z. B. Verg. *Aen.* 6,213:

flebant *et cineri ingrato* |ᴴ *suprema* **ferebant.**

Parallelisierung und Chiasmus

Verteilung von zwei Substantiven (AB) und zwei Adjektiven (ab) über den Vers bspw. nach den Schemata abAB oder abBA (Verg. *Aen.* 6,285 und 513)[357]:

multaque **(a)** *praeterea variarum* **(b)** |ᵇᴰ *monstra* **(A)** *ferarum* **(B)**

namque ut supremam **(a)** *falsa* **(b)** *inter* |ᵇᴰ *gaudia* **(B)** *noctem* **(A)**

Axialsymmetrie

Die axialsymmetrische Durchformung eines Verses durch zwei Adjektive (ab), zwei Substantive (AB) und Mittelstellung des Verbums (V) ergibt einen sog. *versus aureus*, einen „Goldenen Vers", nach den beiden hauptsächlichen Schemata abVAB und abVBA[358]. Der Begriff *versus aureus* taucht in der Antike selbst nicht auf und scheint aus dem englischsprachigen Raum zu stammen[359]. Eine frühe, vielleicht sogar die früheste Erwähnung einer „golden line" stammt aus einer Lateingrammatik des 17. Jahrhunderts (dort *„Golden Verse"* genannt)[360], wo die Definition sehr eng gefasst wird und nur das Schema abVAB zugelassen wird. Demgemäß herrscht in der Folgezeit Uneinigkeit darüber, welche Formen axialsymmetrischer „Ummantelung" eines verbalen Zentrums als „golden", welche nur noch als „silver lines" oder gar nur als „bronze lines" zu gelten haben[361]. Man kann diese Definitionsprobleme umgehen, indem man von „axialsymmetrischen Versen" spricht, zumal offen bleiben muss

---

[357] Andere Schemata kommen seltener vor, z. B. aBbA in Verg. *Aen.* 6,550 (*quae rapidus flammis ambit torrentibus amnis*); vgl. dazu auch die Beobachtungen von Norden, 1957, 392 und 395.

[358] Weitere Schemata sind theoretisch möglich (z. B. AbVaB, aBVAb, ABVab, aBVbA, AbVBa), kommen aber in der Praxis seltener vor; für den ersten Fall vgl. bspw. Mar. Victor. *Aleth.* 1,230: *pomaque succiduis pelluntur mitia pomis*, zur Unterstreichung der Idealvorstellung einer ununterbrochenen Fruchtfolge bei den Bäumen im Paradies.

[359] Die dem Pythagoras zugeschriebenen Lebenslehren in hexametrischer Form mit dem Titel Χρυσᾶ ἔπη (lat. *Aurei versus*) haben mit dem metrischen Phänomen der *versus aurei* nichts zu tun.

[360] Burles, 1652, 357 (Ndr. 1971, 307).

[361] Vgl. zu diesen Begriffen Wilkinson, 1963, 215 f.

und nur im Einzelfall entschieden werden kann, inwieweit die antiken Dichter diese Versgestaltung stilistisch absichtlich eingesetzt haben[362].

Beispiele:

aurea **(a)** *purpuream* **(b)** |P *subnectit* **(V)** |bD *fibula* **(A)** *vestem* **(B)** (Verg. Aen. 4,139)

obviaque **(a)** *adversas* **(b)** |P *vibrabant* **(V)** |bD *flamina* **(A)** *vestes* **(B)** (Ov. met. 1,528)

ingentes **(a)** *Rutulae* **(b)** |P *spectabit* **(V)** |bD *caedis* **(B)** *acervos* **(A)** (Verg. Aen. 10,245)

Hexameterklauseln

Von Augusteischer Zeit an dominieren zwei Haupttypen:

—◡◡ | —◡̱ wie *moenia Romae* und

—◡ | ◡—◡̱ wie *unde Latinum* (mit jeweiligen Varianten)

Beispiele:

arma virumque cano, Troiae qui primus ab oris

— ◡ ◡ —   ◡ ◡ —|P — —   — — ◡   ◡ — —[363]

Italiam   fato   profugus   Laviniaque venit

—◡◡—|T — —   ◡ ◡ — |H — —   ◡   ◡   — ◡[364]

---

[362] Zur Wortsymmetrie in den (vergilischen) Hexameterversen allgemein vgl. außerdem die Analysen von Norden, 1957, 391-400 (der allerdings den Spezialfall und auch den Begriff des *versus aureus* selbst nicht nennt). Statistiken zu *versus aurei* in der antiken lateinischen Dichtung findet man bei Mayer, 2002. Mayer (ebd. und 2020) sieht in den *versus aurei* eine späte Erfindung englischen Lateinunterrichts, während Heikkinen (2015) nachzuweisen versucht, dass „the golden line seems to have been recognised as a stylistic device already in the Late Republican and Augustan periods" (ebd. 77).

[363] Das Enjambement führt zu einer betonten Anfangsstellung des entscheidenden Zielpunktes *Italiam* am Anfang der nächsten Verszeile. *Troiae* ist zweisilbig; die erste Silbe ist lang, obwohl *Troia* im Griechischen mit kurzem „o" (= Omikron) geschrieben wird (Τροία), weil intervokalisches „i" wie eine Doppelkonsonanz gewertet wird (sprich: *Troija*; s. Kapitel III,1,b).

[364] Diastole *Ītaliam* statt *Ĭtaliam* (für Spezialisten: Vom Phänomen her ähnelt diese am Versanfang stehende Diastole einem „akephalen", d. h. mit einer Kürze beginnenden Hexameter, wie er sonst nur in der griechischen archaischen Epik belegt ist, vgl. dazu Korzeniewski, 1968, 23). *Laviniaque*: Selteneres konsonantisches „i" („*Lavinjaque*"), da Vergil das „i" in diesem Namen normalerweise vokalisch wertet (vgl. Verg. Aen. 4,236 *Lavinia respicit arva* — —◡◡ —◡◡ — ◡; 6,764 *Lavinia coniunx* — —◡◡ — — u. ö.) – keine Synizese, denn sonst müsste die Verbindung *-ia-* als *longum* gewertet werden. Neben *Laviniaque* ist als *lectio facilior* auch *Lavinaque* überliefert. Enjambement zum nächsten Vers.

litora,　multum ille et terris iactatus et alto
— ◡◡ | PD —　　—　— — —　— — ◡　◡ — — 365

vi superum, saevae memorem Iunonis ob iram,
— ◡ ◡ — | T — —　◡ ◡ — | H — — ◡ ◡ — ◡366

multa quoque et bello passus, dum conderet urbem　　　　　　　5
— ◡　◡　— — — —　— | H —　—　◡ ◡ — ◡　　　　Synalöphe *quoque et.*

inferretque deos Latio;　genus unde Latinum
— — —　◡ ◡ —　◡◡ — | H ◡ ◡　—　◡ ◡ — ◡

Albanique patres　atque altae　moenia Romae.
— — —　◡　◡　— | P —　　— — | bD — ◡◡　—　— 367

---

365 Synalöphen *multum ille et.* Die Spondeenhäufung in der Mitte des Verses unterstreicht die Mühen der Irrfahrten; Enjambement. Der lang sich hinziehende Eröffnungs-satz stellt praktisch eine *Aeneis in nuce* dar, eine Kurzzusammenfassung von der großen Reise, die den Helden Aeneas von Troja in Vers 1 bis nach Rom in Vers 7 führt. Zur Unterstreichung dieses Kontinuums, dieses Reiseverlaufes, werden auch formal die Verse vom Ausgangs- bis zum Zielpunkt mit Enjambements gestaltet.

366 Durch Enjambement Anfangsstellung von *vi*, dadurch betonte, rahmende Stellung der inhaltlich zusammengehörenden Wörter *vi* und *iram*, mit chiastischer Anordnung der dazu-gehörigen Genitive *vi superum … Iunonis ob iram.*

367 Silbe *pa* kurz wegen nachfolgender *muta cum liquida*; Synalöphe *atque altae.* Hier und im vorhergehenden Vers werden die wichtigen Eigennamen *Latio, Latinum, Albani* und *Romae* durch betonte Vers-Randstellungen, im Fall von *Latio* durch Stellung vor der Hephthemimeres hervorgehoben (dadurch alliterierend-parallele Kolon-Gliederung durch … *Latio … Latinum* in 1,6). Es ist metrisch kein Zufall, dass Vergil mit dem Ende des langen ersten Satzes auch den Versrhythmus ändert. Durch die erste sinnvolle bukolische Dihärese zwischen *altae* und *moe-niae* wird der Rhythmus verlangsamt (in 1,5 ergibt sich syntaktisch kein sinnvoller Einschnitt zwischen *dum* und *conderet*). Dies wird noch dadurch verstärkt, dass Vergil gegen die Häufig-keitsregel „verstößt" und *vor* dieser Dihärese keinen Daktylus, wie sonst üblich, sondern einen Spondeus verwendet. Dadurch fällt außerdem das *longum* des 4. Daktylus erstmals mit der natürlichen Wortbetonung (*áltae*) zusammen, was in all den 6 Versen davor *nicht* der Fall ist. Eine solche kunstvolle Anordnung der Verteilung der Wortakzente über mehrere Verse mit einer „Auflösung" der Spannung zwischen Wortakzent und Versrhythmus ist nach der Un-tersuchung von Knight, 1939, bei Vergil öfter zu beobachten; Knight (ebd. 48) nennt ein solches Muster der Wortakzent-Verteilung „released movement". Die Wichtigkeit des Zielpunktes wird auf diese Weise rhythmisch und zusätzlich noch durch den Binnenreim *altae … Romae* und durch die betonte Versendstellung von *Romae* formal deutlich unterstrichen.

Es hat den Anschein, als ob in der lateinischen Epik der Beschluss eines Eröffnungssatzes im Proömium durch eine nach der bukolischen Dihärese einsetzende Klausel nach dem

Musa, mihi causas memora, quo numine laeso
— ◡   ◡— — —   ◡ ◡—|ᴴ— — ◡ ◡ — —

quidve dolens regina deum tot volvere casus
— ◡   ◡ —|ᵀ— — ◡   ◡—|ᴴ— — ◡ ◡ — —368

insignem pietate virum, tot adire labores   10
— — —   ◡◡—◡ ◡ — |ᴴ◡◡—◡ ◡ — —

impulerit. tantaene animis caelestibus irae?
— ◡◡—|ᵀ— —   ◡ ◡ —|ᴴ— —◡◡ — —369

urbs antiqua fuit – Tyrii tenuere coloni –
— — — ◡ ◡—|ᴾ ◡◡— ◡ ◡—◡ ◡— —370

Karthago, Italiam contra Tiberinaque longe   Synalöphe *Karthago͜_Italiam.*
— —   —◡◡— — —|ᴴ◡◡—◡ ◡ — —

ostia,   dives opum studiisque asperrima belli,   Synalöphe *studiisque͜_asperrima.*
—◡◡|ᴾᴰ—◡ ◡ — |ᴾ◡◡— — —◡ ◡ — —

quam Iuno fertur terris magis omnibus unam   15
  — — — — —|ᴾ— — ◡ ◡ — ◡ ◡ —◡

posthabita coluisse Samo. hic illius arma,   (metrischer) Hiat *Samo.ʰ hic.*
— ◡◡— ◡◡—◡ ◡ —|ᴴ— —◡◡ — ◡

hic currus fuit; hoc regnum dea gentibus esse,
— — —   ◡◡ |— — — |ᴴ◡◡ — ◡ ◡ — ◡371

Schema —◡◡|—◡ mit Übereinstimmung zwischen Wortakzent und *longum* des 4. Daktylus besonders geschätzt wird, vgl. Lucr. 1,5 (*lumina solis*) bzw. 1,9 (*lumine caelum*); Catull. 64,7 (*aequora palmis*); Verg. Aen. 1,7 (*moenia Romae*); Ov. met. 1,4 (*tempora carmen*) – wenn nicht der Inhalt dem „ruhigeren" Rhythmus einer bukolischen Dihärese geradezu entgegengesetzt ist, wie z. B. *pila minantia pilis* bei Lucan (1,7).

368 Hervorhebung des zentralen *regina deum* durch die Trit- und Hephthemimeres; parallele Vers-Endstellung von *tot volvere casus* mit *tot adire labores* im Folgevers.

369 Durch Enjambement starke Hervorhebung der Härte göttlichen Handelns durch das den Versanfang, aber das Satzende markierende *impulerit*. Synalöphe *tantaene͜animis*; Trennung der chiastischen Wortstellung *tantaene animis | caelestibus irae* durch die Hephthemimeres.

370 Durch Enjambement Betonung von *Karthago* am nächsten Versanfang und direkte „Konfrontation" der Gegner durch die unmittelbare Iuxtaposition *Karthago, Italiam.*

371 Seltener syntaktischer Einschnitt nach dem 2. Metrum. Bei Drexler, 1967, 88, mit dem Einschnitt nach dem ersten Metrum erwähnt als Stellen, „an denen nicht ganz selten ein syn-

si qua fata sinant, iam tum tenditque fovetque.

— — — ∪ ∪ — | P — — — — ∪ ∪— ∪

progeniem sed enim Troiano a sanguine duci

— ∪ ∪— ∪ ∪ — | P — — — — ∪ ∪ — —   Synalöphe *Troiano̯ a.*

audierat Tyrias olim quae   verteret arces.   20

— ∪∪— | T ∪∪— — — — | bD — ∪ ∪ — —

Verg. *Aen.* 1,1-20

in nova fert animus mutatas dicere formas

— ∪ ∪ — | T ∪∪ — | P — — — — ∪∪ — —[372]

corpora: di, coeptis – nam vos mutastis et illa –

— ∪ ∪| PD — — — | P — — — — —∪ ∪ —∪

adspirate meis primaque ab origine mundi

— — —∪ ∪— | P — — ∪ ∪—∪∪ — —[373]

---

taktischer Einschnitt liegt, aber nicht oft genug, um ihnen den Rang von Caesuren zu geben" („Caesur" steht in Drexlers Terminologie für „Dihärese"). Zusammen mit der Hephthemimeres Hervorhebung des zentralen *hoc regnum.*

[372] Die Penthemimeres nach *animus* unterstreicht die Möglichkeit, in dem ersten Kolon *in
nova fert animus* auch inhaltlich bereits eine erste, in sich geschlossene Aussage zu erblicken
(„Zu Neuem drängt der Geist"), sind doch die *Metamorphosen* gattungsgeschichtlich ein Werk,
das die Grenzen des traditionellen Epos sprengt und den Geist des Dichters zu Neuem vor-
stoßen lässt. Der erste Vers insgesamt bietet dann eine leicht abgewandelte, aber wiederum
geschlossene Aussage („Zu Neuem drängt der Geist: Von verwandelten Gestalten zu sprechen"), die durch *corpora* (mittels Protodihärese abgesetzt) im zweiten Vers rückwirkend nochmals verändert wird („Der Geist drängt zu sprechen von Gestalten, die in neue Körper ver-
wandelt wurden"); s. zu dieser Pointe und der dahinterstehenden Technik ausführlich (und
mit weiteren Beispielen) Lohmann, 2007. In Hinblick auf die *Metamorphosen* Ovids kann man
in der erst rückwirkend und sich allmählich vollziehenden Veränderung der Satzaussage eine
besonders kunstvolle erste, und zwar eine ,syntaktische Metamorphose' erbicken. Zum Proömium der *Metamorphosen* s. Kenney, 2006 (zum oben genannten Gedanken der „Neuig-
keit" ebd. 266); Holzberg, 2007, 12 f und 17-22; zur Vermischung der Gattungen in den *Metamorphosen* s. Holzberg, 2007, 17-22; Zgoll, 2009, 38-40 (dort Hinweise auf weiterführende Literatur).

[373] Synalöphe *primaqu̯e ab.* Das den langen Erzählfaden formal abbildende Enjambement
führt außerdem zu einer Betonung von *ad mea* (Enjambement mit Protodihärese) am Beginn
des nächsten Verses – und gerade das Hineinragen bis in die Zeit des Sprechers ist etwas, das
Ovids Werk von anderen Heldenepen grundlegend unterscheidet; von Ovid selbst wird dieses

ad mea   perpetuum deducite   tempora carmen.

— ‿‿ |ᴾᴰ— ‿ ‿ — |ᴾ——‿‿|ᵇᴰ— ‿ ‿   — ‿

Ov. *met.* 1,1-4

d) Daktylische Strophenformen

Elegisches Distichon

Das elegische Distichon ist eine strophische Einheit, die aus einem daktylischen Hexameter und einem daktylischen Pentameter besteht; sie ist das Versmaß verschiedener Gattungen wie z.B. von (Liebes-/ Trauer-)Elegien oder Epigrammen[374].

In sehr vielen Fällen bildet ein elegisches Distichon auch eine in sich geschlossene syntaktische Einheit; zwei oder mehrere Distichen umfassende syntaktische Gebilde sind seltener, so dass in solchen Fällen die Frage nach einer besonderen stilistischen Gestaltungsabsicht lohnend sein kann. Sehr selten tritt das Satzende eines Distichons erst mitten im folgenden Distichon ein (eine solche Ausnahme z. B. Prop. 4,10,39-41).

Oft sind die Aussagen eines Distichons nach dem Prinzip des Gedankenparallelismus angeordnet (***parallelismus membrorum***): ein Gedanke wird durch zwei Satzglieder ausgedrückt (wiederholend, als Gegensatz, als Alternative, als Frage-Antwort, als Ursache-Wirkung u. a.). Diese Satzglieder verteilen sich entweder auf die beiden Verse (häufiger), oder der Hexameter greift in den Pentameter über (oder umgekehrt).

Versus serpentini („Schlangenverse") nennt man solche Distichen, in denen der Anfang des Hexameters am Ende des Pentameters wiederholt wird, wie eine Schlange, die sich selbst in den Schwanz beißt. Beispiel Ov. *am.* 1,9,1 f:

militat omnis amans |ᴾ et habet sua castra Cupido: ‖ Attice, crede mihi: | militat omnis amans.

Hineinreichen in die Gegenwart noch einmal ähnlich betont und durch eine Protodihärese abgesetzt in *trist.* 2,559 f: *pauca, quibus prima surgens ab origine mundi* ‖ *in tua* |ᴾᴰ *deduxi tempora, Caesar, opus.*

[374] Eine metrische Studie zum elegischen Distichon bei Tibull, Properz und Ovid bietet Platnauer, 1951, einen umfassenden Überblick zur Entwicklung lateinischer elegischer Distichen Ceccarelli, 2018, eine eher linguistisch-analytische Untersuchung zu Regeln der freien Wortstellung in der elegischen Dichtung liefern Devine/ Stephens, 2024.

Beispiele:

Odi et amo. quare id faciam, fortasse requiris.

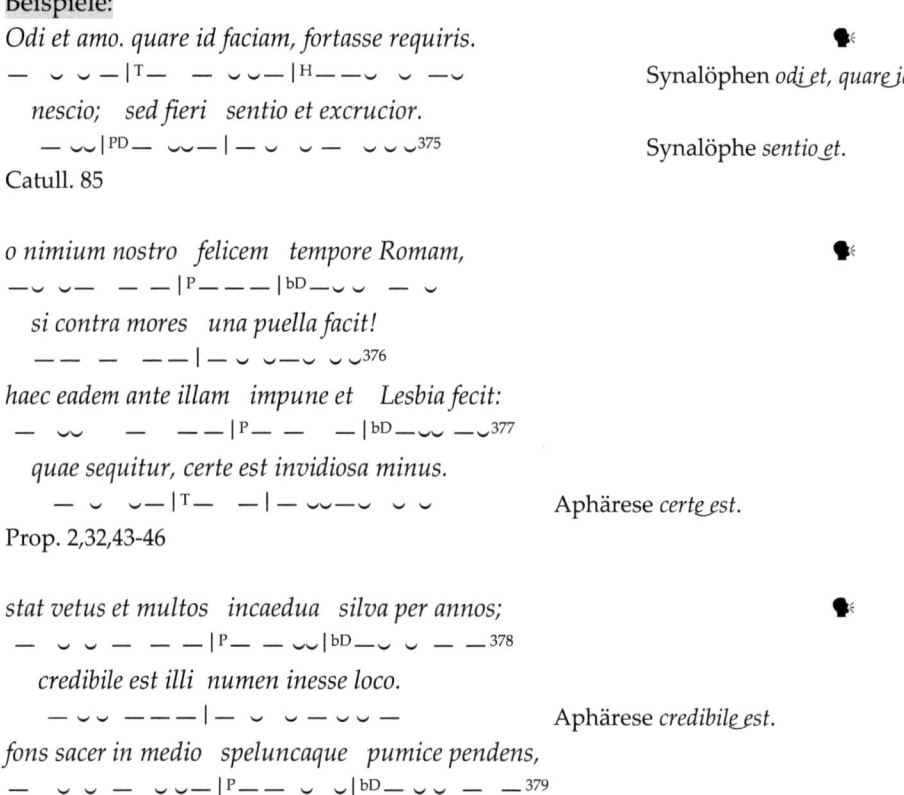

Synalöphen *odi̯ et, quare̯ id.*

   nescio;   sed fieri   sentio et excrucior.

Synalöphe *sentio̯ et.*

Catull. 85

o nimium nostro   felicem   tempore Romam,

   si contra mores   una puella facit!

haec eadem ante illam   impune et   Lesbia fecit:

   quae sequitur, certe est invidiosa minus.

Aphärese *certe̯ est.*

Prop. 2,32,43-46

stat vetus et multos   incaedua   silva per annos;

   credibile est illi   numen inesse loco.

Aphärese *credibile̯ est.*

fons sacer in medio   speluncaque   pumice pendens,

---

[375] Kurzes –*o* am Ende von *nescio* in Analogie zum Iambenkürzungsgesetz und entsprechend der allgemeinen Tendenz in der späteren Entwicklung der lateinischen Sprache, lange Silben am Wortende zu kürzen (zu beidem s. unter Kapitel III,2,b); betonte Absetzung von *nescio* durch die Protodihärese.

[376] Spondeenhäufungen im ersten Distichon zur Unterstreichung des Ausrufs.

[377] Synalöphen *eadem̯ ante̯ illam, impune̯ et;* Hiat *illam[h] impune.*

[378] Der sakrale und zugleich „ländliche" Charakter des Gedichtauftaktes wird durch die bukolische Dihärese, welche die chiastische Wortstellung *multos – incaedua – silva – annos* in der Mitte teilt, gleich im ersten Vers auch formal unterstrichen. *multos … annos* in wirkungsvoll reimender Endstellung der beiden durch die Penthemimeres getrennten Vershälften.

[379] Penthemimeres und bukolische Dihärese bewirken, dass die „in der Mitte", *in medio*, liegende Höhle auch formal gerahmt wird: vor *speluncaque* ein Hemiepes, danach ein Adoneus.

et latere ex omni dulce queruntur aves.

— ◡◡ — — — —|— ◡   ◡ — ◡ — ◡ —   Synalöphe *latere͜ex.*

hic ego dum spatior tectus nemoralibus umbris,   5

— ◡◡ —   ◡◡—|ᴾ— — |ᴴ◡ ◡—◡ ◡ —   —³⁸⁰

  quod mea, quaerebam, Musa moveret opus.

  —   ◡◡|ᴾᴰ — — — | — ◡   ◡ — ◡ ◡ ◡

Ov. *am.* 3,1,1-6

Quintia   formosa est multis, mihi candida, longa,   🗣 + ♫

— ◡◡|ᴾᴰ — — — — — —|ᴴ◡◡ — ◡◡ — ◡   Aphärese *formosa͜est.*

  recta est.   haec ego sic singula confiteor,

  —   — |ᴾᴰ — ◡◡ —|— ◡◡ — ◡◡◡   Aphärese *recta͜est.*

totum illud 'formosa' nego: nam nulla venustas,

—   — — — —◡ ◡ — |ᴴ— — ◡ ◡ — —   Synalöphe *totum͜illud.*

  nulla in tam magno est corpore mica salis.

  —   — — —   —| — ◡ ◡ — ◡ ◡◡   Synalöphe *nulla͜in;* Aphärese *magno͜est.*

Lesbia   formosa est, quae cum pulcerrima tota est,

— ◡◡|ᴾᴰ — — — |ᴾ— — — — — ◡ ◡ — —³⁸¹   Aphäresen *formosa͜est, tota͜est.*

  tum omnibus una omnis subripuit veneres.

  —   ◡◡ — — — —|— ◡◡ — ◡ ◡ —   Synalöphen *tum͜omnibus, una͜omnis.*

Catull. 86

---

³⁸⁰ Der Schutz durch den Waldschatten formal repräsentiert durch die Mittelstellung von *tectus*, herausgehoben durch Pent- und Hephthemimeres.

³⁸¹ Eigenname *Lesbia* durch die Protodihärese betont wie am Gedichtanfang *Quintia*.

Erste Archilochische Strophe (da⁶ + da⁴)

— ⏗ — ⏗ — ⏗ — ⏗ — ⏑⏑ — ⏑

— ⏗ — ⏗ — ⏑⏑ — ⏑

Distichon aus einem daktylischen Hexameter mit einem nachfolgenden (katalektischen) daktylischen Tetrameter[382].

Beispiel:

Laudabunt alii   claram Rhodon   aut Mytilenen   ● + ♪

— — — ⏑⏑ — |ᴾ— — ⏑ ⏑ |bD— ⏑⏑ — —

aut Epheson bimarisve Corinthi

— ⏑ ⏑ — |ᵀ ⏑ ⏑ — ⏑ ⏑ — —

moenia   vel Baccho Thebas   vel Apolline Delphos

— ⏑⏑ |ᴾᴰ— — —   — — — |ᴴ ⏑ ⏑ — ⏑⏑   — —

insignis aut Thessala Tempe;

— — — |ᵀ— — ⏑ ⏑ — — ‖

sunt quibus unum opus est   intactae Palladis urbem   5

— ⏑ ⏑ —   ⏑ ⏑ — |ᴾ— — — — ⏑ ⏑ — ⏑   Synalöphe *unum͜opus.*

carmine perpetuo   celebrare et

— ⏑ ⏑ — ⏑⏑— |ᴾ⏑ ⏑ —   ⏑[383]   Synalöphe *celebrare͜et.*

undique decerptam fronti praeponere olivam;

— ⏑ ⏑ — — — |ᴾ— — |ᴴ— — ⏑ ⏑— ⏑   Synalöphe *praepone͜re olivam.*

plurimus in Iunonis honorem

— ⏑ ⏑ — — — ⏑   ⏑ — ⏑ ‖

aptum dicet equis Argos   ditisque Mycenas:

— — — ⏑ ⏑ — — — |ᴴ— — ⏑ ⏑ — —

---

[382] Zur Problematik der Verwendung des Begriffs „katalektisch" für diesen Vers s. Kapitel VI,3,c („Für Spezialisten 1"). Wie der „große" Archilochische Vers (s. Kapitel V,3,a: Vereinigung von Alcmanicus und Ithyphallicus), so wurde auch der (katalektische) daktylische Tetrameter allein als „Archilochius" bezeichnet, s. Boldrini, 1999, 158. Die Bezeichnungen (und Numerierungen) für die zahlreichen metrischen Systeme bzw. Strophen bei Horaz sind nicht antik und variieren in der Forschung; hier wird die Einteilung im Anhang der Horaz-Ausgabe von F. Klingner zugrundegelegt (vgl. zu dieser Praxis auch Halporn/ Ostwald, 1983, 43, Anm. 1).

[383] Silbe *le* kurz wegen nachfolgender *muta cum liquida.*

me nec tam patiens Lacedaemon   10

— — — ◡◡— ◡◡ — —

nec tam Larisae   percussit campus opimae

— — ———|P——— — ◡ ◡——[384]

quam domus Albuneae resonantis

— ◡ ◡ — ◡ ◡—◡◡ — ◡ ‖[385]

et praeceps Anio ac   Tiburni lucus et uda

— — — ◡◡ —|P——— — ◡ ◡ —◡   Synalöphe *Anio ac.*

mobilibus pomaria rivis.

— ◡◡— ——◡◡ ——

albus ut obscuro   deterget nubila caelo   15

— ◡ ◡ — ——|P——— — ◡ ◡ ——[386]

saepe Notus neque parturit imbris

— ◡ ◡—|T◡ ◡ — ◡◡ — — ‖

perpetuos, sic tu sapiens   finire memento

— ◡◡—|T—— ◡◡—|H——◡ ◡ ——[387]

tristitiam vitaeque labores

— ◡◡—|T—— ◡ ◡ ——

molli,   Plance, mero, seu te fulgentia signis

——|PD — ◡ ◡—|P——— —◡◡ — —

castra tenent seu densa tenebit   20

— ◡ ◡ —|T— — ◡ ◡ ◡—◡ ‖[388]

Tiburis umbra tui.

— ◡◡ — ◡ ◡—|P

Hor. *carm.* 1,7,1-21a

---

[384] Reimende Endstellung an den beiden durch die Penthemimeres geteilten Vershälften von *Larisae* und *opimae*.

[385] Erster rein daktylischer Tetrameter, unterstreicht die Freude über die Schönheit von Tibur.

[386] Reimende Endstellung an den beiden durch die Penthemimeres geteilten Vershälften von *obscuro* und *caelo*.

[387] Betonung des Kolons *sic tu sapiens* durch die Rahmung mit Pent- und Hephthemimeres.

[388] Polyklise *tenent – tenebit* jeweils am Ende der durch die Trithemimeres getrennten metrischen Kola (zum Begriff „Polyklise" s. Anm. 272, S. 110).

Zweite Archilochische Strophe (da⁶ + da³ᶜ)

$$— \overline{\cup\cup} \ — \overline{\cup\cup} \ — \overline{\cup\cup} \ — \overline{\cup\cup} \ — \cup\cup \ — \underset{\smile}{\cup}$$

$$— \cup\cup \ — \cup\cup \ \underset{\smile}{\cup}$$

Distichon aus einem daktylischen Hexameter mit einem nachfolgenden Hemiepes (= katalektischer daktylischer Trimeter). In dem einzigen Beispiel (Hor. *carm.* 4,7) wird die Synaphie zwischen den beiden Teilen nie durchbrochen[389].

Auffällig ist zudem, dass bei Horaz in jedem Hexametervers ausnahmslos die Penthemimeres vorkommt. Dadurch wird eine besondere rhythmische Regelmäßigkeit erzielt, denn das Distichon ist dadurch gewissermaßen eingerahmt von zwei Hemiepē: Hemiepes – Enhoplion – Hemiepes[390].

Bei Gedichten in der 1. und 2. Archilochischen Strophe finden sich viele Enjambements; das liegt kaum an einer besonderen stilistischen Absicht, sondern vornehmlich an der (relativen) Kürze des Tetrameters bzw. des Hemiepes.

Beispiel:

Diffugere nives, redeunt iam gramina campis   🕭 + 🎵

$$— \ — — \cup \ \cup \ — \ |^{\mathrm{P}} \cup \cup \ — \ — \ \ — \ \ \cup \cup \ — \ \ — \ ^{391}$$

arboribusque comae;

$$— \ \cup \cup \ — \ \ \cup \cup \ \ —$$

mutat terra vices,   et decrescentia ripas

$$— \ \ — \ \ — \ \cup \ \cup — \ |^{\mathrm{P}} — \ \ — — \ \ — \cup\cup \ — —$$

flumina praetereunt.

$$— \ \cup \cup \ — \ \ \cup\cup— \ \ |||^{392}$$

---

[389] So wird etwa das letzte Element des Hexameters bei Horaz immer von einer Natur- oder Positionslänge, nie von einer Kürze gebildet; Boldrini, 1999, 159, vermutet deshalb, dass es sich dort eher um einen einheitlichen Einzelvers als um ein „echtes" Distichon handelt; freilich wäre dieser Einzelvers dann außergewöhnlich lang.

[390] Ein ganz ähnlicher rhythmischer Effekt ergibt sich bei der „Größeren Sapphischen Strophe", s. Kapitel VI,8,j.

[391] Durch die Penthemimeres werden die entscheidenden Verben *diffugere* – *redeunt* auf die Anfänge der beiden Vershälften verteilt.

[392] Silbe *na* kurz wegen nachfolgender *muta cum liquida*. Mit *terra* und *flumina* sind die beiden Elemente Erde und Wasser inhaltlich parallelisiert, formal chiastisch angeordnet: *mutat terra* – *flumina praetereunt*.

Gratia cum Nymphis geminisque sororibus audet   5
— ⌣ — — — | ᴾ ⌣ ⌣ — ⌣ ⌣ — ⌣ ⌣ — ⌣

ducere nuda choros.
— ⌣ ⌣ — ⌣ ⌣ —

inmortalia ne speres, monet annus et almum
— — — ⌣ — — — — | ᴴ ⌣ ⌣ — ⌣ ⌣ ⌣ — ⌣

quae rapit hora diem.
—   ⌣ ⌣ — ⌣ ⌣ ‖

frigora mitescunt Zephyris, ver proterit aestas,
— ⌣ ⌣ — — — | ᴾ ⌣ ⌣ — | ᴴ — — ⌣ ⌣ — —

interitura, simul   10
— ⌣ ⌣ — ⌣ ⌣ ⌣

pomifer autumnus fruges effuderit, et mox
— ⌣ ⌣ — — — | ᴾ — — — — ⌣ ⌣ — —

bruma recurrit iners.
— ⌣ ⌣ — ⌣ ⌣ — ‖[393]

Hor. *carm.* 4,7,1-12

Dritte Archilochische Strophe (ar^v + ia^tc)

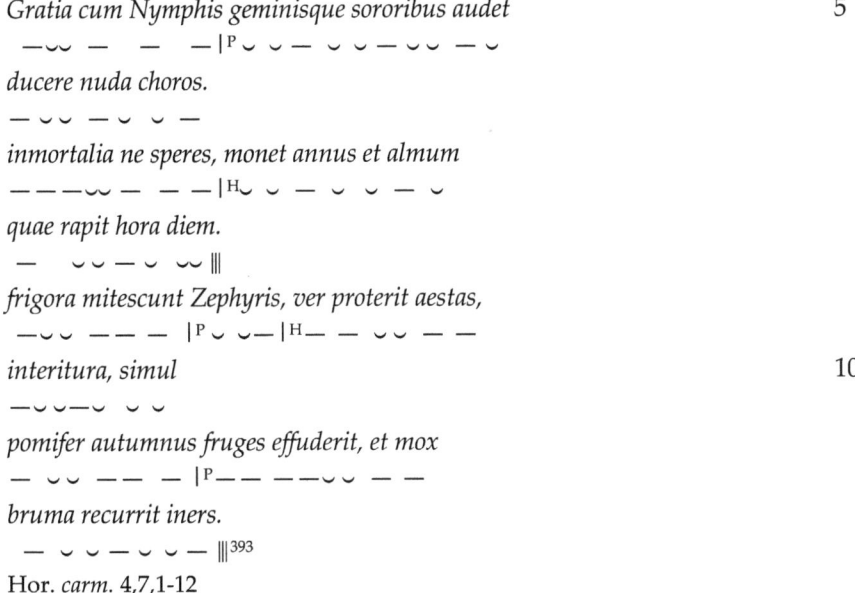

Kombination aus einem Archilochius mit einem nachfolgenden katalektischen iambischen Trimeter. Der Archilochius selbst ist schon eine Zusammensetzung, ein asynartetischer Vers, bestehend aus einem Alcmanicus (= daktylischer Tetrameter) und
einem Ithyphallicus (s. Kapitel V,2,c).

Häufige Wortenden im Archilochischen Vers: Trit-, Pent- und Hephthemimeres;
der Einschnitt zwischen den beiden Vershälften steht genau dort, wo im Hexameter

---

[393] Die Enjambements *simul* ‖ *pomifer autumnus* … und *mox* ‖ *bruma recurrit* sind insofern
ungewöhnlich, als allein die Konjunktion *simul* und das Zeitadverb *mox* vom Folgesatz, zu
dem sie eigentlich gehören, „abgeschnitten" werden, was den unaufhörlichen und schnellen,
hier auf 4 Verse komprimierten Wandel der Jahreszeiten unterstreicht.

die bukolische Dihärese steht. Diese Bezeichnung hat aber nur beim Hexameter ihre Gültigkeit; hier im Archilochischen Vers ist es eine „namenlose" Dihärese.

Häufige Wortenden im iambischen Trimeter bei Horaz: meist Penthemimeres, seltener auch Trit- und Hephthemimeres. Nach einer Penthemimeres ergibt sich derselbe Rhythmus wie am Ende des vorherigen, Archilochischen Verses, nämlich eine trochäische Tripodie. Von daher könnte man den zweiten Vers des Distichons auch einfach als eine verdoppelte, in der ersten Hälfte akephale trochäische Tripodie auffassen.

Beispiel:

Solvitur acris hiems grata vice veris et Favoni
— ◡ ◡ — ◡ ◡— |ᴾ— — ◡◡|—◡ — — ◡ — —

trahuntque siccas machinae carinas,
  ◡ —   ◡ — —|ᴾ— ◡ — ◡—

ac neque iam stabulis gaudet pecus aut arator igni
— ◡ ◡ —   ◡ ◡—|ᴾ— — ◡ ◡| — ◡—◡ — —

nec prata   canis albicant pruinis.
—   — ◡|ᵀ— — — ◡ —   ◡— — ‖

iam Cytherea choros ducit Venus imminente luna,   5
—   ◡ ◡—◡ ◡—|ᴾ— — ◡ ◡ | — ◡ — ◡ — —

iunctaeque Nymphis Gratiae decentes
— — ◡ —   — |ᴾ—◡— ◡ — —[394]

alterno terram quatiunt pede, dum gravis Cyclopum
———|ᵀ— —|ᴾ ◡ ◡—|ᴴ ◡◡| —   ◡ — ◡ — ◡[395]

Volcanus ardens visit   officinas.
— — ◡ |ᵀ — —|ᴾ—◡ |ᴴ —◡— — ‖

nunc decet   aut viridi nitidum caput impedire myrto
—   ◡ ◡|ᴾᴰ — |ᵀ◡◡—|ᴾ◡ ◡—|ᴴ ◡ ◡ | — ◡—◡ — —[396]

aut flore, terrae quem ferunt solutae.   10
—   —◡|ᵀ— — —   ◡ —   ◡— —

---

[394] Teilung des Verses durch die Penthemimeres in zwei ausgewogene Hälften; chiastische Stellung Adjektiv + Substantiv I Substantiv + Adjektiv.

[395] Silbe *Cy* kurz wegen nachfolgender *muta cum liquida*. Hier und im Folgevers alle drei Hauptpausen zur Unterstreichung des rhythmischen Stampfens der tanzenden Füße.

[396] Viele Pausen und Kürzen unterstreichen rhythmisch die Festfreude.

nunc et in umbrosis Fauno   decet immolare lucis,

— ◡ ◡ — ——|ᴾ——|ᴴ◡◡ | — ◡—◡ ——

seu poscat agna   sive malit haedo.

— — ◡ ——|ᴾ—◡ — ◡ — — ‖³⁹⁷

pallida Mors aequo pulsat pede pauperum tabernas

— ◡ ◡|ᴾᴰ — |ᵀ——|ᴾ——|ᴴ◡◡| — ◡ — ◡ — —³⁹⁸

regumque turris.   o beate Sesti,

— — ◡ ——|ᴾ—◡—◡ ——

vitae summa brevis spem nos vetat incohare longam;   15

—— — ◡ ◡—|ᴾ— — ◡◡ |—◡ —◡ — ◡³⁹⁹

iam te premet nox fabulaeque Manes

— — ◡ — — —|ᴾ—◡— ◡ —— ‖

et domus exilis Plutonia; quo simul mearis,

— ◡ ◡ ◡—— ——◡ | — ◡ — ◡—◡

nec regna vini   sortiere talis

— — ◡ ——|ᴾ—◡—◡ ——

nec tenerum Lycidan mirabere, quo calet iuventus

— ◡ ◡ — ◡◡ — ——◡◡| — ◡— ◡ — —

nunc omnis et mox virgines tepebunt.   20

—   — ◡|ᵀ— —|ᴾ— ◡ — ◡ — — ‖⁴⁰⁰

Hor. *carm.* 1,4

---

³⁹⁷ Zwei streng parallel gebaute Trikola, metrisch getrennt durch die Penthemimeres.

³⁹⁸ Verlangsamung des Rhythmus durch die Spondeen; Protodihärese und alle drei Hauptpausen zur Unterstreichung des „pochenden" Todes, verstärkt durch die mehrfache p-Alliteration *pallida … pulsat pede pauperum*.

³⁹⁹ Silbe *ma* kurz wegen nachfolgender *muta cum liquida*.

⁴⁰⁰ Absetzung der beiden am Gedichtende emphatisch nebeneinandergestellten, antithetischen Dikola *nunc omnis* und *et mox* durch die Trit- und Penthemimeres.

Hexameter mit Iambelegus

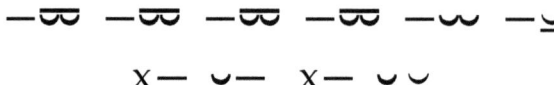

Kombination aus einem daktylischen Hexameter mit einem Iambelegus[401].

Beispiel:

illic omne malum vino cantuque levato,

— — — ‿ ‿ — |ᴾ— — |ᴴ— — ‿ ‿—

deformis aegrimoniae dulcibus adloquiis.   Hor. *epod.* 13,17-18

— — ‿ — ‿ —‿— |— ‿ ‿ — ‿ ‿—

Hexameter mit iambischem Dimeter

Daktylischer Hexameter mit einem nachfolgenden iambischen Dimeter.

Beispiel:

gaude sorte tua; me libertina nec uno

— — —‿ ‿—|ᴾ— — — —‿ ‿ — —

contenta Phryne macerat.   Hor. *epod.* 14,15-16

— — ‿ — — — —‿‿

Hexameter mit iambischem Trimeter

Kombination aus einem daktylischen Hexameter mit einem nachfolgenden iambischen Trimeter (durchgehend aus „reinen", also nicht aufgelösten Iamben); bevorzugtes Wortende im Trimeter nach dem fünften Element.

---

[401] Zum Iambelegus s. unter Kapitel V,3,d.

Beispiel:

altera iam teritur bellis civilibus aetas,

—◡◡ — ◡◡—|ᴾ————◡◡ ——   Rahmende Wortstellung *altera … aetas.*

suis et ipsa Roma viribus ruit.   Hor. *epod.* 16,1-2

◡— ◡ —◡ — ◡ —◡— ◡◡

4. Anapästische Versmaße

In den anapästischen Versen (Anapäst: ⏑⏑—) können die Doppelkürze durch eine Länge und die Länge durch zwei Doppelkürzen ersetzt werden; das Grundschema ist also: ⏗ ⏪

Das Versmaß ist deshalb sehr variabel, so dass sich durch die Ersetzungen teilweise ein regelrecht daktylisches Versbild ergeben kann (—⏑⏑).

Im folgenden werden die anapästischen Versschemata der Einfachheit halber immer mit dem anapästischen Grundfuß (⏑⏑—) wiedergegeben und nicht mit allen Variationsmöglichkeiten (⏗ ⏪).

Für Spezialisten:
Für die Bildung von Doppelkürzen sind die Anapäste nicht an die Regeln von Ritschl und Hermann-Lachmann gebunden. Für die Folge von vier Kürzen gilt hingegen die Regel von Fraenkel-Thierfelder-Skutsch (s. dazu Kapitel VII,2,c-d und f).

a) Anapästische Dipodie

Selten und schwer mit Sicherheit zu identifizieren.

Beispiele:

nunc vale. valeas	Plaut. *Cas.* 216b
— ⏑⏑ ⏑⏑—	Iambenkürzung *vălĕ*.
tulit in saltus	Sen. *Phaedr.* 74
⏑⏑ — — —	

b) Katalektischer anapästischer Quaternar: Paroemiacus

⏑⏑— ⏑⏑— ⏑⏑— ⏑̆

Der katalektische anapästische Quaternar wurde manchmal für Sprichwörter verwendet, daher seine Bezeichnung als „Paroemiacus"[402].

---

[402] ἡ παροιμία = „das Sprichwort", z.B. μέγα τὸ στόμα τοῦ ἐνιαυτοῦ (Michael Apostolios 11,33). Eine anapästische Tripodie (relevant für die griechische Metrik) nach dem Schema x — ⏑⏑ — ⏑⏑ — wird als „Prosodiacus" bezeichnet (vgl. Korzeniewski, 1968, 90), eine Sequenz von

Beispiele:

pecudi dare viva marito   Enn. *scaen.* 255 (Vahlen)

◡◡ — ◡ ◡ — ◡ ◡——

attinet ad te. quid factumst?   Plaut. *Rud.* 962ᵇ

—◡◡ — — — — —

c) Akatalektischer anapästischer Quaternar bzw. anapästischer Dimeter

◡◡— ◡◡— ◡◡— ◡◡ ◡̆

Einschnitt oft nach dem vierten Element.

Beispiele:

redit eccum tandem opsonatu   Plaut. *Cas.* 719a

◡◡ — — — — —— ——   Synalöphe *tandem opsonatu.*

Quo, terrarum superumque parens,   📯 + 🎵

— — —— |◡◡ — ◡ ◡ —

cuius ad ortus noctis opacae

— ◡ ◡ —— |— ◡ ◡ ——

decus omne fugit, quo vertis iter

◡ ◡ — ◡ ◡ —|— — ◡ ◡◡

medioque diem perdis Olympo?   Sen. *Thyest.* 789-792

◡◡— ◡ ◡—|— ◡ ◡— —

d) Katalektischer anapästischer Oktonar ("Septenar")

◡◡— ◡◡— ◡◡— ◡◡◡̆ | ◡◡— ◡◡— ◡◡— ◡̆

Der Vers wird auch unter der Bezeichnung „anapästischer Septenar" geführt[403], aber ähnlich wie beim iambischen und trochäischen „Septenar" handelt es sich nicht um einen Septenar im strengen Sinn, sondern genau genommen um einen katalektischen

---

Elementen, die aber auch als katalektisches Enhoplion aufgefasst werden kann (vgl. Halporn/Ostwald, 1983, 36, Anm. 1).

[403] Vgl. bspw. Boldrini, 1999, 121.

Oktonar[404]. Bis auf wenige Ausnahmen Mitteldihärese, manchmal zusätzlich Einschnitte nach dem 4. und 12. Element.

Beispiele:

stulti, stolidi, fatui, fungi, bardi, blenni, buccones   Plaut. *Bacch.* 1088

— — ᴗᴗ— ᴗᴗ— — — | — — — — — — —

neque quem rogitem responsorem quemquam interea convenio   Plaut. *Rud.* 226

ᴗ ᴗ — ᴗᴗ — — — — — | — —   — ᴗᴗ— — ᴗ ᴗ—[405]

e) *Anapästischer Oktonar*

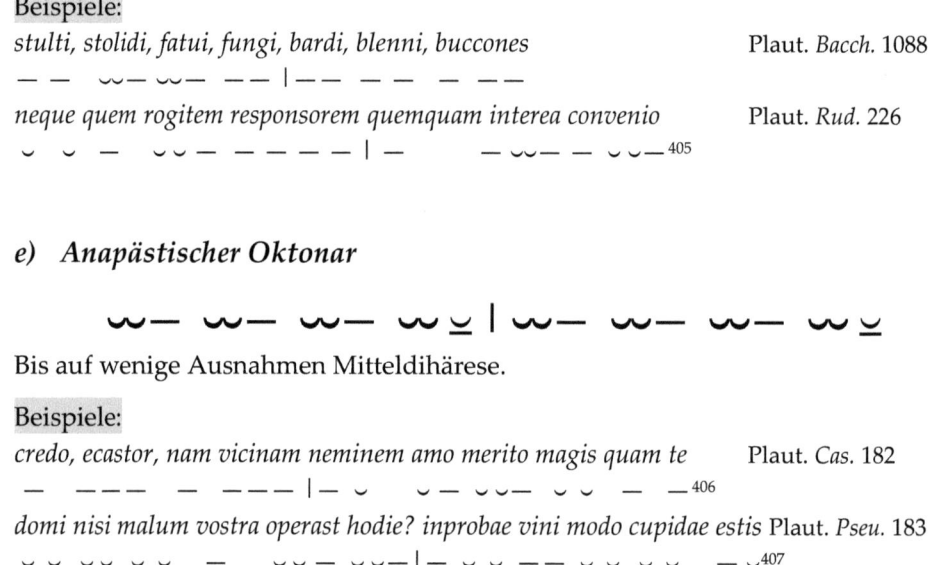

Bis auf wenige Ausnahmen Mitteldihärese.

Beispiele:

credo, ecastor, nam vicinam neminem amo merito magis quam te   Plaut. *Cas.* 182

— — — — — — — — | — ᴗ   ᴗ — ᴗᴗ— ᴗ ᴗ — — [406]

domi nisi malum vostra operast hodie? inprobae vini modo cupidae estis Plaut. *Pseu.* 183

ᴗ ᴗ ᴗᴗ ᴗ ᴗ   —   ᴗᴗ — ᴗᴗ—| — ᴗ ᴗ — — ᴗ ᴗ ᴗ ᴗ   — ᴗ[407]

---

[404] S. dazu die Anmerkungen zum katalektischen trochäischen Oktonar, Kapitel VI,2,d. In der griechischen Komödie wird der strenger gebaute katalektische anapästische Tetrameter stichisch als Dialogvers verwendet und auch als „Aristophaneum" bzw. „Aristophaneion" bezeichnet (vgl. Korzeniewski, 1968, 94 f).

[405] Synalöphe *quemquam interea*.

[406] Synalöphen *credo ecastor, neminem amo*; schwaches auslautendes s bei *magis*, deshalb i kurz.

[407] Iambenkürzungen *dŏmĭ, nĭsĭ, mălŭm, inprŏbăe, mŏdŏ*; Synalöphen *vostra operast, cupidae estis*; Hiat *hodie?*[h] *inprobae*.

5. Kretische Versmaße

Der kretische Versfuß ist als einzelner Fuß gleich einem kretischen Metrum. Die Grundform ist —◡—, doch ist das zweite Element eigentlich ein Anceps: —x—.

a) *Kretische Dipodie*

$$—x— \quad —◡\underset{\smile}{◡}$$

Das zweite Element kann in Ausnahmefällen auch als Länge gebildet werden.

Beispiel:

digna sunt, dignior Plaut. *Bacch.* 622a (danach kretisches Kolon)

— ◡ — — ◡̮◡̮

b) *Kretische Tripodie*

$$—x— \quad —◡— \quad —◡\underset{\smile}{◡}$$

Beispiel:

qui patri reddidi omne aurum amans Plaut. *Bacch.* 623

— ◡ — — ◡ — — ◡ —[408]

---

[408] Silbe *pa* kurz wegen nachfolgender *muta cum liquida*; Synalöphen *reddidi͜ omne͜ aurum͜ amans.*

c) Kretischer Quaternar

Ein sehr verbreiteter Vers. Dihärese gewöhnlich als Mitteldihärese nach dem sechsten Element (welches dann als *indifferens* behandelt werden kann); pro Vers normalerweise nicht mehr als eine Doppelkürze[409].

Beispiele:

vir me habet pessumis despicatam modis	Plaut. *Cas.* 189
— ͜ ͜ — — ͜ —|— ͜— — ͜ —	Synalöphe *me habet.*
denegando modo quis pudor paullum adest	Ter. *And.* 630
— ͜ — — ͜ —| — ͜ — — ͜ —	Synalöphe *paullum adest.*

---

409 Vgl. Boldrini, 1999, 125 f; zur Relativierung der Regel von Spengel-Meyer (kein Ende
eines mehrsilbigen Wortes nach dem 3. und 9. Element, wenn das Element davor aus einer
Länge oder einer Doppelkürze besteht) s. ebd. 126.

6. Bakcheische Versmaße

Wie beim Kretikus bildet der bakcheische Versfuß zugleich auch schon ein Metrum; seine Grundform ist ‿——, doch ist das erste Element eigentlich ein Anceps: x——.

a) Bakcheische Dipodie

$$x - - \quad x - \smile$$

Selten und schwer mit Sicherheit zu identifizieren.

Beispiel:

sine munditia et sumptu   Plaut. *Poen.* 247

‿ ‿ — ‿‿ — — —   Synalöphe *munditia͜ et.*

b) Bakcheische Tripodie

$$x - - \quad x - - \quad x - \smile$$

Sehr selten. Schema katalektisch: x—— x—— x ⌣

Beispiele:

consolandus hic mist, ibo ad eum   Plaut. *Bacch.* 625

— — — ‿ — — — ‿ ‿‿   Synalöphe *ibo͜ ad*; vorletztes Element als Doppelkürze.

viden limulis, obsecro   Plaut. *Bacch.* 1130a (dann bakcheisches Kolon)

‿ — — ‿— — ‿— Katalektisch; Silbe *se* kurz wegen nachfolgender *muta cum liquida.*

c) *Bakcheischer Quaternar*

Das gebräuchlichste bakcheische Versmaß. Gewöhnlich mit Zäsur nach dem 5. Element, aber auch mit Mitteldihärese nach dem 6. Element (das dann als *indifferens* behandelt werden kann), seltener auch mit Zäsur nach dem 7. Element[410].

Beispiele:

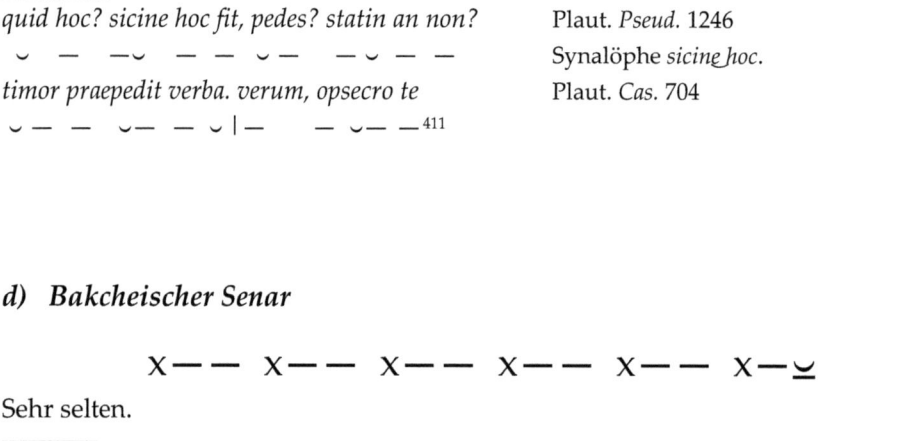

quid hoc? sicine hoc fit, pedes? statin an non?   Plaut. *Pseud.* 1246

ᵕ — —ᵕ — — ᵕ— —ᵕ — —   Synalöphe *sicine hoc.*

timor praepedit verba. verum, opsecro te   Plaut. *Cas.* 704

ᵕ — — ᵕ— — ᵕ |—   — ᵕ— —[411]

d) *Bakcheischer Senar*

Sehr selten.

Beispiel:

satin parva res est voluptatum in vita atque in aetate agunda.   Plaut. *Amph.* 633

ᵕ — — ᵕ — — |ᵕ — —   — — —   ᵕ — — ᵕ— —[412]

---

[410] Vgl. Boldrini, 1999, 129 f. Zur Relativierung der Spengel-Meyer'schen Regel (kein Ende eines mehrsilbigen Wortes nach dem 5. Element, wenn das Element davor aus einer Länge oder einer Doppelkürze besteht) s. ebd. 130.

[411] Synalöphe *verum, opsecro*; Silbe *se* kurz wegen nachfolgender *muta cum liquida*.

[412] Synalöphen *voluptatum in vita atque in aetate agunda*.

7. Ionische Versmaße

Die ionischen Versmaße sind entweder aus *Ionici a maiore* (— — ⏑⏑) oder aus *Ionici a minore* (⏑⏑ — —) gebildet. Die Längen können durch Doppelkürzen ersetzt und die Doppelkürzen zu einer Länge verschmolzen werden (⏔ ⏔ ⏗ bzw. ⏗ ⏔ ⏔); der Übersichtlichkeit halber werden bei den unten angegebenen Schemata diese Auflösungsmöglichkeiten nicht dargestellt.

a) Anaklastischer ionischer Dimeter: Anakreonteum

⏑⏑ — ⏑ — ⏑ — ⏑̆

Das v. a. in der griechischen Liebes- und Weinpoesie beliebte Versmaß ist nach dem Lyriker Anakreon (6. Jhdt. v. Chr.) benannt. Es handelt sich um einen anaklastischen ionischen Dimeter der *Ionici a minore* (Vertauschung von 4. und 5. Element)[413].

Beispiel:

quonam cruenta maenas

— — ⏑ — ⏑ — ⏑   Hier (und Folgevers) Verschmelzung 1. Doppelkürze.

praeceps amore saevo

— — ⏑ — ⏑ — —

rapitur? quod impotenti

⏑⏑ — ⏑ — — —

facinus parat furore?   Sen. *Med.* 849-852

⏑⏑ — ⏑ — ⏑ — ⏑

b) Katalektischer ionischer Quaternar: Sotadeus

— — ⏕ — — ⏕ — — ⏕ — —

Es handelt sich um einen Quaternar der *Ionici a maiore*, der gewöhnlich um die letzten beiden Elemente verkürzt vorkommt (*versus catalecticus in bisyllabum*). Benannt ist der Sotadéus nach dem alexandrinischen Dichter Sotades (3. Jhdt. v. Chr.). Die Längen können durch Doppelkürze ersetzt werden, die Doppelkürzen durch Längen. Außerdem kann ein Versfuß durch Anaklasis andere Formen annehmen (z. B. — ⏑ — ⏑ oder — ⏑ — —).

---

[413] S. Crusius/ Rubenbauer, 1958, 98 f.

Beispiele:

noctesque diesque adsiduo satis superque est   Plaut. *Amph.* 168

— — ◡ ◡—   — ◡◡— ◡—   ◡ —   —[414]

pede tendite, cursum addite, convolate planta   Petron. 23,3

◡◡ — ◡◡ —   — ◡◡ — ◡ —◡ — —[415]

c) Ionischer Quaternar

◡◡— — ◡◡— — ◡◡— — ◡◡— —

Ein Quaternar der *Ionici a minore*. Bei Horaz *carm.* 3,12 herrscht durchgehend Synaphie; die Aufteilung des Gedichts in 4 dreizeilige Strophen ist umstritten (nirgends an den Versenden Hiat; nirgends Ersatz der Länge durch eine Kürze als Hinweis auf ein *elementum indifferens*)[416]. Die Eintönigkeit des von Horaz durchgehend ohne eine einzige Anaklasis und ohne Auflösungen nach einem starren Schema geformten Gedichtes (systemischer Versbau) ist sicherlich absichtlich gewählt, um rhythmisch die Situation der Neobule zu unterstreichen, die an die monotone Arbeit am Webstuhl gefesselt bleibt, auch wenn ihre Gedanken zu ihrem Geliebten Hebrus schweifen.

Beispiel:

Miserarum est neque amori dare ludum neque dulci mala

◡◡ —   — ◡   ◡—— ◡◡ — —   ◡ ◡ — —   ◡◡[417]

vino lavere, aut exanimari metuentis patruae verbera

— —◡◡   — — ◡◡—— ◡◡ —— ◡ ◡— — ◡◡[418]

linguae.

— —

tibi qualum Cythereae puer ales, tibi telas operosaeque

◡◡ — — ◡ ◡—— ◡◡ ——◡◡ ——◡◡— — ◡

---

[414] Synalöphe *diesque͜adsiduo*; Anaklasis im 3. Fuß.

[415] Synalöphe *cursum͜addite*; Anaklasis im 3. Fuß.

[416] Boldrini, 1999, 137, plädiert für eine Aufteilung in Sequenzen aus je zwei Quaternaren und einer Dipodie. Der Aufteilung in vier Strophen liegt die Beobachtung des deutschen Altphilologen J.A.F. August Meineke (1790-1870) zugrunde, dass alle Gedichte des Horaz sich durch vier teilen lassen; fraglich ist nur, ob daraus tatsächlich ein Gesetz abgeleitet werden kann, nach dem alle Gedichte in Strophen zu je vier Zeilen aufzuteilen sind („*lex Meinekiana*").

[417] Aphärese *miserarum͜est* ; Synalöphe *neque͜amori*.

[418] Synalöphe *lavere͜aut*; Silbe *pa* kurz wegen nachfolgender *muta cum liquida*.

Minervae studium aufert, Neobule, Liparaei nitor   5

ᴗ — —   ᴗ ᴗ   — —   ᵙ — —   ᴗ ᴗ — — ᴗ ᵙ[419]

Hebri,

— —

simul unctos Tiberinis umeros lavit in undis, eques ipso

ᴗ ᴗ — —   ᴗ ᴗ — — ᴗ ᴗ —   — ᴗ ᴗ   — —   ᴗ ᴗ   — —

melior Bellerophonte, neque pugno neque segni pede

ᴗ ᴗ — —   ᴗ ᴗ   — —   ᴗ ᴗ — —   ᴗ ᴗ   — —   ᴗ ᵙ[420]

victus,

— ᴗ

catus idem per apertum fugientis agitato grege cervos   10

ᴗ ᴗ — —   ᴗ ᴗ — —   ᴗ ᴗ — — ᴗ ᴗ — — ᴗ ᴗ   — —

iaculari et celer arto latitantem fruticeto excipere

ᴗ ᴗ —   — ᴗ ᴗ   — — ᴗ ᴗ —   —   ᴗ ᴗ —   — ᴗ ᵙ[421]

aprum.

— ᴗ

Hor. *carm.* 3,12

d) Katalektischer ionischer Tetrameter: Galliambus

$$\text{ᵙ— —} \mid \text{ᵙ— —} \mid \text{ᵙ— —} \mid \text{ᵙᵙ}$$

Trotz seiner Bezeichnung als „Iambus" ist der Vers von seinem Ursprung her ein katalektischer ionischer Tetrameter der *Ionici a minore*[422]. Das oben dargestellte Schema ist allerdings lediglich ein „Grundmodell". Sehr häufig tritt Anaklasis ein.

---

[419] Synalöphe *studium aufert*. Mittelstellung des Verbums *aufert*, als Apokoinu gleichermaßen auf *puer ales* wie auf *nitor Hebri* zu beziehen (s. zu dieser Interpretation Zgoll, 2004, 192 f).

[420] *Bellerophontē* als Ablativ-Bildung zu Βελλεροφόντης, -ου nach der griechischen A-Deklination, nicht zu dem erst spät bezeugten Βελλεροφῶν, -ῶντος (Dritte Deklination). Man hat erwogen, hier für den Ablativ *Bellerophontā* zu schreiben, analog zu dem Dativ *Bellerophontae* in Hor. *carm.* 3,7,15.

[421] Synalöphen *iaculari et, fruticeto excipere aprum*.

[422] Die Bezeichnung als „Galliambus" wurde nach Christ, 1879, 502, vermutlich von antiken Metrikern aufgebracht, die den Vers „in zwei jambische Kola mit anapästischem Auftakt zerlegten"; eine iambische Deutung (die freilich Ausnahmeverse gelten lassen muss) versucht Dominicy, 2001, 75.

Es werden aber nicht nur innerhalb ein und desselben Metrums Elemente vertauscht, sondern auch über die Grenzen von Metren hinweg. Oft handelt es sich dabei (wie bei den Anakreontikern) um die Vertauschung des 4. und 5. Elements bzw. in der zweiten Vershälfte analog um die Vertauschung des 12. und 13. Elements, so dass sich als häufigste Variante bei Catull *carm.* 63 folgendes Schema ergibt:

‍⏝⏝—⏝ —⏝— — | ‍⏝⏝—⏝ —⏝⏝

Mit den häufigsten Auflösungen tritt das Schema dann konkret in dieser Form auf:

⏝⏝—⏝ —⏝— — | ⏝⏝—⏝ ⏝⏝⏝⏝

Für Spezialisten:

Halporn/ Ostwald teilen den Vers von vornherein anders auf und sehen in ihm ein Asynarteton mit regelmäßiger Dihärese zwischen einem anaklastischen ionischen Dimeter und einem katalektischen ionischen Dimeter (ohne Anaklasis), bei dem das zweite Longum fast immer in zwei Kürzen aufgelöst wird, so dass sich mit einer leichten Verschiebung folgendes (den Vers vielleicht adäquater beschreibendes) Schema ergibt[423]:

⏝⏝—⏝ —⏝— — | ⏝⏝—⏝⏝ ⏝⏝⏝

Beispiel:

Super alta vectus Attis celeri rate maria   ♟ + ♪

⏝ ⏝ — ⏝ — ⏝ — — | ⏝ ⏝ — ⏝ ⏝   ⏝ ⏝⏝

Phrygium ut nemus citato cupide pede tetigit

    ⏝ ⏝   — ⏝ — —⏝— — | ⏝ ⏝ —   ⏝ ⏝   ⏝ ⏝ ⏝[424]

adiitque opaca silvis redimita loca deae,

⏝⏝ —   ⏝ — ⏝ — — | ⏝ ⏝ —⏝ ⏝ ⏝ ⏝—   Synalöphe *adiitqueˬopaca.*

stimulatus ibi furenti rabie, vagus animi,

  ⏝ ⏝— ⏝   ⏝⏝ ⏝—— | ⏝⏝— ⏝ ⏝ ⏝ ⏝ —

devolsit ilei acuto sibi pondera silice.   5

— — ⏝ —   ⏝—— | ⏝⏝ —   ⏝ ⏝ ⏝ ⏝⏝[425]

---

[423] S. Halporn/ Ostwald, 1983, 34. Eine weitere Möglichkeit (iambische Tripodie des zweiten Kolons: [⏝⏝ —][⏝ ⏝⏝][⏝⏝]) referiert Dominicy, 2001, 73, mit Hinweisen auf weitere Forschungsliteratur.

[424] Synalöphe *Phrygiumˬut.* Die zitternde Erregung des Attis lautmalerisch verstärkt durch die Wiederholung gleichartiger *mutae* bei *ci– cu–, –pide pede, –tito –tigit* und durch Vokalassonanzen i-e, e-e, e-i bei *–pide pede teti–.*

[425] Synizese *ilei* ; Synalöphe *ileiˬacuto.* Die ganze das Gedicht eröffnende Periode läuft auf die Kastration des Attis als ihrem Höhepunkt zu, was auch rein formal metrisch dadurch herausgehoben wird, dass sich gerade beim entscheidenden Vers 5 zum ersten Mal der Rhythmus

itaque ut relicta sensit sibi membra sine viro,
∪∪   — ∪— ∪ — —|∪∪ —   ∪ ∪∪ ∪ —   Synalöphe *itaque͜ut.*

etiam recente terrae sola sanguine maculans
∪∪— ∪ — ∪ ——|∪∪ —   ∪∪ ∪ ∪—

niveis citata cepit manibus leve typanum,
∪∪— ∪—∪ ——| ∪ ∪ — ∪∪ ∪∪∪

typanum tuom, Cybele, tua, Mater, initia,
∪ ∪ — ∪— ∪——| ∪∪ — ∪ ∪ ∪∪∪

quatiensque terga taurei teneris cava digitis   10
 ∪∪—   ∪ — ∪ — —|∪∪ — ∪∪ ∪∪—   Synizese *taurẹi.*

canere haec suis adorta est tremebunda comitibus:
∪ ∪ — ∪—∪ — —| ∪ ∪ — ∪ ∪ ∪∪∪[426]

'Agite ite ad alta, Gallae, Cybeles nemora simul,
∪∪ — ∪ ∪—∪ — —| ∪∪ — ∪ ∪∪ ∪ ∪[427]

simul ite, Dindymenae dominae vaga pecora,
∪ ∪ —∪ — ∪ ——|∪ ∪— ∪∪ ∪∪∪

aliena quae petentes velut exules loca
∪∪—∪ — ∪ — —|∪∪ —∪— ∪∪

sectam meam executae duce me mihi comites   15
— — ∪ —∪— —|∪∪ — ∪ ∪ ∪ ∪ —   Synalöphe *meam͜executae.*

rapidum salum tulistis truculentaque pelagi
∪ ∪ — ∪— ∪ ——| ∪ ∪ — ∪ ∪ ∪∪ —

et corpus evirastis veneris nimio odio,
— — ∪ —∪——| ∪∪ — ∪ ∪ ∪∪—   Synalöphe *nimio͜odio.*

hilarate erae citatis erroribus animum.
∪∪— ∪— ∪——|——∪∪ ∪∪ ∪   Synalöphe *hilaratẹ͜erae.*

mora tarda mente cedat; simul ite, sequimini
∪ ∪ — ∪ — ∪ ——| ∪ ∪—∪ ∪ ∪ ∪—

ändert: aus einem sonst immer pyrrhichischen Versauftakt wird ein „schwerer" spondeischer Beginn.

[426] Synalöphe *canerẹ͜haec*; Aphärese *adortạ͜est.*

[427] Synalöphen *agitẹ͜itẹ͜ad*; erstes e von *Cybele* hier kurz, in Vers 9 lang, da schon im Griechischen schwankende Schreibweisen existieren: Κυβέλη / Κυβήλη (und Κυβήβη).

Phrygiam ad domum Cybeles, Phrygia ad nemora deae,   20

‿ ‿ — ‿ —   ‿——| ‿ ‿ — ‿ ‿ ‿ ‿—[428]

ubi cymbalum sonat vox, ubi tympana reboant,

‿ ‿ — ‿—   ‿ — — |‿ ‿ —   ‿ ‿ ‿ ‿—

tibicen ubi canit Phryx curvo grave calamo,

——‿ ‿ ‿ ‿ —   — |——   ‿ ‿   ‿ ‿ —

ubi capita Maenades vi iaciunt ederigerae,

‿ ‿ ‿ ‿ ‿   — ‿— —|‿ ‿— ‿ ‿ ‿ ‿ —

ubi sacra sancta acutis ululatibus agitant,

‿ ‿ — ‿ —   ‿——|‿ ‿—‿ ‿ ‿ ‿ —   Synalöphe *sancta acutis.*

ubi suevit illa divae volitare vaga cohors: 25

‿ ‿ — ‿ —‿ ——|‿ ‿—‿ ‿ ‿   ‿ —

quo nos decet citatis celerare tripudiis.'

— —   ‿— ‿——|‿ ‿—‿ ‿ ‿ ‿—[429]

Catull. 63,1-26

---

[428] Synalöphen *Phrygiam ad; Phrygia ad.*
[429] Endsilbe *–re* von *celerare* kurz wegen nachfolgender *muta cum liquida.*

8. Äolische Versmaße

Benannt ist die Gruppe der „Äolischen Verse" nach den frühen griechischen Dichtern, die diese Versmaße für ihre Dichtungen in äolischem Dialekt verwendeten; ihre bekanntesten Vertreter sind Sappho und Alkaios. Horaz ahmt die Versmaße der äolischen Dichter als erster in großem Umfang nach[430]; vor Horaz haben allerdings auch schon Plautus (in den Cantica) und Catull vereinzelt äolische Versmaße verwendet[431].

Abgesehen vom alkäischen Neunsilbler (Enneasyllabus) weisen alle äolischen Verse als Gemeinsamkeit **mindestens eine choriambische Sequenz** auf: $-\smile\smile-$.

In vielen Versen geht dem Choriambus eine Gruppe von zwei Elementen voraus, die man als „Basis" bezeichnet[432]. Für diese sog. **„äolische Basis"**, in der Metrik meist gekennzeichnet mit den Symbolen ○○, gelten folgende Regeln:

- Sie enthält genau zwei Elemente (es gibt also keine Auflösungen).
- Sie wird aus zwei Längen *oder* aus einer Länge mit einer Kürze (egal in welcher Reihenfolge) gebildet. Es gibt also nur folgende Möglichkeiten[433]: $-\,-$ oder $-\smile$ oder $\smile-$.

Bei **Horaz** werden die äolischen Verse nach strengeren Regeln gebaut als in der frühen griechischen Lyrik. So ist beispielsweise die Basis bis auf seltene Ausnahmen spondeisch; auch hält er „Pausen" strenger ein, wie etwa beim Asclepiadeus minor (ascl[mi]) die Pause zwischen den beiden Choriamben[434].

---

[430] Vgl. seinen Anspruch: *princeps Aeolium carmen ad Italos* ‖ *deduxisse modos* in *carm.* 3,30,13 f, und die Diskussion zum schwierig zu übersetzenden Begriff *modi* bei Zeleny, 2008, 175 f, mit Anm. 340 (und Hinweisen zu weiterer Literatur); Zeleny, 2008, 167-177 sieht in *modus* den *terminus technicus* für den „Akzentrhythmus" in der lateinischen Dichtung, der sich bei einem nach Wortakzenten betonenden Vortrag beim Hexameter, Pentameter und beim Sapphischen Elfsilbler ergibt (vgl. ebd. 167).

[431] Vgl. Halporn/ Ostwald, 1983, 37 f.

[432] Der Begriff der „Basis" stammt von Gottfried Hermann, weshalb sie auch gelegentlich als „Hermann'sche Basis" bezeichnet wird (vgl. Christ, 1879, 115 f).

[433] Zu den seltenen Ausnahmen einer pyrrhichischen äolischen Basis in der griechischen Dichtung s. Korzeniewski, 1991, 129, Anm. 7; zu einigen wenigen Stellen in der lateinischen Dichtung mit daktylischer äolischer Basis s. Boldrini, 1999, 141 und 151 (z. B. Plaut. *Bacch.* 629a; Sen. *Ag.* 591 und 635).

[434] Vgl. Heinze, 1960 (zuerst 1918), 227. Hat er nach einem metrischen Handbuch gearbeitet (zu dieser Hypothese von Christ und Kießling s. ebd., 227-230 und 249), oder lässt sich hier der Übergang von einem ursprünglichen Singvers zu einem Sprechvers festmachen (so

Die Unterteilung in einzelne Versfüße bei diesen nicht κατὰ μέτρον gebauten
Versen ist umstritten[435]; von daher ist eine Unterscheidung von Zäsur und Dihärese
a priori problematisch. Man spricht deshalb bei diesen Versen allgemein von „**Pausen**" (Wortenden) oder „Einschnitten" und gibt dazu die numerische Position im
Vers an (z. B. häufiges Wortende nach dem 6. Element im Phalaikeus).

Die äolische Lyrik bevorzugt typischerweise **Strophen** mit je 4 Zeilen; die dori-
sche Lyrik hingegen weist längere und kompliziertere Strophenformen auf[436].

Besonders charakteristisch für die äolischen Versmaße ist außerdem, dass sie **sil-
benzählend** sind, d. h. die Versmaße lassen in der Regel keine Auflösungen von Längen in Doppelkürzen bzw. keinen Ersatz einer Doppelkürze durch eine Länge zu[437].

Die Möglichkeit, den Inhalt durch rhythmische Variation besonders hervorzuhe-
ben, ist damit dem Dichter kaum oder nur noch in sehr beschränktem Umfang gegeben; dafür gewinnt in diesen Gedichten die **Positionierung der einzelnen Wörter** an
Bedeutung: am Anfang oder Ende einer Verszeile, Rahmungen, parallele, chiastische

---

Heinze, ebd. 252 f), weil man beim Rezitieren eine strengere Regulierung der regelmäßigen
Wortenden als Erleichterung empfand, während zuvor die Musik als „Gerüst" genügend
Rückhalt gab, um auch freiere „Pausenregelungen" zuzulassen? Dies hat einiges für sich, aber
man darf auch die Möglichkeit nicht außer Betracht lassen, dass die Musik selbst „strengere"
Formen angenommen hat (zu dieser Überlegung vgl. Stroh, 1997, in Zinn, 1940, 132 f).

[435] In der Regel werden äolische Verse als längere zusammenhängende Kola mit mindestens
einem Choriambus gedeutet (mit Ausnahme des alkäischen Neunsilblers). Die ältere Forschung hat (in Anlehnung an antike Metriker) versucht, die äolischen Versmaße bei Horaz
nach logaödischen Bauprinzipien (Kombinationen von Daktylen mit Trochäen und Iamben,
vgl. Christ, 1879, 478) zu erklären; diese Analysemethode einer „Zerstückelung" äolischer
Verse in einzelne Versfüße (so z. B. bei Dangel, 2001, 226-230) wird allerdings kaum noch vertreten (vgl. dazu das Nachwort von Burck, E., zu dem Kommentar zu den Oden und Epoden
des Horaz von Kießling/ Heinze, 9. Aufl. 1958, 606 f, mit Literaturhinweisen).

[436] Vgl. als modernes Beispiel den etwas komplizierteren Strophenbau im Song *The longest
time* von Billy Joel (1983): Durch ein Reimschema erkennbar setzen sich die Strophen des Lieds
zusammen aus einer Kombination von zwei Versen à 9 Silben, gefolgt von 2 Versen à 5 und 7
Silben, mit einem fünften Abschlussvers à 10 Silben (mit gelegentlichen Abweichungen, was
die Anzahl der Silben angeht).

[437] In sehr seltenen Fällen wird beispielsweise die Doppelkürze im Choriambus zu einer
Länge verschmolzen (z. B. im Pherekrateus bei Catull. 61,25 oder im Hendekasyllabus bei Ca-
tull. 58a,9), oder, wie bereits erwähnt, etwa das zweite Element der äolischen Basis mit zwei
Doppelkürzen gebildet.

Anordnungen oder andere herausgehobene Formen der Wortstellung[438]. Gelegentlich wird in diesem Zusammenhang eine treffende Passage von Nietzsche zitiert, der mit Blick auf Horazens Oden von einem einzigartigen „Mosaik von Worten" schwärmt, „wo jedes Wort als Klang, als Ort, als Begriff, nach rechts und links und über das Ganze hin seine Kraft ausströmt", wo mit einem „minimum in Umfang und Zahl der Zeichen" ein „maximum in der Energie der Zeichen" erzielt wird[439]. Dies sei hier beispielhaft verdeutlicht an der Eröffnung der Horaz-Ode 2,3, in welcher der Dichter einem gewissen Dellius „Gleichmut" in guten wie in bösen Tagen empfiehlt (Hor. *carm.* 2,3,1-4, eine alkäische Strophe):

> *Aequam memento rebus in arduis*
> *servare mentem, non secus in bonis*
>   *ab insolenti temperatam*
>   *laetitia, moriture Delli, …*
> Gleichmut gedenke in argen Tagen
> zu bewahren, und auch in guten
>   einen, der sich fernhält von übermäßiger
>   Ausgelassenheit, denn sterben wirst du, Dellius …

Das erste Wort *aequam* erhält durch Voranstellung eine besondere Betonung und gibt gleichsam einen Hinweis auf ein Hauptthema der Ode. Die Betonung wird noch unterstrichen durch die extreme Sperrung (Hyperbaton), die über die Versgrenze hinweg der ersten Aussage einen „geschlossenen" Charakter verleiht (*aequam … mentem*); der Gleichmut (*aequa mens*) umgibt die *res arduae*, die dadurch gewissermaßen „gebändigt" werden. Durch die Stellung der Adjektive *aequam* am Versanfang und *arduis* am Versende werden außerdem die Gegensätze wirksam kontrastiert. Überhaupt ist die ganze Anordnung der aufeinander bezogenen, jeweils einen immer engeren Kreis ziehenden Begriffe innerhalb des ersten (syntaktischen) Kolons ein Paradebeispiel harmonisch-symmetrischer Wortstellung:

---

[438] Einen Überblick über solche stilistisch bewussten Anordnungen von Worten in den Oden von Horaz bietet Pinheiro Hasegawa, 2024.

[439] Zuvor bemerkt Nietzsche: „In gewissen Sprachen ist Das, was hier erreicht ist, nicht einmal zu *wollen*." Zitat aus der „Götzen-Dämmerung" von 1888. Vgl. F. Nietzsche, Sämtliche Werke. Kritische Studienausgabe in 15 Bden., hg. von G. Colli/ M. Montinari, 2. rev. Aufl., Berlin/ München 1988, Bd. 6, 154 f.

Aequam   *mentem*

         memento   *servare*

              rebus   *arduis*

                  in

Poetisch raffiniert ist des weiteren die formal parallele und inhaltlich antithetische Endstellung von *in arduis* und *in bonis* (dazu Endreim), und der Gleichklang der auch noch an derselben Stelle im Vers stehenden Worte *memento* und *mentem*[440]:

> *Aequam* **memento** *rebus* **in arduis**
> *servare* **mentem,** *non secus* **in bonis**

Insgesamt sind die ersten beiden Verszeilen mit einer ausgefeilt parallelen Vokalassonanz versehen; dieser Gleichklang der Vokale verleiht der Bitte den Charakter eines beruhigenden Singsangs:

> *ae a e e   o e u i a u i*
> *e   a e e e o e u i o   i*

Mit all diesen Stilmitteln gelingt Horaz eine nahezu perfekte Nachbildung der von ihm inhaltlich geforderten *aequitas animi*[441].

Weitere Beispiele zur Vertiefung:

> *Phoebe silvarumque potens Diana,*
> *lucidum caeli decus, o colendi*   Hor. *carm. saec.* 1 f

Ausgewogene Rahmung des ersten Verses durch die beiden göttlichen Geschwister, dennoch abwechslungsreich durch einmal den griechischen, einmal den lateinischen Namen (*Phoebus ... Diana*); *lucidum* in Vers 2 an derselben Stelle wie zuvor *Phoebe* in Vers 1 und damit die „Übersetzung" des Namens Φοῖβος (Ἀπόλλων) andeutend (φοῖβος ~ *lucidus*).

Vgl. des weiteren Hor. *carm.* 1,9,1-4: Die Natur, aufgeteilt in die drei Teile Berg – Wald – Fluss, erscheint jeweils am Beginn der Verszeilen (*Soracte – silvae – flumina*), während Attribute und Bezeichnungen aus dem Bereich der jahreszeitlichen Erscheinungen (Schnee, Eis) regelmäßig an den Versenden stehen (*nive candidum – onus – geluque – acuto*).

---

[440] Assonanz der Vokale: 2x „e"; Alliteration bzw. Homoiarkton: 2x *me*-; beide Worte haben dieselbe Wortwurzel.

[441] Eine schöne deutsche Übersetzung bei Wili, 1948, 154: „Bedenke in argen Tagen Gleichmut zu bewahren". Zu „Horaz als Meister der Lautmalerei" s. auch den Aufsatz von Marouzeau, 1936.

Eine solche Stellung von drei zusammengehörenden Nomina an den Beginn oder an das Ende aufeinander folgender Verse scheint ein öfters wiederkehrendes Prinzip in den vierzeiligen Strophenformen der Horazischen Oden zu sein (2. und 3. Asklepiadeische Strophe, Sapphicum minor, Alcaicum)[442]. Vgl. neben 1,9,2-4 (*Soracte – silvae – flumina*) des weiteren 3,21,2-4 (*iocos – amores – somnum*); 1,22,2-4 (*arcu – sagittis – pharetra*; auch 1,22,5-7 *aestuosas – inhospitalem – fabulosus*); 1,20,9-11 (*Caleno – Falernae – Formiani*); 1,30,6-8 (*Nymphae – Iuventas – Mercuriusque*); 1,33,13-15 (*Venus – Myrtale – Hadriae*); mit einem Vers Unterbrechung auch noch in 2,20,21-24 (*neniae – querimoniae – honores*) und 3,21,21-24 (*Venus – Gratiae – Phoebus*).

a) *Übersicht über die äolischen Versmaße*

○○	—◡◡—	◡⏒	Glykoneus (gl)
○○	—◡◡—	⏒	Pherekrateus (gl^)
⏒	—◡◡—	◡⏒	Telesilleus (^gl)
○○	—◡◡—	◡—⏒	Hipponakteus (gl+)
⏒	—◡◡—	◡—⏒	Hagesichoreus (^gl+)
	—◡◡—	◡—⏒	Aristophaneus (^^gl+)
○○	—◡◡—◡—	◡—⏒	Phalaikeus (gl bacc)
○○	—◡◡——◡◡—	◡⏒	Asclepiadeus minor (as^mi)
○○	—◡◡——◡◡——◡◡—	◡⏒	Asclepiadeus maior (as^ma)
—◡	—⏒ —◡◡—	◡—⏒	Sapphicus minor (sapph^mi)
—◡	—— —◡◡——◡◡—	◡—⏒	Sapphicus maior (sapph^ma)
⏒—	◡—— —	◡—⏒	Alkäischer Neunsilbler (alc^9)
—◡◡	—◡◡—	◡—⏒	Alkäischer Zehnsilbler (alc^10)
⏒—	◡—— —◡◡—	◡⏒	Alkäischer Elfsilbler (alc^11)

---

[442] Zu diesem bislang „under-investigated phenomenon of vertical juxtaposition of related words in consecutive lyric lines" s. in Hinblick auf das erste Odenbuch von Horaz mittlerweile auch Harrison, 2024 (Zitat ebd. 169).

Merkverse zu häufiger vorkommenden äolischen Versen:

Endlich habe ich „Glyk" bei dir!	Glykoneus
Ich heiß Pherekrateus![443]	Pherekrateus
Nackt läuft Hippo die Straße lang – oh!	Hipponakteus

b) Glykoneus

OO   —◡◡— ◡⌣

Benannt ist der Vers nach einem sonst unbekannten Dichter namens Glykon (nach dem Ende des 7. Jhdts. v. Chr.)[444]. Beim Glykonéus steht der Choriambus genau in der Mitte des Verses. Der Vers hat keine feste Pausenregelung (zu kurz!). Horaz hat den Vers „normalisiert"; bei ihm haben bis auf eine Ausnahme (*carm.* 1,15,36) alle Glykoneen (und auch alle Pherekrateen! s. u.) Spondeus am Versanfang; bei Catull erscheinen in der äolischen Basis dafür noch Trochäen und (seltener) ein Iambus. In archaischer Zeit bestehen noch mehr Variationsmöglichkeiten, sowohl in der Basis als auch im vorletzten Element (z. B. Plaut. *Bacch.* 629 und 629a): x x —◡◡— x ⌣

Beispiel:

vincit virgineus decor	75	🎤 + ♪
— — — ◡ ◡— ◡ ◡[445]		
longe Cecropias nurus,		
— — — ◡◡— ◡ —[446]		
et quas Taygeti iugis		
— — —◡◡— ◡ —		
exercet iuvenum modo		
— — — ◡ ◡ — ◡ —		
muris quod caret oppidum,		
— — — ◡◡ —◡ ◡		

---

[443] Merkvers von Snell, 1982, 70: „ÍCH heiß Phérekratéus!"

[444] Der Vers hat im indogermanischen Sprachraum interessante Parallelformen in der vedischen Dichtung, vgl. West, 2007, 48 f.

[445] Unterstreichung des „Sieges" der Braut durch Alliteration *vi- vi-* und durch die Vokalassonanz *vinci – virgi*.

[446] Parallelisierung *virgineus decor – Cecropias nurus,* aA-bB.

et quas Aonius latex   80

— — —◡◡— ◡—

Alpheosque sacer lavat.

— —— ◡ ◡— ◡ ◡

si forma velit aspici,

— — — ◡◡ — ◡—

cedent Aesonio duci

— — — ◡ ◡— ◡—

proles fulminis improbi

— — — ◡ ◡ — ◡—[447]

aptat qui iuga tigribus,   85

— — — ◡ ◡ — ◡ ◡

nec non, qui tripodas movet,

— — — ◡ ◡ — ◡ ◡[448]

frater virginis asperae,

— — — ◡◡ — ◡ —

cedet Castore cum suo

— — — ◡◡ — ◡—

Pollux caestibus aptior.

— — — ◡ ◡ — ◡◡

sic, sic, caelicolae, precor,   90

— — — ◡◡ — ◡ ◡[449]

vincat femina coniuges,

— — — ◡◡ — ◡ —

vir longe superet viros.

— — — ◡ ◡ — ◡ —[450]

Sen. *Med.* 75-92

---

[447] Reimende Endstellung von *aspici, duci, improbi.*

[448] Chiastische Anordnung *aptat … iuga – tripodas movet.*

[449] Pathetische Geminatio *sic, sic.*

[450] Durch den asyndetischen Anschluss Rahmung der letzten beiden Verse durch die alliterierenden Anfangsworte *vincat – vir* und durch die inhaltlich parallelen Endworte *coniuges – viros.*

c) Pherekrateus

Der Pherekratéus hat seine Bezeichnung nach dem griechischen Komödiendichter Pherekrates aus dem 5. Jahrhundert v. Chr.; es handelt sich um einen um das letzte Element gekürzten (katalektischen) Glykoneus. Bei Horaz tritt der Vers als Bestandteil der 3. Asklepiadeischen Strophe auf; die Basis ist bei Horaz immer spondeisch. Bei Catull *carm.* 61 bildet der Vers jeweils den Abschluss von ca. 47 Strophen aus 4 Glykoneen und einem Pherekrateus.

Beispiele:

et te saepe vocanti   Hor. *carm.* 3,7,31
⏑ ⏑ ⏑ ⏑ ⏑ ⏑ ⏑

multo non sine risu   Hor. *carm.* 4,13,27
⏑ ⏑ ⏑ ⏑ ⏑ ⏑ ⏑

Strophen aus Glykoneen und Pherekrateen

Beispiel Catull. 34: Strophe aus 3 Glykoneen und einem Pherekrateus (sonst noch Catull. 61: Strophe aus 4 Glykoneen und einem Pherekrateus).

Beispiel:

Dianae sumus in fide
⏑⏑ ⏑ ⏑ ⏑ ⏑⏑

puellae et pueri integri:
⏑⏑ ⏑ ⏑⏑ ⏑ ⏑[451]

<Dianam pueri integri>
⏑⏑ ⏑ ⏑⏑ ⏑ ⏑   Synalöphe *pueri integri*.

puellaeque canamus.
⏑⏑ ⏑ ⏑⏑ ⏑ ⏑ ‖

---

[451] Synalöphen *puellae et pueri integri*. Silbe *-te-* von *integri* hier und im Folgevers kurz wegen nachfolgender *muta cum liquida*.

o Latonia, maximi   5

— — — ⏑⏑ — ⏑ —

magna progenies Iovis,

— ⏑ — ⏑⏑— ⏑ ⏑

quam mater prope Deliam

— — — ⏑ ⏑ — ⏑⏑

deposivit olivam,

— — — ⏑ ⏑—⏑ |||

montium domina ut fores   Synalöphe *domina͜ut.*

— ⏑— ⏑ ⏑ — ⏑ —

silvarumque virentium   10

— — — ⏑ ⏑ — ⏑⏑

saltuumque reconditorum   Hypermeter; Synalöphe *reconditorum͜amniumque.*

— ⏑— ⏑ ⏑ — ⏑—

amniumque sonantum.

— ⏑— ⏑ ⏑ — ⏑ |||⁴⁵²

tu Lucina dolentibus

— —⏑ ⏑ — ⏑ ⏑

Iuno dicta puerperis,

— — — ⏑ ⏑— ⏑ —

tu potens Trivia et notho es   15

— ⏑ — ⏑⏑ — ⏑ ⏑   Synalöphe *Trivia͜et*; Aphärese *notho͜es.*

dicta lumine Luna.

— ⏑ — ⏑⏑ — ⏑ |||⁴⁵³

tu cursu, dea, menstruo

— — — ⏑⏑ — ⏑—   Zentrierung der entscheidenden Anrede *dea* im Vers.

metiens iter annuum

— ⏑— ⏑ ⏑ — ⏑⏑

rustica agricolae bonis

— ⏑ — ⏑⏑— ⏑ —   Synalöphe *rustica͜agricolae.*

---

⁴⁵² Parallele Positionierung von *montium, silvarumque, saltuumque* und *animumque* jeweils am Versanfang; drei parallele Dikola 10-12.

⁴⁵³ Nach der streng parallel gebauten Vorstrophe hier das Prinzip der *variatio*, was die Wortstellung angeht: Positionierung der vier verschiedenen Namen der Göttin an jeweils vier verschiedenen Versstellen; klanglich wirkungsvolles Homoiarkton *lumine Luna.*

tecta frugibus exples.   20

— ◡ — ◡ ◡ — — — ‖   Drei parallele Trikola 18-20.

sis quocumque tibi placet

— — — ◡◡— ◡ ◡

sancta nomine, Romulique,

— ◡ — ◡ ◡ — ◡—   Hypermeter; Synalöphe *Romuliqueˌ antique.*

antique ut solita es, bona

— — — ◡◡— ◡ —   Synalöphe *antique˛ut*; Aphärese *solita˛es.*

sospites ope gentem!

— ◡— ◡ ◡ — ◡ ‖

d) Telesilleus

Der Telesilléus ist ein akephaler Glykoneus, benannt nach der Dichterin Telesilla von Argos (um 450 v. Chr.). Er kommt in Zusammensetzung mit einem Hemiepes im asynartetischen Vers des Diphilius vor (s. Kapitel V,3,b) und kann in älterer Dichtung freier gehandhabt werden (x —◡◡— x ◡̲).

e) Hipponakteus

Der Hipponaktéus ist nach dem Iambendichter Hipponax aus Ephesos (Mitte 6. Jhdt. v. Chr.) benannt[454]; es handelt sich um einen um ein Schluss-Element erweiterten

---

[454] Merkvers von Snell, 1982, 70: „Ich möcht' Hipponaktéus heißen!" Nicht zu verwechseln mit dem gleichnamigen („hipponakteischen") anaklastischen iambischen Trimeter (geläufiger „Hinkiambus").

Glykoneus[455]. Er spielt in der lateinischen Dichtung lediglich als (möglicher) Grundbestandteil der sapphischen Verse eine Rolle (s. Kapitel VI,8,j)[456].

Beispiel:

in terra domibus negata   Hor. *carm.* 1,22,22b (Teil eines Sapphicus minor)

— —— ◡ ◡ — ◡ — —

f) Aristophaneus

— ⌣⌣ —   ◡ — ◡

Der Aristophanéus ist nach dem griechischen Komödiendichter Aristophanes (5./ 4. Jhdt. v. Chr.) benannt, obwohl er schon für Sappho und Anakreon bezeugt ist[457]. Er ist gebaut wie der Hipponakteus, nur ohne die Basis (ohne die beiden Anfangselemente)[458]. Horaz kombiniert den Vers mit dem größeren sapphischen Vers in der zweizeiligen sapphischen Strophe (*carm.* 1,8). Seneca verwendet ihn als Abschlusskolon nach verschiedenen Versgruppen (s. Sen. *Ag.* 600.604; *Phaedr.* 1131). Es handelt sich eigentlich um eine katalektische choriambische Dipodie mit Anaklasis im 2. Choriambus:

— ⌣⌣ — —⌣⌣ —   >   — ⌣⌣ — —◡◡   >   — ⌣⌣ — ◡—◡

Beispiele:

sanguine viperino   Hor. *carm.* 1,8,9

— ◡ ◡ — ◡——

indomitumve bellum   Sen. *Ag.* 603

— ◡ ◡ — ◡ —◡

---

[455] Drexler, 1967, 27, spricht von einem „hyperkatalektischen" Glykoneus; zur Diskussion dieser Bezeichnung s. Anm. 294, S. 118.

[456] Ein (seltener) akephaler Hipponakteus wird als Hagesichoréus bezeichnet (s. Riemer/ Weißenberger/ Zimmermann, 2000, 95). Schema: ◡ —⌣⌣— ◡—◡ (Beispiel Sappho fr. 168B Voigt: δέδυκε μὲν ἀ σελάννα); benannt nach ἡγησίχορος = „chorführend".

[457] Gelegentlich wird der Aristophaneus auch als „Archilochius" bezeichnet, vgl. Boldrini, 1997, 379.

[458] Crusius/ Rubenbauer, 1958, 102, bezeichnen den Aristophaneus als eine „Spielform des Pherekrateus".

g) Asklepiadeische Verse

Asclepiadeus minor

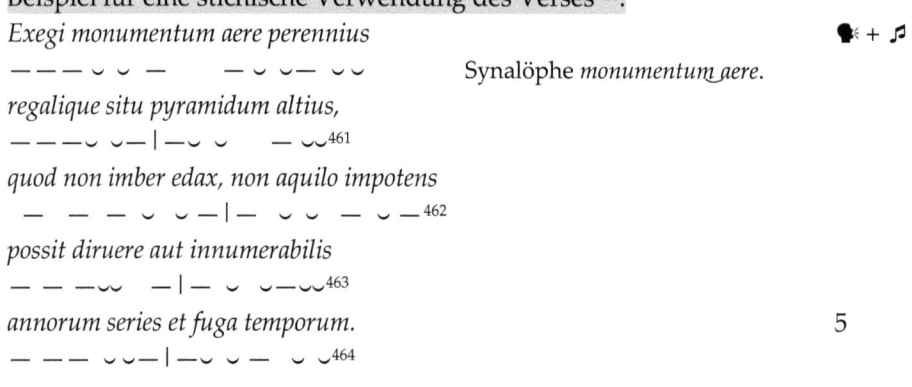

Benannt nach Asklepiades (griech. Dichter im 3. Jhdt. v. Chr.). Ein um einen Choriambus erweiterter Glykoneus[459]. Die „Basis" besteht bei Horaz regulär aus zwei Längen, und auch die beiden letzten Elemente sind streng gebaut; außerdem findet sich meistens Wortende zwischen den beiden Choriamben.

Beispiel für eine stichische Verwendung des Verses[460]:

Exegi monumentum aere perennius

— — — ⏑ ⏑ —   — ⏑ ⏑— ⏑⏑   Synalöphe *monumentum aere.*

regalique situ pyramidum altius,

— — —⏑ ⏑—|—⏑ ⏑   — ⏑⏑[461]

quod non imber edax, non aquilo impotens

— — — ⏑ ⏑ —|— ⏑⏑ — ⏑ —[462]

possit diruere aut innumerabilis

— — —⏑⏑ —|— ⏑ ⏑—⏑⏑[463]

annorum series et fuga temporum.

— — — ⏑⏑—|—⏑ ⏑ — ⏑ ⏑[464]   5

---

[459] Deshalb andere Abkürzung nach Halporn/ Ostwald: gl^c. Ein verdoppelter Choriambus wird bspw. auch in dem Kirchenlied „Im Frieden dein, o Herre mein" von Friedrich Spitta (1852-1924) eingesetzt; die jeweils erste, dritte und fünfte Zeile einer Strophe besteht dem musikalischen (!) Rhythmus nach aus zwei Choriamben.

[460] Bei Horaz sonst nur noch *carm.* 1,1 (*Maecenas atavis edite regibus*) und 4,8 (*Donarem pateras grataque commodus*).

[461] Synalöphe *pyramidum altius*; reimende Endstellung der parallelen Komparative *perennius – altius* und dadurch Betonung der inhaltlichen Parallelisierung der ersten beiden Verse. Zu sich daraus ergebenden Folgerungen für die Interpretation von *aere perennius* als Anspielung auf den Koloss von Rhodos und damit für eine (Neu-)Deutung der ganzen Ode s. Zgoll, 2016.

[462] Synalöphe *aquilo impotens*; zwei parallel gebaute Trikola *non imber edax* und *non aquilo impotens* nach dem Behaghel'schen „Gesetz der wachsenden Glieder".

[463] Synalöphe *diruere aut*; seltenes sechssilbiges Wort am Versschluss mit Enjambement zur Betonung der unendlich langen Zeitdauer, außerdem Enallage: *innumerabilis annorum series* anstelle von *innumerabilium annorum series.*

[464] Zur Analyse des „Wortgebäudes" am Anfang dieser Ode s. Barbaud, 2006, 191.

non omnis moriar multaque pars mei

— — — ⏑ ⏑ — | — ⏑ ⏑ — — ⏑ —

vitabit Libitinam: usque ego postera   Synalöphen *Libitinam: usque ego.*

— — — ⏑ ⏑ —   —   ⏑ ⏑ — ⏑ —

crescam laude recens, dum Capitolium

— — — ⏑ ⏑ — | — ⏑ ⏑ — ⏑⏑

scandet cum tacita virgine pontifex:

— — — ⏑ ⏑ — — ⏑ ⏑ — ⏑ —

dicar, qua violens obstrepit Aufidus   10

— — — ⏑⏑ — | — ⏑ ⏑ — ⏑ ⏑

et qua pauper aquae Daunus agrestium

— — — ⏑ ⏑ — | — ⏑ ⏑ — ⏑⏑[465]

regnavit populorum, ex humili potens

— — — ⏑ ⏑ —   — ⏑ ⏑ — ⏑ — [466]

princeps Aeolium carmen ad Italos

— — — ⏑ ⏑ — — ⏑ ⏑ — ⏑ — [467]

deduxisse modos. sume superbiam

— — — ⏑ ⏑ — | — ⏑ ⏑ — ⏑⏑

quaesitam meritis et mihi Delphica   15

— — —   ⏑ ⏑ — | — ⏑ ⏑ — ⏑ —

lauro cinge volens, Melpomene, comam.

— — — ⏑ ⏑ — | — ⏑ ⏑ — ⏑ ⏑   Hor. *carm.* 3,30

---

[465] Silbe *a* von *agrestium* kurz wegen nachfolgender *muta cum liquida.*

[466] Synalöphe *populorum, ex*; pointierte Nebeneinanderstellung der antithetischen Begriffe *humili – potens.*

[467] Diastole bei *Ītalos*; die Stellung von *princeps* an den Anfang des Verses unterstreicht den Inhalt (Anspruch auf eine Pioniertat); vgl. dazu auch Pinheiro Hasegawa, 2024, 162.

Asclepiadeus maior

Ein um zwei Choriamben erweiterter Glykoneus[468]. Die „Basis" besteht bei Horaz in der Regel aus zwei Längen. Meistens finden sich bei Horaz Wortenden vor und nach dem mittleren Choriambus.

Beispiel:

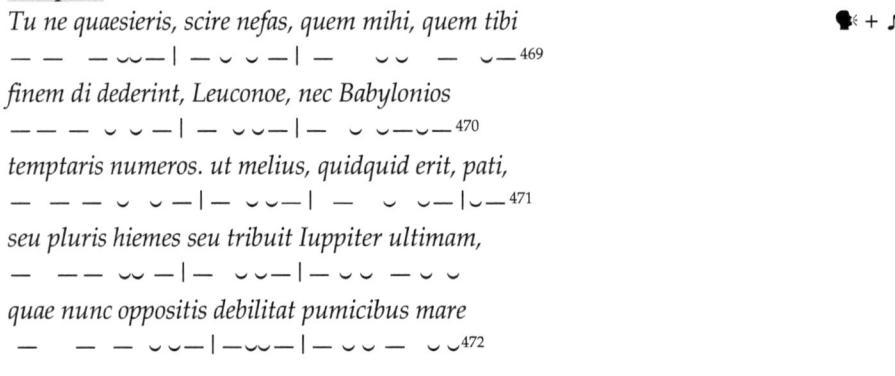

Tu ne quaesieris, scire nefas, quem mihi, quem tibi[469]

finem di dederint, Leuconoe, nec Babylonios[470]

temptaris numeros. ut melius, quidquid erit, pati,[471]

seu pluris hiemes seu tribuit Iuppiter ultimam,

quae nunc oppositis debilitat pumicibus mare[472]

---

[468] Andere Abkürzung nach Halporn/ Ostwald: gl²ᶜ.

[469] Kunstvolle Rahmung des ersten Verses durch *tu* und *tibi*; asyndetisch parallele Verknüpfung der beiden Protagonisten durch die anaphorischen Kola *quem mihi, quem tibi* mit Vokalassonanz.

[470] Betonte Anfangsstellung des thematisch entscheidenden *finem*. Der Name *Leuconoe* steht kunstvoll im Vers genau zentral und deckungsgleich mit einen Choriambus; vorher und danach stehen jeweils genau sechs Silben. Mit *tu ... tibi* an den Außenpositionen im Vorvers ergibt sich regelrecht ein Kunstwerk: *tu* und *tibi* als Rahmen, *Leuconoe* im Folgevers als Zentrum wie bei einem Gemälde. Das Enjambement zum nächsten Vers deutet die längeren Bemühungen der Leukonoe an.

[471] Betont knapp und nüchtern die der Leukonoe entgegengesetzte Ansicht des Sprechers, die drei syntaktischen Kola genau passend auf zwei Choriamben und einen Iambus verteilt.

[472] Hyperbaton *oppositis debilitat pumicibus* zur Unterstreichung des Inhalts. Die Stellung im Versrhythmus, der sich hier verlangsamt, erlaubt ein Sprechen, das den Rhythmus der Meeresbrandung imitiert: nur hier im Gedicht verteilt Horaz die drei entscheidenden Worte so auf den Vers, dass hintereinander dreimal die Wörter mit einem Choriambus genau deckungsgleich sind; Wort- und Versfußgrenze fallen in eins und so ergeben sich ganz natürliche Dihäresen im Sprechrhythmus.

Tyrrhenum: sapias, vina liques, et spatio brevi

— —— ◡◡—|—◡◡ —|— ◡◡— ◡—[473]

spem longam reseces. dum loquimur, fugerit invida

— — — ◡◡—| — ◡ ◡ — |—◡◡ — ◡◡[474]

aetas: carpe diem quam minimum credula postero.

—— —◡ ◡—|— ◡◡ — |—◡◡ — ◡—[475]

Hor. *carm.* 1,11

Sonst bei Horaz nur noch *carm.* 1,18 und 4,10; zudem Catull. 30.

Asklepiadeische Strophenformen

Strophenformen des Asclepiadeus bei Horaz sind[476]:

1. asklep. Strophe: 4 kleine Asklepiadeen (bzw. stichisch)
2. asklep. Strophe: 3 kleine Asklepiadeen + 1 Glykoneus
3. asklep. Strophe: 2 kleine Asklepiadeen + 1 Pherekrateus + 1 Glykoneus
4. asklep. Strophe: 1 Glyk. + 1 kleiner Asklep. + 1 Glyk. + 1 kleiner Asklep.
5. asklep. Strophe: große Asklepiadeen (stichisch)

---

[473] Parallele Stellung der antithetischen Begriffspaare *spatio brevi – spem longam*, mit Alliteration *spatio – spem*.

[474] Enjambement: korrespondierend zur Aussage der schnell entfliehenden Zeit ist auch das Wort *aetas* bereits auf die nächste Verszeile „entflohen".

[475] *carpe diem*: nur hier im Gedicht ist eine syntaktisch in sich geschlossene Aussage deckungsgleich mit dem ersten Choriambus; nur hier steht ein Imperativ, vorher sind es Prohibitive und Jussive; durch beides wird die Aussage formal hervorgehoben. Rahmung des Schlussverses durch die zwei Zeitbegriffe *aetas* und *postero*. Bewusste Positionierung von *postero*: der Verweis auf den nächsten, noch unbekannten Tag, auf die ungewisse Zukunft, ist das Schlusswort des Gedichtes.

[476] Die Bezeichnungen (und Numerierungen) für die zahlreichen metrischen Systeme bzw. Strophen bei Horaz variieren in der Forschung; hier wird die Einteilung im Anhang der Horaz-Ausgabe von F. Klingner zugrundegelegt (vgl. zu dieser Praxis auch Halporn/ Ostwald, 1983, 43, Anm. 1).

„Asklepiadeische" Oden bei Horaz:

Ascl I:	Hor. *carm.*	1,1;		3,30;	4,8
Ascl II:	Hor. *carm.*	1,6.15.24.33;	2,12;	3,10.16;	4,5.12
Ascl III:	Hor. *carm.*	1,5.14.21.23;		3,7.13;	4,13
Ascl IV:	Hor. *carm.*	1,3.13.19.36;		3,9.15.19.24.25.28;	4,1.3
Ascl V:	Hor. *carm.*	1,11.18;			4,10

Summe: 34 Gedichte (nach der 37mal verwendeten Alkäischen Strophe am zweit-
häufigsten bei Horaz; Sapphische Verse: 26mal)

Kürzere (und damit für den Unterricht geeignete) Gedichte:

Ascl I: 3,30 (*exegi monumentum aere perennius*, 16 Verse)

Ascl II: 3,10 (*extremum Tanain si biberes, Lyce*, 20 Verse; oder 1,33: *Albi, ne doleas plus
nimio memor*, 16 Verse)

Ascl III: 1,23 (*vitas inuleo me similis, Chloe*, 12 Verse; oder 3,13: *o fons Bandusiae splen-
didior vitro*, 16 Verse)

Ascl IV: 1,19 (*mater saeva Cupidinum*, 16 Verse; oder 3,9: *donec gratus eram tibi*, 24
Verse)

Ascl V: 1,11 (*tu ne quaesieris, scire nefas, quem mihi, quem tibi*, 8 Verse)

Beispiel für die 2. Asklepiadeische Strophe:

Quis desiderio sit pudor aut modus   🎵 + ♪
 — — —᷉—| — ◡ ◡   —   ◡ ◡

tam cari capitis? praecipe lugubris
 — — — ◡ ◡—| — ◡ ◡ — ◡ —   Silbe *gu* kurz wegen nachfolgender *muta cum liquida.*

cantus, Melpomene, cui liquidam pater
 — —   — ◡ ◡—|— ◡ ◡ — ◡ ◡

vocem cum cithara dedit.
   — — — ◡ ◡—◡ ◡ ◡ ‖

ergo Quintilium perpetuus sopor   5
 —— —   ◡◡—| — ᷉— ◡ ◡

urget; cui Pudor et Iustitiae soror
 —— —   ◡ ◡ —|—᷉—◡ ◡[477]

---

[477] Betonte Versendstellung der Paronomasie *sopor – soror*, Vokalassonanz und Reim.

incorrupta Fides nudaque Veritas

— — — ◡ ◡ — | — ◡ ◡ — ◡ —[478]

   quando ullum inveniet parem?

  —   —   — ◡◡— ◡ ◡ ‖   Synalöphen *quando͜ullum͜inveniet.*

multis ille bonis flebilis occidit,

— — —◡ ◡ — | —◡◡ — ◡ ◡

nulli flebilior quam tibi, Vergili.   10

— — —◡◡— | —   ◡ ◡ — ◡ —[479]

tu frustra pius, heu, non ita creditum

— — — ◡ ◡ — | — ◡◡ — ◡ ◡

   poscis Quintilium deos.

  — — — ◡ ◡ — ◡— ‖

quid? si Threicio blandius Orpheo

 — — —◡◡— | — ◡◡ — ◡—

auditam moderere arboribus fidem:

— — — ◡ ◡— — ◡◡— ◡ ◡[480]

num vanae redeat sanguis imagini,   15

 — — — ◡◡— | — ◡ ◡ — ◡—

   quam virga semel horrida

   — — — ◡ ◡ — ◡— ‖

non lenis precibus fata recludere

 — —— ◡ ◡ — | —◡ ◡ — ◡◡[481]

nigro conpulerit Mercurius gregi?

— — — ◡ ◡— | — ◡ ◡— ◡ —[482]

durum: sed levius fit patientia

— —   — ◡ ◡— — ◡ ◡—◡—   Betonte Versanfangsstellung von *durum.*

---

[478] Trennung der beiden parallel gebauten Kola durch die Dihärese.

[479] Rahmung des Verses durch die inhaltlich zusammengehörigen Worte *nulli ... Vergili* mit Homoioteleuton. Betonte Versanfangsstellung der beiden antithetischen Begriffe *multis – nulli* und steigerndes Polyptoton *flebilis – flebilior* in den Versen 9-10.

[480] Synalöphe *moderere͜arboribus;* Rahmung des Verses durch das Hyperbaton *auditam ... fidem.*

[481] Silbe *re* kurz wegen nachfolgender *muta cum liquida;* betonte Versanfangsstellung von *non.*

[482] Rahmung des Verses durch das Hyperbaton *nigro ... gregi.*

quidquid corrigere est nefas.   20

— — — ◡◡ — ◡ — ‖   Aphärese *corrigere͜est.*

Hor. *carm.* 1,24

Beispiel für die 3. Asklepiadeische Strophe:

Quis multa gracilis   te puer in rosa

— — — ◡◡ — | — ◡◡ — ◡ —

perfusus liquidis   urget odoribus

— — — ◡ ◡ — | — ◡◡ — ◡◡

grato, Pyrrha, sub antro?

— — — ◡ ◡ — — [483]

cui flavam religas comam

— — — ◡◡ — ◡ ◡ ‖

simplex munditiis? heu quotiens fidem   5

— — — ◡◡— | — ◡◡— ◡ ◡

mutatosque deos   flebit et aspera

——— ◡ ◡— | — ◡ ◡ — ◡◡ [484]

nigris aequora ventis

— — — ◡◡ — — [485]

emirabitur insolens,

———◡◡ — ◡ — ‖

qui nunc te fruitur credulus aurea,

— — — ◡◡— — ◡ ◡ —◡—

qui semper vacuam, semper amabilem   10

— — — ◡ ◡— | — ◡ ◡ — ◡◡ [486]

---

[483] Rahmung des Eigennamens *Pyrrha* durch das Hyperbaton bzw. durch die Ortsangabe *grato … sub antro.* Vgl. zur Funktion der Hyperbata *multa … rosa* und *grato … antro* auch Pinheiro Hasegawa, 2024, 150 f.

[484] Syllepse durch Auslassung des vom Sinn her aus *mutatosque deos* zu ergänzenden <mutatam> *fidem.*

[485] Darstellung der aufgewühlten Naturelemente durch die verschränkte Wortstellung abAB in den Versen 6-7 durch *aspera nigris aequora ventis.*

[486] Betonte Versanfangsstellung des anaphorischen *qui* in den Versen 9-10; Wiederholung der Anapher durch *semper … semper,* wobei der Einschnitt nach dem sechsten Element das mit dem Homoioptoton *vacuam – amabilem* parallel gebaute Dikolon in der Mitte trennt.

sperat, nescius aurae

— — — ⏑⏑ — — —[487]

   fallacis. miseri, quibus

   — — — ⏑ ⏑— ⏑ ⏑ ‖‖

intemptata nites: me tabula sacer

— — — ⏑ ⏑ — | — ⏑ ⏑ — ⏑ ⏑

votiva paries   indicat uvida

— — —⏑⏑ — | — ⏑⏑ — ⏑⏑

   suspendisse potenti   15

   — — — ⏑ ⏑ — —

      vestimenta maris deo.

      — — — ⏑ ⏑ — ⏑ — ‖‖[488]

Hor. *carm.* 1,5

Beispiel für die 4. Asklepiadeische Strophe:

Mater saeva Cupidinum

— — — ⏑ ⏑ — ⏑ ⏑

Thebanaeque iubet me Semelae puer

— — — ⏑ ⏑ — | — ⏑ ⏑ — ⏑⏑[489]

et lasciva Licentia

— — —⏑ ⏑ — ⏑⏑

finitis animum reddere amoribus.

— — —⏑⏑ — | — ⏑ ⏑ — ⏑⏑ ‖‖[490]

urit me Glycerae nitor   5

— — — ⏑⏑ — ⏑ ⏑

---

[487] Starke Betonung des durch Enjambement auf den Anfang des nächsten Verses hinübergezogenen *fallacis*.

[488] Betonte Versendstellung der zusammengehörigen Wörter *potenti – deo* in den Versen 15-16.

[489] Betonte Versanfangsstellung von *Mater* im Vorvers, korrespondierend mit der betonten Versendstellung von *puer* hier in Vers 2. Chiastische Anordnung der korrespondierenden Wendungen *Mater Cupidinum – Semelae puer*.

[490] Synalöphe *reddere amoribus*. Rahmung des Verses durch das Hyperbaton *finitis – amoribus*.

splendentis Pario marmore purius,

— —— ⏑⏑— — ⏑⏑ — ⏑⏑

urit grata protervitas

—— —⏑ ⏑ — ⏑—[491]

et voltus nimium lubricus adspici.

——— ⏑⏑— — ⏑⏑ — ⏑— ‖

in me tota ruens Venus

—— —⏑ ⏑— ⏑ ⏑

Cyprum deseruit nec patitur Scythas   10

— — —⏑⏑—| — ⏑⏑ — ⏑ —   Axialsymmetrischer Versbau.

et versis animosum equis

— ——⏑⏑ — ⏑ —   Synalöphe *animosum̮ equis.*

Parthum dicere nec quae nihil attinent.

— — —⏑⏑ —| — ⏑⏑ —⏑ — ‖

hic vivum mihi caespitem, hic

— —— ⏑⏑— ⏑ —[492]

verbenas, pueri, ponite turaque

— —— ⏑⏑—| — ⏑⏑ — ⏑ ⏑[493]

bimi cum patera meri: 15

— —— ⏑⏑— ⏑ —

mactata veniet lenior hostia.

— ——⏑⏑— —⏑ —⏑— ‖[494]

Hor. *carm.* 1,19

---

[491] Silbe *ta* von *grata* kurz wegen nachfolgender *muta cum liquida.* Anaphorischer intensivierender Beginn der beiden Disticha: *urit ... urit.*

[492] Synalöphe *caespitem̮ hic.* „Kyklos" = Rahmung des Verses durch zwei gleichlautende Wörter: *hic ... hic.*

[493] Rahmung des alliterierenden Zentrums *pueri, ponite* durch die zwei Akkusativobjekte *verbenas – turaque.*

[494] Parallel gebaute Rahmung der letzten beiden Verse durch die Hyperbata *bimi ... meri* und *mactata ... hostia.* Die Feierlichkeit der kultischen Handlung wird in der letzten Strophe unterstrichen durch den regelmäßigen Bau der letzten drei Verse mit der gleichen Anzahl von jeweils vier Wörtern, bei denen die zwei äußeren Wörter jeweils einen semantisch zusammengehörigen Rahmen um die beiden Wörter im Zentrum bilden. Rechnet man in Vers 13 die

h) *Priapeus*

Der *versus Priapéus* hat seinen Namen von dem griechischen Fruchtbarkeitsgott Priapos[495]. Es handelt sich um eine Zusammensetzung aus einem Glykoneus und einem Pherekrateus. Man könnte den Priapeus deshalb auch zu den asynartetischen Versen zählen, aber er wirkt wie „aus einem Guss" (und nicht so sehr „zusammengesetzt"), weil bei ihm keine Unterbrechung der Synaphie stattfindet (nie Hiat; letztes Element des Glykoneus nie kurz) und zwischen beiden Teilen sogar Synalöphe zugelassen ist, obwohl beide Teile immer durch Dihärese getrennt sind (manchmal durch Synalöphe oder Aphärese „verdeckte" *diaeresis latens*, s. im Beispiel unten Catull. 17,4.11.24.26). Die äolische Basis wird in beiden Vershälften in der überwiegenden Zahl der Fälle trochäisch gebildet (—◡).

Der *Priapeus* findet sich außer bei Catull (*carm.* 17 und zwei Fragmente) noch bei Ps.-Verg. *priap.* 3 (in der *Appendix Vergiliana*) und in einem Fragment des Maecenas (fr. 4 Blänsdorf). Bemerkenswerterweise ist das *corpus Priapeorum* gerade *nicht* in Priapeen geschrieben, sondern in Hendekasyllaben, elegischen Distichen und Choliamben.

Beispiel:

O Colonia, quae cupis ponte ludere longo   🎙 + ♫
— ◡—◡◡   — ◡ —|— ◡ — ◡◡ — —

et salire paratum habes, sed vereris inepta
—◡—◡ ◡ —   ◡ — |— ◡ —◡ ◡—◡   Synalöphe *paratum_habes*.

crura ponticuli axulis stantis in redivivis,
— ◡ — ◡◡ —◡—|— ◡ — ◡◡ ——   Synalöphe *ponticuli_axulis*.

ne supinus eat cavaque in palude recumbat:
— ◡—◡ ◡— ◡ — |— ◡—◡ ◡ — ◡   Synalöphe *cavaque_in*.

---

durch die Synalöphe verschliffenen Wörter *caespitem_hic* als *ein* „metrisches Wort" (s. zu diesem Begriff Anm. 547, S. **Fehler! Textmarke nicht definiert.**), dann kann man sogar in der ganzen letzten Strophe die eben beschriebenen Formprinzipien erkennen.

[495] Als erster soll ein Dichter der alten Komödie namens Euphronios (3. Jhdt. v. Chr.) dieses Versmaß in Gedichten auf den Gott Priap verwendet haben (s. Korzeniewski, 1991, 133, Anm. 19).

sic tibi bonus ex tua pons libidine fiat,   5

— ⏑ — ⏑ ⏑ — ⏑ — | — ⏑ — ⏑ ⏑ — ⏑

in quo vel Salisubsali sacra suscipiantur,

— — — ⏑ ⏑ — ⏑ — | — ⏑ — ⏑ ⏑ — ⏑

munus hoc mihi maximi da, Colonia, risus:

  — ⏑ — ⏑ ⏑ — — ⏑ — | — ⏑ — ⏑⏑ — —

quendam municipem meum de tuo volo ponte

—   —   — ⏑ ⏑ —   ⏑ — | — ⏑ — ⏑ ⏑ — ⏑[496]

ire praecipitem in lutum per caputque pedesque,   Synalöphe *praecipitem in.*

—⏑ — ⏑ ⏑   — ⏑ — | — ⏑ —   ⏑ ⏑ — ⏑

verum totius ut lacus putidaeque paludis   10

— — —⏑⏑ — ⏑ — | —⏑ — ⏑ ⏑ — ⏑   Systole *totĭus.*

lividissima maximeque est profunda vorago.

—⏑—⏑ ⏑ — ⏑ — | —   ⏑ — ⏑ — ⏑   Aphärese *maximeque est.*

insulsissimus est homo, nec sapit pueri instar

— — — ⏑ ⏑ — ⏑ — | — ⏑ — ⏑⏑ — ⏑   Synalöphe *pueri instar.*

bimuli tremula patris dormientis in ulna.

— ⏑ — ⏑ ⏑ — ⏑ — | — ⏑ — ⏑ ⏑ — —[497]

cui cum sit viridissimo nupta flore puella

  — — — ⏑⏑ — ⏑ — | — ⏑ — ⏑ ⏑—⏑

et puella tenellulo delicatior haedo,   15

— ⏑—⏑ ⏑ —⏑— | —⏑—⏑⏑ — —

adservanda nigerrimis diligentius uvis,

— — — ⏑ ⏑ ⏑ — ⏑ — | —⏑— ⏑⏑ — —

ludere hanc sinit ut lubet, nec pili facit uni   Synalöphe *ludere hanc.*

— ⏑   —   ⏑ ⏑ — ⏑ — | — ⏑— ⏑⏑ — —

nec se sublevat ex sua parte; sed velut alnus

— — — ⏑ ⏑ — ⏑— |—⏑ — ⏑ ⏑ — ⏑

in fossa Liguri iacet suppernata securi,

— — —   ⏑ ⏑— ⏑ — | — — — ⏑ ⏑ — —

tantundem omnia sentiens quam si nulla sit usquam,   20

— —   — ⏑⏑ —⏑— | —   — — ⏑ ⏑ —   ⏑ Synalöphe *tantundem omnia.*

---

[496] Iambenkürzung *vŏlŏ.* Mit dem Vorvers alliterierendes Wortspiel *munus ... municipem meum.*

[497] Silbe *pa* kurz wegen nachfolgender *muta cum liquida.*

talis iste meus stupor nil videt, nihil audit,

— ◡ — ◡   ◡ —   ◡ — | — ◡ — ◡ ◡ — ◡

ipse qui sit, utrum sit an non sit, id quoque nescit.

— ◡ — ◡   ◡ —   ◡ — | — ◡ —   ◡   ◡ — ◡[498]

nunc eum volo de tuo ponte mittere pronum,

— ◡— ◡ ◡ — ◡—| — ◡ — ◡ ◡ — ◡   Iambenkürzung *vŏlŏ.*

si pote stolidum repente excitare veternum

— ◡— ◡ ◡ —   ◡ — | — ◡—◡ ◡ — ◡[499]   Synalöphe *repente_excitare.*

et supinum animum in gravi derelinquere caeno,   25

— ◡ —   ◡ ◡   —   ◡—|—◡—   ◡ ◡ — —   Synalöphen *supinum_animum_in.*

ferream ut soleam tenaci in voragine mula.

— ◡   — ◡◡—   ◡ — | —   ◡—◡◡ — ◡   Synalöphen *ferream_ut, tenaci_in.*

Catull. 17[500]

i) Phalaikeus („Hendekasyllabus")

Nach einem frühhellenistischen Dichter namens Phalaikos (Ende 4. Jhdt. v. Chr.), der diesen Vers offenbar besonders häufig stichisch benutzt hat[501], wird dieser Vers *versus Phalaecéus* (oder „Phalaikeischer Elfsilbler") genannt, oft aufgrund seiner Häufigkeit nur „Hendekasyllabus" (ἑνδεκασύλλαβος, „Elfsilbler", im Unterschied z. B. zu sapphischen oder alkäischen Elfsilblern). Es handelt sich um eine Erweiterung des Glykoneus durch einen Bakcheus (◡ — —) am Ende[502]. Die Basis ist am häufigsten spondeisch (immer bei Martial, häufig bei Catull), aber auch iambische oder trochäische Basen kommen vor. Häufigstes Wortende nach dem 6. Element (nach dem Choriambus), gelegentlich nach dem 5. Element (beide Fälle z. B. in Catull. 1,1 f); es sind

---

[498] Silbe *u* von *utrum* kurz wegen nachfolgender *muta cum liquida.* „Stotternde" Häufung von Monosyllaba lautmalerisch für die geistige Verwirrung des tumben Ehemannes.

[499] Seltener Fall von einer Längung einer eigentlich kurzen, offenen Endsilbe bei *potĕ* vor anlautendem *s*+Konsonant (s. dazu im Kapitel III,1,d, S. 60).

[500] Text (mit geringen Interpunktions-Änderungen) nach Fordyce, 1961.

[501] Vgl. *Anth. Graec.* 13,6.

[502] Abkürzung nach Halporn/ Ostwald: gl ba.

auch noch andere Einschnitte feststellbar (nach dem 3. oder 7. Element). Horaz hat den Vers nie verwendet[503]; ansonsten ist der Vers recht beliebt (z. B. Catull, *corpus Priapeorum*, Martial). Obwohl die rhythmische Struktur des Hendekasyllabus auf den ersten Blick nicht einfach erscheint, gibt es doch bekannte moderne Beispiele, die ganz ähnliche Rhythmen haben, wie z. B. der Refrain „We all live in a yellow submarine" in dem Beatles-Song „Yellow Submarine", ein „Dekasyllabus" oder „katalektischer Hendekasyllabus", annäherungsweise nach dem Schema $— — — \smile\smile — \smile — \smile —$[504].

Für Spezialisten:
Außergewöhnlich ist die selten vorkommende Verschmelzung des 4. und 5. Elements (die Doppelkürze im Choriambus) zu einer Länge (Beispiele in Catull. 55 und 58a). Bei Catulls Gedicht 55 findet diese Verschmelzung so häufig statt (fast die Hälfte der 22 Verse), dass man hier nicht mehr von einem den Inhalt unterstreichenden Stilmittel ausgehen kann; vielmehr sieht es so aus, als hätte Catull distichische Strophen angestrebt (nach der uns vorliegenden Textgestalt wird dieses Schema nur an zwei Stellen durchbrochen): je ein „Dekasyllabus" wird mit einem Hendekasyllabus zusammengestellt. Eine solche „Gesetzmäßigkeit" würde dem silbenzählenden Prinzip der äolischen Versmaße jedenfalls besser entsprechen als die Vermutung eines gehäuften Verstoßes gegen dieses Prinzip ohne erkennbaren Zwang[505].

Beispiele:
Catull. 1 (*cui dono lepidum novum libellum?*); 2 (*passer, deliciae meae puellae*); 3 (*lugete, o Veneres Cupidinesque*); 5 (*vivamus, mea Lesbia, atque amemus!*); 6 (*Flavi, delicias tuas Catullo*); 7 (*quaeris, quot mihi basiationes*); 15 (*commendo tibi me ac meos amores*); 42 (*adeste, hendecasyllabi, quot estis*); 43 (*salve, nec minimo puella naso*); 58 (*Caeli, Lesbia nostra, Lesbia illa*)
Mart. 2,41 (*ride, si sapis, | o puella, ride*); 6,37 (*secti podicis usque ad umbilicum*); 11,15 (*sunt chartae mihi quas Catonis uxor*); 11,18 (*donasti, Lupe, rus sub urbe nobis*); 12,59 (*tantum dat tibi Roma basiorum*)

---

[503] Das hängt damit zusammen, dass in der Antike einzelne Versmaße oft mit bestimmten Gattungen eng verbunden waren (z. B. Hexameter mit dem Epos, elegisches Distichon mit der Elegie); der Hendekasyllabus galt nicht als „lyrischer" Vers, sondern findet seine hauptsächliche Verwendung in Verbindung mit Gedichten epigrammatischen Charakters.

[504] Ähnlich rhythmisiert können gelegentlich auch Rufe von Schlachtenbummlern bei Fußballspielen sein („Zieht den Bayern die Lederhosen aus!").

[505] Die Annahme einer „Folge von Distichen" bei Catull. 55 bereits bei Boldrini, der allerdings davon auszugehen scheint, dass die Verschmelzung der Doppelkürze im Choriambus hier „als Stilmittel eingesetzt ist" (Boldrini, 1999, 147). Das Fehlen eines Choriambus ist bei den äolischen Versmaßen auch beim alkäischen Neunsilbler zu verzeichnen, spricht also nicht gegen die Annahme eines „Dekasyllabus".

Beispiel:

Vivamus, mea Lesbia, atque amemus   🗣 + ♪
— — — | ◡◡ — ◡ —   ◡ — ◡[506]

rumoresque senum severiorum
— — — ◡ ◡ — ◡ —◡—◡

omnes unius aestimemus assis!   Systole *unĭus*.
— — —◡◡ — ◡ — ◡ — ◡

soles occidere et redire possunt:
———◡◡ —|◡—◡ — — —[507]   5

nobis cum semel occidit brevis lux,
— — — ◡ ◡ ◡ — ◡— ◡ — —[508]

nox est perpetua una dormienda.   Synalöphe *perpetua͜una*.
— — — ◡◡ — ◡ — ◡— ◡

da mi basia mille, deinde centum,   Synizese *deĭnde*.
— — —◡◡ — ◡| — ◡ — ◡

dein mille altera, dein secunda centum,   Synizesen bei *deĭn*, Synalöphe *mille͜altera*.
— — —◡◡| — ◡ — ◡ — ◡

deinde usque altera mille, deinde centum.
—   —   —◡◡—◡| — ◡ — ◡[509]

---

[506] Synalöphen *Lesbia͜atque͜amemus*. Rahmung des Verses durch die zusammengehörenden und durch die Stellung jeweils am Anfang und Ende des Verses betonten Hortative *vivamus – amemus*. Der Rhythmus würde im Deutschen nachgebildet etwa so ausfallen: „Leben lass' uns, o Lesbia mein, und lieben!"

[507] Synalöphe *occidere͜et*. Annähernd axialsymmetrischer Versbau.

[508] Monosyllabon am Versschluss zur Unterstreichung der Endgültigkeit des Todes. Antithetische Hintereinanderstellung der Paronomasie *lux – nox*. Zusammen mit dem Vorvers Polyklise *occidere – occidit* (vgl. auch in den Versen 11 und 13 *sciamus – sciat*). Zum Begriff „Polyklise" s. Anm. 272, S. 110.

[509] Synizesen bei *deĭnde*, Synalöphen *deinde͜usque͜altera*. Versanfänge 7-9 alliterierend und nach dem Behaghel'schen „Gesetz der wachsenden Glieder": *da – dein – deinde*; die Versenden immer mit Epipher: *centum*. Chiastische Stellung von *basia mille – mille altera – altera mille*. Die ständige Abwechslung zwischen den gleichen Wörtern *deinde, mille, centum* bewirkt den Eindruck eines unendlich sich wiederholenden Vorgangs.

dein, cum milia multa fecerimus,   10

—   —   —⌣⌣| — ⌣ —⌣ — ⌣[510]

conturbabimus illa, ne sciamus

—   —   — ⌣ ⌣   —⌣| —   ⌣—⌣

aut ne quis malus invidere possit,

—   —   —   ⌣   ⌣|—⌣ —⌣ — ⌣

cum tantum sciat esse basiorum.

—   —   —   ⌣⌣ — ⌣ — ⌣—⌣

Catull. 5

j) Sapphische Verse

Sapphischer Elfsilbler (Sapphicus minor)

$$—⌣ \; —\underline{⌣} \; —⌣⌣— \; ⌣—\underline{⌣}$$

Benannt nach der archaischen Lyrikerin Sappho (wie Alkaios um 600 v. Chr.). Dem Aristophaneus ist ein trochäisches Metrum vorangestellt[511]. Das 4. Element ist gewöhnlich eine Länge; bei Sappho kann es kurz oder lang sein, bei Catull 51 nur einmal kurz in Vers 13, und auch bei Horaz ist es in der Regel lang. Wortende findet sich vor allem nach dem 5. Element (selten nach dem 6. Element). Zusammengehörende Wörter werden oft auf die beiden durch diese „Pause" getrennten Vershälften verteilt (z. B. Hor. *carm.* 1,22,11: *terminum <u>curis</u> | vagor <u>expeditis</u>*).

Für Spezialisten:

Bei Seneca bildet das 4. Element gelegentlich eine Doppelkürze (z. B. Sen. *Med.* 636), so dass es sich hier um ein echtes Anceps handelt. Seneca kennt noch eine andere Freiheit, denn bei ihm sind gelegentlich die beiden Doppelkürzen des Choriambus zu einem Longum verschmolzen (z. B. Sen. *Ag.* 809).

---

[510] Synizese *de<u>in</u>*; langes i bei *fecerimus* (s. dazu unter Kapitel III,3, S. 69). Die Häufung der Synizesen und Synalöphen und die Wortwiederholungen in den Versen 7-10 unterstreichen die Unersättlichkeit von des Sprechers „Kusshunger".

[511] Andere Erklärungsmöglichkeit (Halporn/ Ostwald, 1983, 40): einem akephalen Hipponakteus geht ein Kretikus voran (Abkürzung: cr ^hipp).

Beispiele:

ille mi par esse deo videtur   Catull. 51,1

—◡ — — —◡|◡— ◡ —◡

integer vitae scelerisque purus   Hor. *carm.* 1,22,1

—◡ — ——| ◡ ◡ — ◡ — ◡

Pindarum quisquis studet aemulari   Hor. *carm.* 4,2,1

— ◡ —   — —| ◡ ◡ — ◡——

Sapphicus maior

Erweiterung des Sapphicus minor um einen Choriambus[512]. In der lateinischen Literatur kommt der Vers nur bei Hor. *carm.* 1,8 vor. Dabei hat Horaz stets Einschnitte nach dem 5. und nach dem 8. Element[513].

Beispiel:

oderit campum, patiens pulveris atque solis   Hor. *carm.* 1,8,4

—◡— — — | ◡ ◡— — ◡◡ — ◡ —◡

Sapphische Strophenformen
Die **kleinere sapphische Strophe** (Sapphicum) setzt sich zusammen aus drei sapphischen Elfsilblern und einem Adoneus:

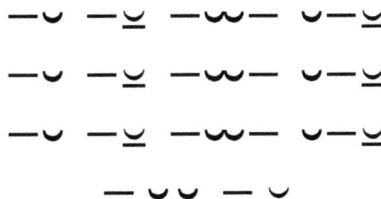

---

[512] Nach Halporn/ Ostwald, 1983, 40, ein vorne um einen Kretikus und „innen" um einen Choriambus erweiterter, akephaler Hipponakteus (Abkürzung: cr ^hipp^c).

[513] Im ersten Fall eine „Zäsur", wenn man bei der Versanalyse von einer Zerschneidung des ersten Choriambus ausgeht, im zweiten Fall zwischen den Choriamben, also nach einer solchen Versanalyse eine „Dihärese".

Es herrscht weitgehende Synaphie (zwischen den Versen wird Hiat weitgehend gemieden, Synalöphe hingegen ist erlaubt, z. B. Hor. *carm.* 4,2,22-24), v. a. zwischen
dem 3. Elfsilbler und dem Adoneus. Hier kann das Schlusswort des Elfsilblers in den
Adoneus übergreifen (Hor. *carm.* 1,2,19 f: *u-* ‖*xorius amnis*; die Trennung in zwei
Verse im Druckbild ist hier also willkürlich). Wegen der regelmäßigen Übereinstimmung des Wortakzents mit einem *longum* im 4. und vorletzten Element des sapphischen Elfsilblers ist die sapphische Strophe eine der wenigen antiken Strophenformen, die über das Mittelalter bis in die Neuzeit hinein für Nachdichtungen weiterhin
verwendet wurde[514].

„Sapphische" Gedichte bei Horaz[515]:
Hor. *carm.* 1,2.10.12.20.22.25.30.32.38
Hor. *carm.* 2,2.4.6.8.10.16
Hor. *carm.* 3,8.11.14.18.20.22.27
Hor. *carm.* 4,2.6.11
Hor. *carmen saeculare*
Summe: 26 Gedichte

Kürzere, für den Unterricht geeignete Gedichte:
1,20 (*vile potabis modicis Sabinum*, 12 Verse)
1,22 (*integer vitae scelerisque purus*, 24 Verse)
1,30 (*o Venus regina Cnidi Paphique*, 8 Verse)
1,38 (*Persicos odi, puer, adparatus*, 8 Verse)

Beispiel:
Ille mi par esse deo videtur,   🗣 + ♪
— ᴗ — — — ᴗ ‖ ᴗ — ᴗ — ᴗ

---

[514] Vgl. Stroh, 2007b, 26 f, mit dem Verweis auf das Kirchenlied „Herzliebster Jesu, was hast
du verbrochen" von Johann Heermann (1585-1647), und auf die Einleitung von Zinn, 1940.
Vgl. bspw. auch die Ode „Los des Lyrikers" von August Graf von Platen (1796-1835): „Stets
am Stoff klebt unsere Seele, Handlung ‖ Ist der Welt allmächtiger Puls, und deshalb ‖ Flötet
oftmals tauberem Ohr der hohe ‖ Lyrische Dichter."
[515] Beispiele bei Catull: Catull. 11 und 51.

ille, si fas est, superare divos,

—◡— — —| ◡ ◡—◡ — —⁵¹⁶

qui sedens adversus identidem te

— ◡ — — — ◡ ◡ — ◡ — —⁵¹⁷

spectat et audit

  — ◡ ◡ — ◡ ‖

dulce ridentem, misero quod omnis   5

— ◡ — — — | ◡ ◡— — ◡ — —

eripit sensus mihi: nam simul te,

—◡—— — ◡ ◡|— — ◡ — —   Seltene „Pause" nach dem 7. Element.

Lesbia, aspexi, nihil est super mi

— ◡ — — —| ◡ ◡ — — ◡ — —⁵¹⁸

<vocis in ore;>

  — ◡ ◡ —◡ ‖

lingua sed torpet, tenuis sub artus

— ◡ — — — | ◡ ◡— ◡ — —⁵¹⁹

flamma demanat, sonitu suopte   10

  — ◡ — — —| ◡ ◡— ◡— ◡

tintinant aures, gemina teguntur

—◡ — — —| ◡ ◡— ◡ — ◡⁵²⁰

---

⁵¹⁶ Anapher *ille … ille.* Parallele Vokalassonanzen am Beginn der ersten beiden Verse: 2x *i-e-i-a-e.* Chiasmus *deo videtur – superare divos.*

⁵¹⁷ Das Monosyllabon am Versende nach einem viersilbigen Wort ist auffällig, erklärt sich in diesem Fall aber aus der Nachahmung der Sapphischen Vorlage: Sappho fr. 31 (Voigt) Vers 2 endet mit ἐνάντιός τοι.

⁵¹⁸ Synalöphe *Lesbia͜ aspexi.* Die Protagonisten des Gedichtes sind mit *te* und *mi* betont an den Versenden parallelisiert.

⁵¹⁹ Parallel gebautes Trikolon *lingua sed torpet | tenuis sub artus,* mit den beiden Körperteilen als Rahmung des Verses. Rein metrisch ist nicht zu entscheiden, ob *tenuis* auf *artūs* oder auf *flammă* zu beziehen ist. *tenuīs artūs* wäre eine geläufige Verbindung, aber Sappho fr. 31 (Voigt) Vers 9 f hat für *artūs* χρώς, „Haut", metaphorisch für „Leib", ohne ein weiteres Adjektiv, und daneben eindeutig zuzuordnen λέπτον πῦρ, „feines Feuer", so dass es bei Catulls Nachdichtung naheliegt, *tenuis* auf *flammă* zu beziehen.

⁵²⁰ Chiastisch angeordneter Vers mit den beiden alliterierenden Verben als Rahmung. Strenger Aufbau der Strophe durch drei syntaktische Einschnitte und Wortenden jeweils nach dem 5. Element.

lumina nocte.

— ◡ ◡ — ◡ ⫴

otium, Catulle, tibi molestum est:

—◡— ◡ — ◡| ◡— ◡ —   —   Aphärese *molestum̮est.*

otio exsultas nimiumque gestis.

—◡ — — —| ◡ ◡— ◡ — —   Synalöphe *otio̮exultas.*

otium et reges prius et beatas   15

—◡ — — —| ◡◡ — ◡——[521]

perdidit urbes.

— ◡ ◡ — — ⫴

Catull. 51

Die **größere sapphische Strophe** (Sapphicum maius) setzt sich zusammen aus einem Aristophaneus und einem Sapphicus maior:

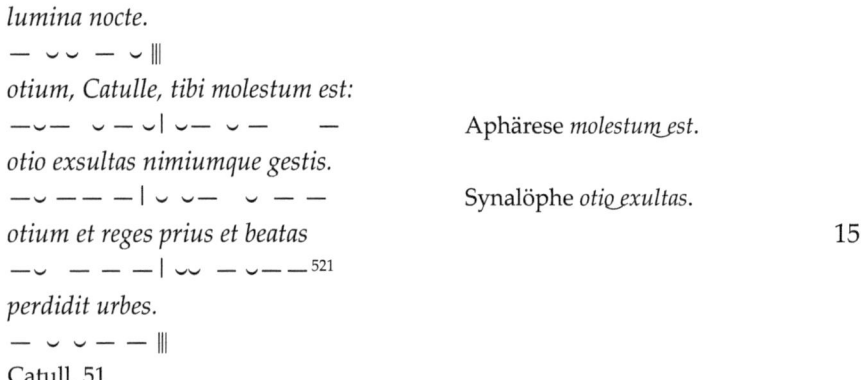

Die Strophe hat von daher eine große Ausgewogenheit, als der zweite Teil des Sapphicus maior genau einem Aristophaneus entspricht, und Horaz (nur Gedicht *carm.* 1,8) nach dem 8. Element (vor dem Aristophaneus) regelmäßig Wortende hat. So entsprechen sich der Aristophaneus und der zweite Teil des Sapphicus maior als jeweils in sich abgeschlossene rhythmische Einheiten[522]. Der selbständige Aristophaneus weist einen in der Regel die Syntax unterstützenden Einschnitt nach dem dritten Element auf.

Beispiel:

Lydia, dic, per omnis   🗣🎵+♪

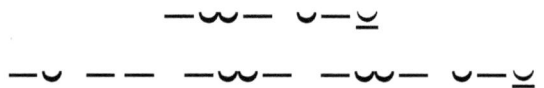

---

[521] Synalöphe *otium̮et.* Starke Hervorhebung des Begriffes *otium* durch die dreimalige Anapher mit Polyptoton. Einem parallel gebauten Dikolon in Vers 14 folgt ein ebenfalls parallel gebautes Trikolon in Vers 15, in beiden Fällen durch Einschnitt nach dem 5. Element in zwei Hälften geteilt.

[522] Die rhythmische Ausgewogenheit der Kola ist damit der Gestaltung der 2. Archilochischen Strophe vergleichbar (s. Kapitel VI,3,d).

te deos oro, Sybarin cur properes amando

— ◡ — — — | ◡ ◡ — —   ◡ ◡ — ◡ — — [523]

perdere, cur apricum

— ◡ ◡ | — ◡ — ◡   Erste Silbe von *apricum* kurz wegen nachfolgender *muta cum liquida.*

oderit campum patiens pulveris atque solis,

— ◡ — —   — | ◡ ◡— — ◡ ◡ — ◡ —◡ ‖‖

  cur neque militaris   5

  — ◡ ◡ —◡ — —

inter aequalis equitet, Gallica nec lupatis

—◡ — — — ◡ ◡ —| —◡◡ — ◡ — —

temperet ora frenis?

— ◡◡ —◡ — —   Letzte Silbe von *ora* kurz wegen nachfolgendem Frikativ *cum liquida.*

cur timet flavum Tiberim tangere? cur olivum

— ◡ — — — ◡◡ — — ◡◡ | — ◡— ◡ ‖‖   Eindringliche Anapher *cur … cur.*

sanguine viperino

— ◡◡ —◡— —[524]

cautius vitat neque iam livida gestat armis   10

—◡— — —|◡ ◡ — —◡◡ — ◡ — —

bracchia, saepe disco,

— ◡◡| — ◡ — —

saepe trans finem iaculo nobilis expedito?

— ◡ — — —|◡◡— — ◡◡ —◡— — ‖‖

quid latet, ut marinae

— ◡◡| — ◡ — —

filium dicunt Thetidis sub lacrimosa Troiae

—◡— — — ◡◡ —|— ◡ ◡ — ◡ — —[525]

funera, ne virilis   15

— ◡◡| — ◡—◡

---

[523] Durch Enjambement Betonung des nach *amando* überraschenden *perdere*.

[524] Ausfüllen des Aristophaneus durch nur zwei lange Wörter, dadurch Hervorhebung der in *sanguine viperino* liegenden Hyperbel (= Übertreibung).

[525] Silben *la* und *sa* von *lacrimosa* kurz wegen jeweils nachfolgender *muta cum liquida*.

cultus in caedem et Lycias proriperet catervas?

— ◡ — —   —|◡◡— —◡◡ — ◡ — — ‖   Synalöphe *caedem̯ et.*

Hor. *carm.* 1,8

k) *Alkäische Verse*

Alkäischer Neunsilbler (Enneasyllabus)

Benannt nach Alkaios (archaischer Lyriker, um 600 v. Chr., Zeitgenosse Sap-phos). Einziger äolischer Vers ohne choriambische Sequenz. Das erste Element ist häufiger lang als kurz. Am Anfang fünf Elemente in iambischem Rhythmus, wie der Anfang eines iambischen Trimeters bis zu seiner häufigsten Zäsur nach dem 5. Element, die sog. iambische Penthemimeres (Grundform: ◡— ◡— ◡)[526]. Insgesamt wird der Vers gewöhnlich als katalektische iambische Pentapodie aufgefasst[527]. Einschnitt erfolgt meist nach dem 6. Element.

Nicht analytisch, sondern rein phänomenologisch bzw. rhythmisch betrachtet wird der Vers durch die Mittellänge (5. Element) in zwei Hälften geteilt; vor der Mittellänge findet sich ein iambischer, danach ein trochäischer Rhythmus (je zwei Füße). Durch dieses „Umspringen" in der Abfolge von Längen und Kürzen wird die Sprechmelodie verlangsamt und es entsteht ein rhythmisch schweres Zentrum (drei Längen hintereinander).

Beispiel:
dilecte Maecenas, obibo   Hor. *carm.* 2,20,7
— —◡ — — —|◡ — —

Alkäischer Zehnsilbler (Dekasyllabus)

Dem Aristophaneus ist ein Daktylus vorangestellt. Häufigster Einschnitt nach dem 4. Element.

---

[526] Vgl. Halporn/ Ostwald, 1983, 44.
[527] S. Boldrini, 1999, 152.

Beispiel:

nec Stygia cohibebor unda   Hor. *carm.* 2,20,8

— ‿ ‿—|‿ ‿ —‿ — —

Alkäischer Elfsilbler (Hendekasyllabus)

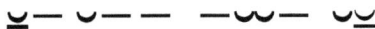

Die beiden ersten Elemente des Glykoneus werden hier durch fünf Elemente in iambischem Rhythmus ersetzt (die erste Hälfte eines iambischen Trimeters, die sog. iambische Penthemimeres, Grundform: ‿— ‿— ⌣)[528]. Das 1. Element ist meist lang, gelegentlich kurz. Regelmäßiger Einschnitt nach dem 5. Element, so dass die Sequenz —‿‿— ‿⌣ (ein „Dochmius", s. Kapitel V,2,e) stets mit einem neuen Wort einsetzt; gelegentlich auch Einschnitt nach dem 3. Element.

Beispiele:

large reponens atque benignius   Hor. *carm.* 1,9,6

— — ‿ — —|— ‿ ‿ — ‿‿

aequam memento rebus in arduis Hor. *carm.* 2,3,1

— — ‿ — —|—‿ ‿ — ‿—

Alkäische Strophenform

Die alkäische Strophe bei Horaz (einmal auch bei Statius *silv.* 4,5) setzt sich zusammen aus zwei alkäischen Elfsilblern, einem alkäischen Neunsilbler und einem alkäischen Zehnsilbler:

Sie ist v. a. für die politische Dichtung Horazens wichtig (s. die sog. „Römeroden" *carm.* 3,1-6). Synaphie spielt eine geringere Rolle als in der Sapphischen Strophe (Hiat

---

[528] Nach Halporn/ Ostwald, 1983, 41, Kombination aus einem iambischen Metrum und einem akephalen Glykoneus (Abkürzung: ia ^gl).

ist häufiger, z. B. Hor. *carm.* 1,9,7 f: *Sabina,* ‖ *o Thaliarche*; 1,9,14 f: *lucro* ‖ *adpone*; Synalöphe nur zwischen dem 3. und 4. Vers; kein „Übergreifen" eines Wortes vom Neunsilbler auf den Zehnsilbler).

„Alkäische" Gedichte bei Horaz:
1,9.16.17.26.27.29.31.34.35.37
2,1.3.5.7.9.11.13.14.15.17.19.20
3,1-6.17.21.23.26.29
4,4.9.14.15
Summe: 37 Gedichte (noch vor den asklepiadeischen Gedichten an erster Stelle bei Horaz)

Beispiel:

Vides ut alta stet nive candidum   🗣 + ♪
˘ — ˘ — — | — ˘ ˘ — ˘ ˘

Soracte nec iam sustineant onus
— — ˘ | — — — ˘ ˘ — ˘ ˘

  silvae laborantes geluque
  — — ˘ — — — | ˘ — ˘

    flumina constiterint acuto?
    — ˘ ˘ | — ˘ ˘ — ˘ — — ‖[529]

dissolve frigus ligna super foco   5
— — ˘ — — | — ˘ — ˘ — ˘ —[530]

large reponens atque benignius
— — ˘ — — | — ˘ ˘ — ◡◡

  deprome quadrimum Sabina,
  — — ˘ — — — | ˘ — —[531]

    o Thaliarche, merum diota.
    — ˘ ˘ — ˘ | ˘ — ˘ — — ‖

---

[529] Die Natur, aufgeteilt in die drei Teile Berg – Wald – Fluss, erscheint jeweils am Beginn der Verszeilen: *Soracte – silvae – flumina*, während Attribute und Bezeichnungen aus dem Bereich der jahreszeitlichen Erscheinungen wie Schnee und Eis regelmäßig an den Versenden stehen: *nive candidum – onus – geluque – acuto*; vgl. dazu S. 167.

[530] Silbe *ve* von *dissolve* kurz wegen nachfolgendem Frikativ *cum liquida*.

[531] Die alliterierenden, parallelen Imperative *dissolve* und *deprome* jeweils an den Versanfängen.

permitte divis cetera, qui simul

— — ◡ — — — ◡◡| — ◡ ◡

stravere ventos aequore fervido   10

——◡ — —| — ◡◡ — ◡—

deproeliantis, nec cupressi

— — ◡—| — ◡ — —   Silbe *cu* kurz wegen nachfolgender *muta cum liquida.*

  nec veteres agitantur orni.

— ◡◡ —|◡◡— ◡ — — ‖   Parallele Endstellung *cupressi … orni.*

quid sit futurum cras, fuge quaerere, et

— — ◡ — — — | ◡ ◡ — ◡ ◡   Synalöphe *quaerere̯ et.*

quem Fors dierum cumque dabit, lucro

— — ◡— — — ◡ ◡ — ◡ —532

adpone, nec dulcis amores   15

— — ◡| — — — ◡ — —

  sperne puer neque tu choreas,

— ◡ ◡ —|◡ ◡ — ◡— — ‖533

donec virenti canities abest

— — ◡— — | —◡◡—◡ — 534

morosa. nunc et campus et areae

— —◡| — — — ◡ ◡ —◡— 535

  lenesque sub noctem susurri

— — ◡ — — — ◡ — —

  conposita repetantur hora,   20

— ◡◡— ◡ ◡— ◡ — — ‖536

nunc et latentis proditor intumo

— — ◡ — —| — ◡◡ — ◡ —

---

532 Tmesis: *quemcumque* wird zu *quem … cumque*; Silbe *lu* kurz wegen nachfolgender *muta cum liquida.*

533 Parallele Endstellung *amores … choreas*; vgl. *cupressi … orni* in der Vorstrophe.

534 Enjambement zur Betonung von *morosa* im nächsten Vers.

535 *morosa* zusätzlich hervorgehoben durch die seltenere „Pause" nach dem 3. Element.

536 Hyperbaton mit Anfangs- und Endstellung *conposita … hora,* wie im vorhergehenden Vers *lenes … susurri.*

gratus puellae risus ab angulo
— — ⏑ — — | — ⏑ ⏑ — ⏑—[537]

pignusque dereptum lacertis
— —   ⏑ — — — | ⏑ — —

aut digito male pertinaci.
— ⏑ ⏑ — | ⏑ ⏑ — ⏑ — — ‖

Hor. *carm.* 1,9

Kürzere, für den Unterricht geeignete Stücke:
1,9 (*vides ut alta stet nive candidum*, 24 Verse)
1,26 (*Musis amicus tristitiam et metus*, 12 Verse)
1,31 (*quid dedicatum poscit Apollinem*, 20 Verse)
1,34 (*parcus deorum cultor et infrequens*, 16 Verse)
1,37 (*nunc est bibendum, nunc pede libero*, 32 Verse)
2,3 (*aequam memento rebus in arduis*, 28 Verse)
2,11 (*quid bellicosus Cantaber et Scythes*, 24 Verse)
2,20 (*non usitata nec tenui ferar*, 24 Verse)
3,21 (*o nata mecum consule Manlio*, 24 Verse)

---

[537] Parallele Anordnung der zusammengehörenden Begriffe *latentis proditor intumo – pullae risus ab angulo* in den beiden Versen, jeweils an gleicher Stelle im Vers. Reim der ans Ende gestellten, zusammengehörenden Begriffe *intumo – angulo*. Abbildende Wortstellung durch ausgefeilte Axialsymmetrie mit der im innersten Winkel „versteckten" *puella* als Zentrum, mit dem inneren Ring *gratus – risus* und darum herum dem äußeren Ring *intumo – angulo*: *intumo gratus puellae risus ab angulo*.

VII. Coda

1. Antike Quellen in Auswahl

Wir wissen von der Rhythmik und von der richtigen Aussprache des Lateinischen (sowohl der poetischen Texte wie der Prosa) das meiste nicht aus zweiter Hand, also bspw. durch linguistische Vergleiche und Rück- oder Analogieschlüsse der Sprachwissenschaft, sondern von den antiken Schriftstellern selbst, entweder aus verstreuten Hinweisen (z. B. in den Werken Ciceros) oder von Fachschriftstellern, die in ihren Schriften bis in die Details von Aussprache und Metrik gehen[538]. Ausgewählte Beispiele in chronologischer Reihenfolge:

- Caesius Bassus (1. Jhdt. n. Chr.), Verfasser einer verlorenen Metrik, umfangreichere Fragmente einer vermutlich gekürzten Fassung sind erhalten (zusammen überliefert mit der Schrift des Atilius Fortunatianus, s. u.)[539]
- Hephaistion (2. Jhdt. n. Chr.), verfasst eine Metrik in 48 (!) Büchern; erhalten ist davon das „Handbüchlein" (Encheirídion) als Zusammenfassung, an deren Ende noch eine kurze Abhandlung über diakritische Zeichen steht; Hephaistions Schrift ist eine unserer Hauptquellen über antike Metrik[540]
- Q. Terentius Scaurus (2. Jhdt. n. Chr.), *Ars grammatica, De orthographia*[541]
- Terentianus Maurus (2. Jhdt. n. Chr.), *De syllabis* (Behandlung der Buchstaben, Silben und Versmaße), *De metris*
- Marius Plotius Sacerdos (3. Jhdt. n. Chr.), *Artes grammaticae* (Buch 3: *De metris*)
- Aelius Festus Asmonius (4. Jhdt. n. Chr.), Verfasser einer umfangreichen Metrik in 4 Büchern, zu Beginn verstümmelt und früh mit dem Anfang der Grammatik des Marius Victorinus vereinigt
- Aelius Donatus (4. Jhdt. n. Chr.), *Ars grammatica*[542]
- Diomedes, lateinischer Grammatiker (4. Jhdt. n. Chr.), *Ars grammatica* (Buch 3: Über die Metrik)

---

[538] S. dazu u. a. Keil, 1874, und das Projekt von Luque Moreno, 1987 ff, für die lateinischen Metriker, für die griechischen Fachschriftsteller die Edition von Westphal, 1866.

[539] S. Morelli, 2011. Ältester fassbarer Vertreter der sogenannten Derivationstheorie: alle Metren werden aus dem daktylischen Hexameter und dem iambischen Trimeter hergeleitet.

[540] S. dazu Übersetzung und Kommentar von Ophuijsen, 1987.

[541] S. Biddau, 2008.

[542] S. Schönberger, 2008 und 2009.

- Atilius Fortunatianus (4. Jhdt. n. Chr.), Verfasser einer Metrik
- C. Marius Victorinus (zweite Hälfte des 4. Jhdts. n. Chr.), *Ars grammatica*
- Servius Grammaticus (um 400 n. Chr.), *De finalibus* (über die Quantität der End-silben); *De metris Horatii*

Zur antiken Musik seien stellvertretend nur die musikwissenschaftlichen Schriften von Aristoxenos (ed. Rios), *De musica* von Augustinus (ed. Jacobsson) und *De institutione musica* von Boethius (ed. Friedlein) genannt, für die griechischen Schriftsteller insgesamt sei verwiesen auf die Zusammenstellung in der Ausgabe Musici Scriptores Graeci (Aristoteles, Euclides, Nicomachus, Bacchius, Gaudentius, Alypius) et melodiarum veterum quidquid exstat, 1 vol. cum suppl. (melodiarum reliquiae), rec. prooemiis et indice instr. C. Jan, Stuttgart 1895 (Ndr. 1995) und auf die neuere Sammlung Documents of Ancient Greek Music: The Extant Melodies and Fragments, edited and transcribed with commentary by E. Pöhlmann/ M.L. West, Oxford 2001, sowie auf die Untersuchung von West (1992); für die lateinischen Autoren auf die Monographie von Wille, 1967, und auf den Thesaurus Musicarum Latinarum: Canon of Data Files. Publications of the Center for the History of Music Theory and Literature, vol. 1. Lincoln: University of Nebraska Press, 1999 (allerdings erst ab dem 3. Jhdt. n. Chr.); auch unter http://www.chmtl.indiana.edu/tml/ (Abruf am 27.2.2025).

2. Metrische Regeln bzw. Regelmäßigkeiten

a) Monosyllaba (und Polysyllaba) am Kolon- oder Versende

<u>Geltungsbereich:</u> generell, vor allem längere Versmaße wie der Hexameter
<u>Wortstellungs-Regel:</u> Am Kolonende (z. B. vor einer Dihärese) oder am Versende werden im allgemeinen vier- und fünfsilbige Wörter gemieden[543], sowie nach einem mehrsilbigen Wort ein einziges Monosyllabon[544]. Begegnen gegen die Regel solche Verse, kann man bei den klassischen Dichtern oft von gestalterischer Absicht ausgehen[545]. Den Gegensatz zwischen der ungeheuren Anstrengung, etwas Großartiges zuwege bringen zu wollen und einem lächerlichen Ergebnis fasst Horaz (*ars* 139) in das Bild von kreißenden Bergen, die am Ende nur eine Maus (*mus*) gebären. Das Monosyllabon *mus* steht hier sogar nach einem viersilbigen Wort, was die Lächerlichkeit des „nachklappenden", einsilbigen „Ergebnisses" noch mehr unterstreicht[546]: *parturient montes, nascetur ridiculus mus*. Ein andermal dient das prononciert am Versende stehende Monosyllabon *nox* zur Untermauerung der Endgültigkeit des Todes (Hor. *carm.* 1,28,15): *naturae verique: sed omnis una manet nox*. Weniger auffällig ist dagegen die Kombination von zwei Monosyllaba am Versschluss[547].

---

[543] Vgl. chronologisch differenziert bei Crusius/ Rubenbauer, 1958, 53 f.

[544] Vgl. Christ, 1879, 187; für den griechischen Hexameter Korzeniewski, 1968, 35; Boldrini, 1999, 116; differenzierte Analyse des Phänomens in Bezug auf den lateinischen Hexameter bei Hellegouarc'h, 1964, 50-69.

[545] Vgl. Hellegouarc'h, 1964, 64. Die lateinischen Satiriker gehen allerdings mit dieser Regel nachlässiger um, so dass dort ein Monosyllabon nach einem mehrsilbigen Wort am Versende nicht unbedingt immer bemerkenswert ist (vgl. z. B. Hor. *sat.* 1,2,107; 1,5,59; 1,6,98; 2,7,78; *epist.* 1,1,8; 1,7,60; 2,2,24; weitere Belege bei Hellegouarc'h, 1964, 51).

[546] Vgl. Verg. *georg.* 1,181 (*exiguus mus*). Weitere Beispiele: Hellegouarc'h, 1964, 64-66.

[547] Vgl. Hellegouarc'h, 1964, 55 (z. B. Verg. *Aen.* 2,217 … *et iam*; Verg. *Aen.* 1,181 … *si quis*; Ov. *met.* 1,452 … *quem non*; Ov. *met.* 1,499 ... *quae non*). Durch Hinzufügung eines zweiten Monosyllabons wird der „Anstoß" gemildert (vgl. Hellegouarc'h, 1964, 58 f). Durch die Verbindung zweier Monosyllaba entsteht ein das 6. Metrum ausfüllendes, zweisilbiges „metrisches Wort" (zu diesem Begriff s. Thraede, 1978, 6 f: „mindestens drei Moren Länge"; Korzeniowski, 1998, 11: „eine mit einem Akzentgipfel versehene Einheit"), so dass man beim Hören die beiden Wörter als eine zusammengehörige Toneinheit empfinden konnte. Zur Untersuchung von Monosyllaba am Versanfang (beim Hexameter) s. Hellegouarc'h, 1964, 25-42; beim elegischen Distichon s. Yeh, 2001, 99-119; speziell zu Negationen am Versanfang Tola, 2001, 121-138.

b) *Regel von Marx*

<u>Geltungsbereich:</u> daktylischer Hexameter
<u>Wortstellungs-Regel:</u> Für diejenigen, die den Versuch unternehmen, selbst lateinische Hexameter zu verfassen, ist die sogenannte „Stellungsregel von Marx" relevant: Folgt auf die Penthemimeres eine Wortgruppe, die aus einem Monosyllabon bzw. einem Wort mit zwei Kürzen *und* einem spondeischen Wort besteht, so geht meistens das spondeische Wort voraus[548]. Beispiel Verg. *Aen.* 1,1: *arma virumque cano* |ᴾ *Troiae qui primus ab oris* (nicht: *qui Troiae primus ab oris*).

c) *Regel von Ritschl*

<u>Geltungsbereich:</u> v. a. iambische, trochäische, bakcheische und kretische Verse
<u>Rhythmus-Regel:</u> Ein Element kann nicht von einer Doppelkürze gebildet werden, wenn die erste Kürze die Endsilbe eines mehrsilbigen Wortes ist[549].
Verboten: *capt[ŭs ĭn]*; [ ] = Zeichen für ein Element
Die Regel gilt auch dann, wenn zwischen den beiden Wörtern, zu denen die beiden Kürzen gehören, Synalöphe vorliegt. Sie gilt nicht, wenn zwei Wörter eng zusammengehören und als metrische Einheit gehört wurden, wie z. B. Präposition mit zugehörigem Substantiv (z. B. *propt[ĕr ăm]orem*, Plaut. *Mil.* 1284)[550].

d) *Regel von Hermann-Lachmann*

<u>Geltungsbereich:</u> v. a. iambische, trochäische, bakcheische und kretische Verse
<u>Rhythmus-Regel:</u> Ein Element kann nicht von einer Doppelkürze gebildet werden, wenn die beiden Kürzen das Ende eines Wortes bilden[551].
Verboten: *dic[ĕrĕ]*; [ ] = Zeichen für ein Element

---

[548] Vgl. Marx, 1922, 198. Das Wörtchen „meistens" zeigt bereits an, dass es einige Ausnahmen gibt, und es mehren sich die Stimmen in der Forschung, welche den normierenden Charakter dieser „Regel" bestreiten; vgl. dazu mit weiterführender Literatur Zeleny, 2008, 104, mit Anm. 232 f.

[549] Vgl. dazu Ritschl, Bd. II, 1868, 681 ff; Bd. V, 1879, 503; Questa, 1967, 125-129 bzw. 2007, 207-213; Boldrini, 1999, 76-77.

[550] S. zu diesem Beispiel Boldrini, 1999, 77.

[551] Vgl. Hermann, 1816, 78; Lachmann, 1850, ad Lucr. 2,719; Questa, 1967, 129-135 bzw. 2007, 213-221; Boldrini, 1999, 78.

Zugelassen ist Doppelkürze, wenn sie erst durch Synalöphe zum Wortende geworden ist: *perfĭcĕr(e) et*

e) Regel der Stellen mit Lizenz

<u>Geltungsbereich</u>: v. a. iambische, trochäische, bakcheische und kretische Verse
<u>Rhythmus-Regel</u>: Entgegen den Regeln von Ritschl und Hermann-Lachmann kön-
nen bei den betroffenen Versen das 2. Element und das 10. Element (bei iambischen
und trochäischen Langversen mit Mitteldihärese) mit unregelmäßiger Doppelkürze
gebildet werden (zu einer Erweiterung s. unten)[552].
Erlaubt ([ ] = Zeichen für ein Element):
dec[ĭdŏ] de lecto praecipes: | sups[ĭlĭt], optundit os mihi   Plaut. *Cas.* 931 (ia⁸)
Deufert formuliert aufgrund seiner Beobachtungen die „Regel der Stellen mit Lizenz" in der folgenden, erweiterten Fassung[553]: „Entgegen der Regel von Hermann-
Lachmann können das erste und zweite Element der iambo-trochäischen Verse
durch ein daktylisches Wort gebildet werden, ebenso die Elemente neun und zehn
der iambo-trochäischen Langverse *und die Elemente sechs und sieben des iambischen Se-
nars.*"

f) Regel von Fraenkel-Thierfelder-Skutsch

<u>Geltungsbereich</u>: v. a. anapästische Verse, die nicht an die Regeln von Ritschl, Her-
mann-Lachmann und an die Regel der Stellen mit Lizenz gebunden sind
<u>Rhythmus-Regel</u>: Ein Longum kann nicht von einer Doppelkürze gebildet werden,
wenn das vorausgehende Anceps oder Biceps von zerrissener Doppelkürze gebildet
wird[554]. Verboten: *ess[ĕ | fă][cĭlĭ]or*; [ ] = Zeichen für ein Element

---

[552] Vgl. Ritschl, Bd. V, 1879, 458 ff und 474 ff; Müller, 1869, 424-448; Questa, 1967, 135-144
bzw. 2007, 221-244; Boldrini, 1999, 79-82; s. auch die gesondert ausgewiesenen bibliographi-
schen Hinweise bei Questa, 1967, 144.

[553] Deufert, 2012, 95.

[554] Vgl. Fraenkel, 1928, 361 mit Anm. 2 (mit Beitrag von Thierfelder); Skutsch, 1934; Questa,
1967, 144 f bzw. 2007, 245-248; Boldrini, 1999, 82-84; eigentlich ein Sonderfall der „Boldrinischen Syzygie" (s. dazu Kapitel III,2,b und VI,1,e).

g) Jacobsohn'sche Lizenz

<u>Geltungsbereich:</u> iambischer Senar und katalektischer trochäischer Oktonar („Septenar")

<u>Rhythmus-Regel:</u> Das 8. Element eines iambischen Senars und das 3. und 11. Element eines katalektischen trochäischen Oktonars können als *indifferens* behandelt werden, wenn sie Wortende bilden[555]. Solche Stellen (*loci Jacobsohniani*) können also aus einer Kürze bestehen und Hiat vor dem folgenden Element aufweisen.

Erlaubt:

ni sumptuosus insuper etiam siet   Plaut. *Merc.* 693 (ia⁶)

— —, ᵕ—,ᵕ —, ᵕ ᵕ(!),ᵕᵕ—,ᵕ—

h) Regel von Meyer

<u>Geltungsbereich:</u> iambischer Senar, katalektischer trochäischer Oktonar („Septenar")

<u>Wortgrenzen-Regel:</u> Im iambischen Senar wird Wortende eines mehrsilbigen Wortes nach dem 4. und 8. Element vermieden, im katalektischen trochäischen Oktonar nach dem 7. und 11. Element (also eher eine Tendenz als eine feste Regel), wenn das jeweils vorausgehende Element eine Länge oder eine Doppelkürze ist[556].

i) Regel von Bentley-Luchs

<u>Geltungsbereich:</u> vor allem iambische und trochäische Verse

<u>Wortgrenzen-Regel:</u> Im iambischen Senar wie in allen iambischen und trochäischen Versen, deren zweitletztes Element ein Breve ist, findet sich kein Wortende nach dem drittletzten Element, wenn das vorangehende von einer Kürze gebildet wird[557]. Verboten: ... *părat putat* (ᵕ—|ᵕ̱ᵕ̱).

Ausnahmen: Enge Zusammengehörigkeit der letzten Worte wie z. B. Verbindung von Präposition und Substantiv (Plaut. *Curc.* 477: ... *supra lacum*) oder bei festen Wendungen (wie *bona fide* oder *malam crucem*, z. B. Plaut. *Pers.* 352); außerdem beim Typus

---

[555] Vgl. Jacobsohn, 1904; Questa, 1967, 151-156 bzw. 2007, 279-299; Boldrini, 1999, 84-85.

[556] Vgl. Meyer, 1884, 43 (und passim); Questa, 1967, 194-206 bzw. 2007, 383-393; Boldrini, 1999, 104.

[557] Vgl. Bentley, 1711, ad Hor. *sat.* 2,5,79; Luchs, 1873, v. a. 18-21; Questa, 1967, 188-194 bzw. 2007, 371-378; Boldrini, 1999, 103-104.

rĕcĭpĭăt mărĕ (... ◡,◡◡—,◡◡͜, Plaut. *Curc.* 86), oder wenn dem iambischen Wort ein Monosyllabon vorangeht (Plaut. *Trin.* 88: ... *scīrĕ quīd sĭĕt*: ...—,◡—,◡◡͜).

j) *Regel von Lange-Strzelecki*

<u>Geltungsbereich:</u> v. a. iambische und trochäische Verse in der frühen Tragödie
<u>Rhythmus-Regel:</u> In Versen mit iambischer Klausel wird die Bildung des viertletzten Elements mit einer Kürze vermieden, wenn es nicht zum gleichen Wort wie alle folgenden Elemente gehört. Anders formuliert: Doppeliambus am Versende ist nur erlaubt, wenn alle vier Elemente zum selben Wort gehören[558].
Erlaubt: *nĕpōtĭbŭs; Prŏmēthēī*

---

558 Vgl. Lange, 1851; Strzelecki, 1938, 27; Strzelecki, 1952; Boldrini, 1999, 105.

3. Termini zur Beschreibung von Versfuß und Vers

Akatalektischer Vers (von καταλήγω = „aufhören", mit *alpha privativum*: „nicht vorzeitig aufhörender Vers"): Vers, der mit einem vollständigen Metrum (oder Versfuß) endet (z. B. der iambische Trimeter). Das ist insofern bemerkenswert und einen eigenen Begriff „wert", weil antike Verse mehrheitlich katalektisch enden.

Akephalie (von ἀκέφαλος = „ohne Kopf"): Am Anfang des Verses wird das erste *elementum* unterdrückt.

Anaklasis (von ἀνάκλασις = „Umbiegen"): Vertauschung von zwei nebeneinanderstehenden Elementen innerhalb eines Verses (so wird z. B. aus der Folge —◡ die Folge ◡—, oder umgekehrt: aus ◡— wird —◡).

Anisometrischer Versbau (oder: nach Silben, nicht nach Metren, von ἄνισος + μέτρον = „Ungleichmaß"): Der Vers wird durch die Aneinanderreihung unterschiedlicher Metren gebildet (oder nach Grundmaßen, die nicht mehr nach Metren analysierbar sind).

Arsis (von ἄρσις, vgl. *sublevatio* = „Hebung"): Bei den lateinischen Grammatikern die erste Hälfte eines Versfußes, z. B. ◡ beim Iambus (◡—), oder — beim Daktylus (—◡◡), bei modernen Metrikern oft der „gewichtige" Taktteil und damit (positionsunabhängig) das *longum* eines Versfußes.

Brücke: Stelle im Vers, an der ein Wortende gemieden wird (Zeichen: ⌢).

Dihärese (von διαιρέω = „teilen, trennen"): Eine Pause (erstrebtes Wortende) *nach* einem Metrum (oder Versfuß); zwei Metren (oder Versfüße) werden durch die Dihärese voneinander „getrennt".

Distichomythie s. Stichomythie

Element (von *elementum* = „Bestandteil"): Die kleinste Einheit zur Beschreibung eines Versschemas, die anzeigt, ob an einer bestimmten Stelle eines typisierten Verses eine kurze (*elementum breve*, Zeichen: ◡) oder eine lange Silbe (*elementum longum*, Zeichen: —) steht (oder ersatzweise für die eine lange Silbe zwei kurze).

Enjambement (von franz. *enjamber* = „überschreiten, überspringen"): Übergreifen des Satz- und Sinnzusammenhangs ohne emphatische Pause von einer Verszeile über deren Ende auf die folgende[559]; wird oft eingesetzt, um entweder das letzte Wort des ersten Verses oder das Anfangswort des folgenden Verses zu betonen. Beispiele:

in nova fert animus mutatas dicere formas ‖ *corpora* (Ov. *met.* 1,1 f)

... Laviniaque venit ‖ *litora* (Verg. *Aen.* 1,2 f)

Hemistichomythie s. Stichomythie

Hypermeter (von ὑπέρ + μέτρον = „Übermaß"): Verszeile mit einer überzähligen Silbe. Oft schließt ein Hypermeter mit einer Silbe, die auf Vokal oder auf Vokal+*m* endigt. Diese Silbe kann nicht selten mit einer dann vokalisch anlautenden, nächsten Verszeile verschliffen werden (Synalöphe; s. auch unter Synaphie). Bei Vergil gibt es immerhin etwa 20 solche Verse (meist mit Verschleifung von *–que*). Beispiele:

sors exitura et nos in aeternum

exilium impositura cumbae (Hor. *carm.* 2,3,27 f; alc⁹ + alc¹⁰)

clamore incendunt caelum Troesque Latinique

advolat Aeneas, vaginaque eripit ensem (Verg. *Aen.* 10,895 f; da⁶)

Isometrischer Versbau (oder κατὰ μέτρον = „nach Metren"; von ἴσος + μέτρον = „Gleichmaß"): Der Vers wird durch eine mehrfache Wiederholung gleicher Metren gebildet.

Katalektischer Vers (von καταλήγω = „aufhören"): Vers, in dem der letzte Versfuß oder das letzte Metrum unvollständig ist (z. B. der katalektische trochäische Quaternar).

Für Spezialisten:

Besteht das letzte Metrum nur noch aus einer Silbe, spricht man von einem *versus catalecticus in unam syllabam*; besteht es aus zwei Silben, von einem *versus catalecticus in duas syllabas/ in bisyllabum*[560]. Geht man nicht davon aus, wieviel *Silben* noch „da sind", sondern wieviele *Elemente* eines Versfußes bzw. Metrums „fehlen", kann man das Fehlen von zwei Elementen am Versende als „brachykatalektisch" bezeichnen[561].

---

[559] Zur Unterscheidung zwischen einem „Auftakt"-Enjambement und einem „Überhang"-Enjambement s. Korzeniowski, 1998, 41 f; für eine breiter angelegte Studie zu diesem Stilmittel s. Muñoz, 2020.

[560] Näheres zu dieser Unterscheidung und zu ihrer Problematik s. im Kapitel VI,3,c über den Hexameter, S. 129.

[561] Vgl. Boldrini, 1999, 135, in Bezug auf einen Quaternar der *Ionici a maiore*, dessen letzter Versfuß um die beiden letzten *brevia* verkürzt ist. Dies ist allerdings insofern etwas problematisch, als bei den Alten dieser Begriff auf dipodisch gemessene Metren angewendet wurde, bei denen am Versende ein ganzer *Versfuß* wegfällt (vgl. dazu ausführlicher Christ, 1879, 106 f).

Klausel (von *clausula* = „Schluss, Ende"): Kolon (s. Kolon), das den Abschluss von größeren Versen bildet oder in der Strophenform im Vergleich zu den vorangehenden Versen der Strophe als ein kürzerer, abschließender „Abgesang" erscheint.

Kolometrie (von κῶλον = „Glied" und μετρέω = „messen"): Zerlegung eines fortlaufenden Textes in einzelne rhythmische Abschnitte bzw. Kola (in Prosa wie in Poesie). Das Verfahren ist deshalb notwendig, weil antike Poesie vom Schriftbild her meist nicht versweise abgesetzt aufgezeichnet wurde (wie in modernen Ausgaben), sondern wie Prosa in fortlaufenden Zeilen (Platzersparnis)[562].

Kolon (von κῶλον = „Glied"): Eine metrische Phrase von bis zu etwa zwölf Silben, die sich in der Regel nicht in gleichartige Füße oder Metren zerlegen lässt.

Metrum (von μέτρον = „Maß"): Entweder identisch mit *einem* Versfuß (s. Versfuß), oder *zwei* nach bestimmten Regeln zusammengestellte Versfüße, die als *eine* rhythmische Einheit aufgefasst wurden und deswegen erst zusammengenommen ein „Grundmaß" für die Unterteilung eines Verses ergeben.

More (von *mora* = „Zeitraum, Dauer"): Zeiteinheit bei der Messung von Silbenlängen in einem Vers. Die kleinste Zeiteinheit ist das *elementum breve*, die nächstgrößere das *elementum longum*, das in der Regel der Dauer von zwei Kürzen entspricht.

Singverse nennt man die κατὰ μέτρον oder auch anisometrisch gebauten und in der Regel in Strophen organisierten Verse der „lyrischen Dichtung", die ursprünglich zu Musikbegleitung gesungen wurden[563]. **Sprechverse** hingegen nennt man die streng nach Versfüßen bzw. κατὰ μέτρον gebauten und κατὰ στίχον gereihten Sprechverse im Drama (z. B. iambischer Trimeter im griechischen bzw. iambischer Senar im lateinischen Drama) und im Epos (daktylischer Hexameter).

Für Spezialisten:
Diese Unterscheidung und besonders der Begriff „Sprechvers" ist insofern problematisch, als es sich um einen „Sprechgesang" gehandelt haben dürfte. Snell bemerkt von vornherein, dass

---

[562] Bei stichischem Versbau stellt die Trennung in Einzelverse kein Problem dar; eine besondere Herausforderung ist die Durchführung der Kolometrie aber beispielsweise bei den polymetrischen Cantica in den plautinischen Komödien.

[563] Selbst bei Wiederholung ein und desselben Verses wurden bei gerader Anzahl in der Antike zwei zu einer „Strophe" zusammengefasst (vgl. Snell, 1982, 24). Zur Definition von lyrischer Dichtung als Dichtung, die zu Musikbegleitung gesungen wurde, s. Robbins, DNP 7, 1999, 586 (beim Iambos ist es unsicher, ob er musikalisch begleitet wurde). Andere Bezeichnungen für „lyrische Dichtung": „melische Dichtung" oder eben „Singverse" (im Gegensatz zu „Sprechversen").

zwischen Sprech- und Singversen „die Grenze nicht streng zu ziehen ist" (ein „Sprechvers"
wie der Hexameter wurde zu Homers Zeiten möglicherweise noch gesungen, wohingegen
viele „Singverse" später für nur noch gesprochene Gedichte verwendet wurden)[564], und
schreibt zum Wortgebrauch folgenden für die begrifflichen Unschärfen aufschlussreichen Ab-
satz: „Wir nennen 'Singverse' die mehr oder weniger frei komponierten, κατὰ μέτρον oder
nicht κατὰ μέτρον gebauten Verse der 'Melik', d. h. der lyrischen und dramatischen 'Lieddichtung', – 'Sprechverse' die streng κατὰ μέτρον gebauten, an feste Regeln gebundenen und
κατὰ στίχον gereihten Verse, wie im Dialog des Dramas die iambischen Trimeter oder trochäischen Tetrameter. Die beiden Versarten beeinflussen sich wechselseitig auf mannigfache
Weise und einige stehen auch zwischen Sing- und Sprechvers ..." (mit der letzten Bemerkung
ist wohl auf die elegischen Distichen angespielt, die zwar nach strengen Regeln und metrisch
gebaut sind, aber dennoch gesungen werden konnten). Die Problematik verdeutlicht auch
Maas, der Anapäste und daktylische Hexameter als „halblyrische Metra" bezeichnet[565]. Halporn und Ostwald unterscheiden „Singverse" von „Sprechversen" dadurch, dass „Sprechverse" in Füßen, „Singverse" in Metren gemessen werden[566]; hier ergeben sich Probleme insofern, als der daktylische Hexameter als „Sprechvers" gilt, aber in Metren gemessen wird; außerdem ergibt sich eine Vermischung der Gattungen insofern, als im Drama sowohl „Sprech-
"wie „Singverse" verwendet wurden.

   Trotz begrifflicher Unschärfen ist die Unterscheidung insofern von Bedeutung, als
„Sprechverse" eher festen Regeln folgen (von denen man für die Interpretation wichtige indi-
viduelle Abweichungen konstatieren kann), während „Singverse" meist neue Ausdrucksfor-
men für persönliche Aussagen oder besondere, singuläre Anlässe sind[567].

Stichische Struktur der Verse (oder κατὰ στίχον = „zeilenweise"; von στίχος =
„Zeile"): Ein und dasselbe Versmaß wird beliebig oft wiederholt. Dabei behalten die
Verse ihre Selbständigkeit, d. h. sie verschmelzen nicht mit dem Folgevers (keine
„Synaphie" = Verskontinuität, deshalb am Schluss oft Katalexe mit *elementum indiffe-
rens*; Hiat mit dem Beginn des Folgeverses möglich). Geläufigstes Beispiel ist ein epi-
sches Gedicht in daktylischen Hexametern.

Stichomythie (von στίχος = „Zeile" + μῦθος = „Rede"): Zeilenweise zwischen verschiedenen Personen wechselnde Rede im Versdrama. Distichomythie bzw. Hemistichomythie: Wechsel erfolgt im Zweizeilenrhythmus bzw. nach jedem halben Vers.

Strophische Struktur der Verse (von στροφή = „Wendung/Strophe"): Eine geschlossene Folge von mindestens teilweise ungleichen Versen, die mehrfach wiederkehrt.

---

[564] Vgl. Snell, 1982, 9.
[565] S. Maas, 1923, 20.
[566] S. Halporn/ Ostwald, 1983, 14, 18 und 23.
[567] Vgl. Snell, 1982, 9 f.

Strophen sind entweder aus selbständigen Versen gebaut, deren Anfang und Ende klar erkennbar sind (Vers- und Wortschluss fallen zusammen, am Schluss steht *elementum indifferens*, Hiat ist zulässig), oder es herrscht Synaphie.

Synaphie (von συνάφεια = „Zusammenhaftung/ Verbindung"): Bei (metrischer[568]) Synaphie ist der Versschluss nicht mehr deutlich erkennbar durch Verschleifung mit dem folgenden Vers: Vers- und Wortschluss fallen nicht mehr notwendig zusammen; am Schluss kein *elementum indifferens*; Elision/ Aphärese oder Synalöphe zwischen Versschlusswort und Versanfangswort möglich, während Hiat vermieden wird.

Systemische Struktur der Verse (oder κατὰ σύστημα, „systemisch", von σύστημα = „Gruppe/ Gebilde"): Ein und dasselbe Versmaß wird mehrfach wiederholt und das entstandene „System" mit einem katalektischen oder noch stärker verkürzten Vers („Abgesang") abgeschlossen. Dabei verlieren (im Gegensatz zur stichischen Struktur) die Verse ihre Selbständigkeit, d. h. sie können (z. B. durch Elision, Aphärese, Synalöphe) mit dem Folgevers eine enge Verknüpfung eingehen (weitgehende „Synaphie" = Verskontinuität, deshalb im „System" am Schluss keine Katalexe, kein *elementum indifferens*, Vermeidung des Hiats zwischen zwei Versen). Beispiel: Ode 3,12 von Horaz.

Thesis (von θέσις, vgl. *positio*): Bei den lateinischen Grammatikern der zweite Teil eines Versfußes, z. B. — beim Iambus (⏑—), oder ⏑ beim Daktylus (—⏑⏑), bei modernen Metrikern oft der „schwache" Taktteil und damit (positionsunabhängig) eine Kürze (oder zwei Kürzen) eines Versfußes.

Versfuß (vgl. πούς bzw. *pes* = „Fuß"): Die nach dem Element (s. Element) nächstgrößere Einheit zur Messung von Längen und Kürzen einzelner Silben in einem Versschema. Ein Versfuß umfasst mindestens zwei (Pyrrhichius: ⏑⏑) und höchstens sechs (z. B. ein *Ionicus a minore*: ⏑⏑——) Zeiteinheiten (s. More).

Versmaß bzw. **Vers** (von *versus* = „Vers"): Eine regelmäßig wiederkehrende, metrische Einheit, in der sich *gleichartige* Versfüße (oder Metren) mehrmals wiederholen (s. Isometrischer Versbau) oder *verschiedene* Versfüße (oder Metren) in gleicher Weise kombiniert werden (s. Anisometrischer Versbau). Es gibt daneben auch Verse, in denen nicht streng nach Metren analysierbare, aber dennoch nach bestimmten Regeln erweiterbare Grundmaße (s. Kolon) verwendet werden; solche Versmaße bestehen aus einem oder mehreren Kola (meist zwei).

---

[568] Im Unterschied zu „syllabischer Synaphie"; s. dazu unter Kapitel VII,4.

Zäsur (von *caedere* = „zerschneiden"): Eine Pause (erstrebtes Wortende) *innerhalb* eines Metrums (oder Versfußes); die Zäsur „zerschneidet" ein Metrum bzw. einen Versfuß.

4. Termini zur Beschreibung prosodischer Phänomene

Aphärese (auch *elisio inversa* oder *Prodelision*, von ἀφαίρεσις = „Wegnehmen, Beraubung"): Weglassung eines Vokals am Anfang eines Wortes, zur Vermeidung eines Hiats (s. dort). Vor allem vor *es* und *est* bleibt auslautender Vokal bzw. wortschließendes „*m*" erhalten, wohingegen das anlautende „*e*" völlig schwindet[569]. Beispiele:

> *quaesita est > quaesitast; monendum est > monendumst*
> *magna satis, dubitem haud equidem implorare quod usquam est* (Verg. *Aen.* 7,311)

Apokope oder Elision (von ἀποκοπή = „Abschneiden" bzw. *elisio* = „Ausstoßung"): Ausstoßung eines unbetonten Vokals oder einer auf –*m* endenden Silbe am Wortende vor einem vokalisch (oder mit *h*) anlautendem Wort entsprechend dem Sprachgebrauch in späterer Kaiserzeit (zur Vermeidung eines Hiats, s. dort): „*mult(um) ill(e) et terris > multillet*" (vgl. dagegen mit Synalöphe „*mult^uill^eet*", s. u.). Beispiel:

> *litora, mult(um) ill(e) et terris iactatus et alto* (Verg. *Aen.* 1,3)

Diastole (von διαστολή = „Ausdehnung/ Trennung"): Dehnung kurzer Vokale als metrische Lizenz (*Ītaliam* statt *Ĭtaliam*)[570]. Beispiel:

> *Ītaliam fato profugus Laviniaque venit* (Verg. *Aen.* 1,2)

Elision s. Apokope; *elisio inversa* (bzw. *Prodelision*) s. Aphärese

Hiat (auch *concursio vocalium*, „Vokalzusammenstoß"[571], von *hiātus* = „Klaffen"): Getrennte Aussprache zweier zusammentreffender Vokale (Diphthonge) am Wortende des ersten und am Wortanfang des folgenden Wortes (*conati – imponere; Pelio – Ossam*, „Hiatkürzung" beim auslautenden -*o*). Zur Vermeidung eines Hiats tritt in der Regel entweder Verschleifung (Synalöphe) oder Ausstoß (Aphärese bzw. Apokope) eines Vokales ein. Beispiel:

> *ter sunt conati^h imponere Pelio^h Ossam* (Verg. *georg.* 1,281)

---

[569] Aussprache „Apháiresis" oder eingedeutscht „Aphärése". Gelegentlich führt ein ungenauer Umgang mit der Terminologie dazu, dass auch die Aphärese als „Elision" bezeichnet wird („Elision" als eine Art Oberbegriff); vgl. Halporn/ Ostwald, 1983, 11: „Wenn das zweite Wort *es* oder *est* ist, wird die Elision umgekehrt (= Aphärese) und das *e* dieser Formen elidiert."

[570] Aussprache eigentlich „Diástolē" (oder griechisch „Diastolé"), aber im Deutschen eingebürgert „Diastóle" (ähnlich auch für Systole, Apokope u. a.). Vgl. auch den Hexameter-Anfang Verg. *Aen.* 12,905 *genua labant* mit Diastole der ersten, eigentlich kurzen Silbe von *genua* (außerdem halbkonsonantisches „u", das metrisch als Konsonant zu werten ist).

[571] Vgl. *Rhet. ad Her.* 4,18. Aussprache „Hiát".

Metaplasmus (von μεταπλάττω = „umbilden"): Erlaubte Umgestaltung eines Wortes aus Gründen des Wohlklangs oder des metrischen Zwanges, durch Vorsetzung (Prothese), Einfügung (Epenthese) oder Anhängung (Paragoge) von Buchstaben oder Silben, durch Veränderung von Buchstaben oder Silben (s. Diastole, Systole, Zerdehnung), oder durch Weglassung von Buchstaben oder Silben (s. Synkope, Synizese, Synalöphe bzw. Elision/ Apokope und Aphärese)[572].

Prodelision s. Aphärese

Prosodische Dihärese s. Zerdehnung

Synalöphe (von συναλοιφή = „Zusammenschmelzung/ Verbindung"): Verschmelzung von Auslautvokal mit Anlautvokal zweier nebeneinanderstehender Wörter entsprechend dem Sprachgebrauch in klassischer Zeit (zur Vermeidung eines Hiats, s. dort)[573]. Synalöphe gilt auch, wenn dem unbetonten Auslautvokal ein „m" folgt oder dem Anlautvokal ein „h" vorausgeht. Die auslautende Silbe wird als unbetonter „Vorschlag" kurz angelesen: „*mult*u*ill*e*et*" (vgl. dagegen mit Apokope/ Elision: „*multillet*"). Beispiel:

> litora, multum̲ ̲ille̲ et terris iactatus et alto (Verg. Aen. 1,3)

Synaphie (von συνάφεια = „Zusammenhaftung/ Verbindung"): „Syllabische Synaphie" ist die in der lateinischen Sprache angestrebte klangliche Kohäsion einzelner Wörter innerhalb eines Verses (Satzes), die bewirkt, dass in der Aussprache bei Doppelkonsonanz der zweite Konsonant und ein einzelner Konsonant zwischen Vokalen zur folgenden Silbe gezogen wird, unabhängig von Wortgrenzen (Verg. Aen. 1,1 *primus ab oris* wird so zu *pri-mu-sa-bo-ris*)[574].

Synizese (von συνίζησις = „Zusammensitzen/ Zusammenziehung"): Verschmelzung zweier aufeinanderfolgender, doch verschiedenen Silben angehöriger Vokale in einem Wort zu einer diphthongischen langen Silbe[575]. Beispiele: *O-i-l̲ei* dreisilbig

---

[572] Metaplasmus ist somit der Oberbegriff für die anderen hier angeführten Termini; eine antike Übersicht findet sich bspw. bei Isid. orig. 1,35,1-7. All diese Veränderungen basieren mit großer Wahrscheinlichkeit auf (alltags-)sprachlichen Realitäten, vgl. den Ansatz von Boldrini, 1999, oder auch Stroh, 1981, 68, mit Verweis auf Cic. orator 150, 152.

[573] Vgl. Quint. 9,4,40. Aussprache „Synalóephe" oder griech. „Synaloephé". Grundlegend dazu Soubiran, 1966.

[574] Vgl. dazu Zeleny, 2008, 44-47. Davon zu unterscheiden ist die „metrische Synaphie", s. oben unter Kapitel VII,3.

[575] Aussprache „Synizése". Beispiele für die häufigsten Sequenzen, in denen Synizese vorkommt, bei Boldrini, 1999, 50 (z. B. *dearum, easdem, mearum; deorum, eosdem, meorum; deicere,*

statt viersilbig (*Ŏīleus* ist dreisilbig, aber der Genitiv *Ŏīlĕī* ist normalerweise viersilbig); *anteire* statt *anteïre*; *dein* bzw. *deinde* statt *deïnde* bei Catull. 5,7-10[576]. Synizese
kann auch bei einer Kombination aus Vokal und Diphthong erfolgen[577]; so verschmelzen bspw. *e + ae* von *eaedem* zu einer einzigen Silbe im daktylischen Hexameter
uvescunt, eaedem candenti sole serescunt (Lucr. 1,306). Beispiel:

> *unius ob noxam et furias Aiacis Oilei* (Verg. *Aen.* 1,41)

Synkope (von συγκοπή = „Zusammenschlagen"): Weglassung eines kurzen Vokals
zwischen zwei Konsonanten in der Wortmitte (v. a. dann, wenn einer der Konsonan-
ten eine *liquida* ist; hier *puertia* statt *pueritia* bzw. *oraclum* statt *oraculum* oder *popli* statt
populi in Plaut. *Most.* 15); im metrischen Schema Wegfall eines Elements innerhalb
des Verses (z. B. beim Saturnier)[578]. Beispiele :

> *actae non alio rege puertiae* (Hor. *carm.* 1,36,8; Asclepiadeus minor)
> *oraclum Iovis inter aestuosi* (Catull. 7,5; Hendekasyllabus)

Systole (von συστολή = „Einschränkung/ Verkürzung"): Kürzung langer Vokale
oder Diphthonge als metrische Lizenz (*unĭus* statt *unīus*). Beispiel:

> *unĭus ob noxam et furias Aiacis Oilei* (Verg. *Aen.* 1,41)

Tmesis (von τμῆσις = „Schnitt/ Einschnitt"): Trennung eines zusammengesetzten
Wortes in seine Bestandteile, oft in griechischer Dichtung, in lateinischer Dichtung
eher selten (*quo nos cumque* statt *quocumque nos*; *septemtrioni* durch *subiecta* getrennt).
Beispiele:

> *quo nos cumque feret melior fortuna parente* (Hor. *carm.* 1,7,25)
> *septem subiecta trioni* (Verg. *georg.* 3,381)

---

deinde; eum, meum; diebus, Diespiter; duabus, tua; duellum, fuere; fuisse, fuisti; duobus, tuo u. ä.). In
seltenen Fällen kann Synizese auch zwischen Vokalen eintreten, die durch *-h-* getrennt sind
(Boldrini, 1999, 52); z. B. Verg. *Aen.* 1,256: *oscula libavit natae, dehinc talia fatur*: hier wird *dehinc*
einsilbig gemessen (vgl. auch Prop. 2,3,50).

[576] Obwohl bei Catull *deinde* nur noch einmal vorkommt und auch dort zweisilbig gemessen
wird (103,2), kann man davon ausgehen, dass die Häufung von sechs *dein/deinde*-Synizesen
innerhalb von vier Versen die Absicht des Dichters erkennen lässt, stilistisch die ununterbro-
chene Abfolge hunderter und tausender mit Lesbia gewechselter Küsse stilistisch zu unterstreichen (noch verstärkt durch die Synalöphen *dein mille altera* und *deinde usque altera mille*).

[577] S. Boldrini, 1999, 51.

[578] Aussprache nach der lateinischen Betonungsregel „Sýnkopē" oder griech. „Synkopé".
Die andere Betonung „Synkópe" v.a. als *terminus technicus* in der Musik (für die Betonung
eines unbetonten Taktteiles) ist offenbar reine Konvention im Deutschen, ohne dass dahinter
eine andere griechische Wurzel steckt.

Zerdehnung (auch: „prosodische Dihärese", von διαίρεσις = „Sonderung/ Trennung"): Zerteilung eines einsilbig gewordenen Lautes in eine (ältere) zweisilbige Form aus metrischen Gründen (*aquāī* statt *aquae*; hier außerdem *qu* gegen die normale Regel wie Doppelkonsonant). Ein vergleichbares Beispiel im Deutschen ist die zweisilbige oder auch dreisilbige Aussprache des Wortes „Nation". Beispiel:

    vitigeni latices aquaï fontibus audent (Lucr. 6,1072 f)

5. Abkürzungen für Versarten

Das System der Abkürzungen ist innerhalb der Klassischen Philologie nicht einheitlich. Die hier zugrundeliegende Auswahl beruht (mit geringen Abweichungen[579]) auf den Vorschlägen von Boldrini, 1999, XII.

ad	Adoneus
alc^9	Alkäischer Neunsilbler
an^4	anapästischer Quaternar
ar^v	Archilochius
as^{ma}	Asclepiadeus maior
ba^2	bakcheische Dipodie
cho^4	choriambische Tetrapodie
cr^3	kretische Tripodie
da^4	daktylischer Tetrameter
da^6	daktylischer Hexameter
diph	Diphilius
dis	elegisches Distichon
el^{ia}	Elegiambus
ga	Galliambus
gl	Glykoneus
ia^d	iambischer Dimeter
ia^t	iambischer Trimeter
ia^{tc}	iambischer katalektischer Trimeter
ia^{ts}	hipponakteischer iambischer Trimeter (Choliambus, Skazon)
ia^6	iambischer Senar
io^{4ma}	ionischer Quaternar a maiore
ith	Ithyphallicus
phal	phalaikeischer Hendekasyllabus
pher	Pherekrateus
pr	Priapeus

---

[579] Es wurden nur kleinere Inkonsequenzen beseitigt; so bedeutet ein hochgestelltes „c" bei Boldrini sowohl „katalektisch" als auch „Kolon" (dagegen hier unterschieden: hochgestelltes „c" = „katalektisch", hochgestelltes „k" = „Kolon"); außerdem sollten hochgestelltes „mi" bzw. „ma" einheitlich für „minor" und „maior" stehen (dagegen bei Boldrini „sapph" = „Sapphicus minor", „sapph^m" = „Sapphicus maior", aber „as^{ma}" = „Asclepiadeus maior").

r^k reizianisches Kolon
r^v reizianischer Vers
sa   Saturnier
sapph^{mi} Sapphicus minor
sapph^{ma} Sapphicus maior
tr^{4c} katalektischer trochäischer Quaternar
wil   Wilamowitzianus

6. „Transkribierte" poetische Lesetexte

Für den Einstieg

Die Kenntnis der Metrik und ihrer Fachsprache ist für den Klassischen Philologen unerlässlich, aber ist diese Kenntnis auch nötig für jemanden, der antike Gedichte schlicht lesen und genießen will? Das ist nicht der Fall, kann doch auch ein Deutscher in seiner Muttersprache „Die Glocke" von Schiller rhythmisch richtig lesen, ohne zu wissen, um welches Versmaß es sich handelt. Wie im Vorwort angedeutet wird deshalb hier der Versuch unternommen, einige der im Hauptteil behandelten Verse und Gedichte in einer „poetischen Transkription" zu bieten, die es – zusammen mit den Vertonungsbeispielen – erleichtern soll, die Verse einerseits rhythmisch, andererseits mit den richtigen Wortbetonungen und Quantitäten „vom Blatt" zu lesen.

Für Fortgeschrittene

Wird ein solcher Lesetext eigenhändig erstellt, hat dies einen hohen Nutzen für das Erlernen der korrekten Aussprache lateinischer Vokabeln in Gedichten wie in Prosatexten. Darüber hinaus prägt sich das erworbene Metrikwissen auf diese Weise auch visuell ein und bleibt optisch „gespeichert", so dass man selbst nach längerer Zeit ohne größeren Aufwand den Text wieder mit den richtigen Wortbetonungen und Quantitäten lesen kann. Solche „Transkriptionen" könnten auf lange Sicht das übliche Skandieren mit Akzentstrichen gewinnbringend ersetzen.

Erklärung der „Transkriptionszeichen"

Wichtigste Regel: Konsonanten dürfen bei einer quantitierenden Vortragsweise nicht „verschluckt" oder zu schnell gesprochen werden, sondern sie müssen ihr jeweils eigenes Gewicht behalten, v. a. bei Doppelkonsonanz und auch über Wortgrenzen hinweg. Ansonsten genügen wenige Zeichenerklärungen und Hinweise für die weiter unten gegebenen „Transkriptionen":

Akut	für eine betonte Silbe mit *naturkurzem* Vokal, Beispiel: árma
Zirkumflex	für eine betonte Silbe mit *naturlangem* Vokal, Beispiel: prîmus
Längenstrich	für eine *unbetonte* Silbe mit naturlangem Vokal, Beispiel: cánō
Diphthonge	sind *immer lang* und werden auf dem zweiten Vokal mit Zirkumflex versehen, wenn auf ihnen der Wortakzent liegt, Beispiel: **aê**tās

Einsilbige Wörter	erhalten keinen Akzent[580], aber einen Längenstrich, wenn der Vokal naturlang ist, Beispiele: quis; nōn
Auslassungen	Silben, die man beim Vortrag verschleifen bzw. gänzlich „verschlucken" muss (Synalöphe, Aphärese, Elision, schwache Endkonsonanten), werden durch Hochstellung gekennzeichnet, Beispiel: múlt^um íll^e et
Iambenkürzungen	sind durch eine Kürze (⌣) über dem Vokal angezeigt, Beispiel: tíbĭ

Beispiele für „transkribierte" Verse:

árma virúmque cánō, Troîae quī prîmus ab ôrīs
Ītáliam fâtō prófugus Lāvīniáque vênit
lîtora, múlt^um íll^e et térrīs iactâtus et áltō
vī súperum, saêvae mémorem Iūnônis ob îram,
múlta quóqu^e et béllō pássus, dum cónderet úrbem,
īnferrétque déōs Látiō, génus únde Latînum,
Albānîque pátrēs, átqu^e áltae moênia Rômae.
Verg. *Aen.* 1,1-7 (daktylischer Hexameter)

Quíntia fōrmôsa ^est múltīs, míhi cándida, lónga,
    rêcta ^est. haec égo sīc síngula cōnfíteor,
tôt^um íllud 'fōrmôsa' négō: nam nûlla venústās,
    nûll^a in tam mágnō ^est córpore mîca sális.
Lésbia fōrmôsa ^est, quae cum pulcérrima tôta ^est,
    t^um ómnibus ûn^a ómnīs subrípuit vénerēs.
Catull. 86 (elegische Distichen)

T^ū urbânus vêrō scúrra, dēlíciae póplī
rūs míhĭ t^ū obiéctās? sân^e hoc, crêdō, Trâniō,
quod t^ē in pistrînum scīs actûtum trâdier.
cis hércle paûcās tempestâtēs, Trâniō,

---

[580] Monosyllaba bilden mit benachbarten Wörtern oft eine Toneinheit, ein „metrisches Wort"; vgl. dazu Thraede, 1978, 6 f; Korzeniowski, 1998, 11; Zeleny, 2008, 36 f; zur Problematik der Betonung einsilbiger und pyrrhichischer Wörter s. außerdem ebd. 98-102 mit Anm. 224.

augêbis rûrī númerum, génu[s] ferrâtile.
nunc, dum tíbĭ lúbĕt licétque, pôtā, pérde rem,
corrúmp[e] erîlem adulēscéntem óptumum;
díēs noctêsque bíbite, pergraecâminī,
amîcās émite līberâte, pâscite
parasîtōs, obsōnâte pollūcibíliter.
Plaut. *Most.* 15-24 (iambischer Senar)

Míser Catúlle, dêsinās ineptîre,
et quod vídēs perísse, pérditum dûcās.
fulsêre quóndam cándidī tíbī sôlēs,
cum ventitâbās, quō puélla dūcêbat
amâta nôbīs quánt[um] amâbitur nûlla.
ib[i] ílla múlta cum iocôsa fiêbant,
quae tū volêbās nec puélla nōlêbat,
fulsêre vêrē cándidī tíbī sôlēs.
Catull. 8,1-8 („Hinkiambus")

mórte fácilī dîgnus haud sum quī nóvā nâtum néce
sêgregem spársī per ágrōs quîque, dum fálsum néfās
éxsequor víndex sevêrus, íncid[i] in vêrum scélus.
sîder[a] et mânēs et úndās scélere complêvī méō:
ámplius sors nûlla réstat; rêgna mē nôrunt tría.
Sen. *Phaedr.* 1208-1212 (katalektischer trochäischer Tetrameter)

quō, terrârum superúmque párēns,
cuîus ad órtūs nóctis opâcae
décus ómne fúgit, quō vértis íter
mediôque díem pérdis Olýmpō?
Sen. *Thyest.* 789-792 (anapästischer Dimeter)

Súper álta véctus Áttis célerī ráte mária
Phrýgi[um] ut némus citâtō cúpidē péde tétigit
adiítqu[e] opâca sílvīs redimîta lóca déae,
stimulâtus íbi furéntī rábiē, vágus ánimī,

dēvólsit îl[ei] acûtō síbi póndera sílice.
Catull. 63,1-5 („Galliambus")

tū Lūcîna doléntibus
Iûnō dícta puérperīs,
tū pótēns Trívi[a] et nótho [e]s
dícta lûmine Lûna.
Catull. 34,13-16 (drei Glykoneen, ein Pherekrateus)

tū nē quaesíeris, scîre néfās, quem míhi quem tíbi
fînem dī déderint, Leucónoē, nec Babylôniōs
temptâris númerōs. ut mélius, quídquid érit, pátī.
seu plûrīs híemēs, seu tríbuit Iúppiter últimam
quae nunc oppósitīs dēbílitat pūmícibus máre
Tyrrhênum: sápiās, vîna líquēs, et spátiō brévī
spem lóngam résecēs. dum lóquimur, fûgerit ínvida
aêtās: cárpe díem quam mínimum crêdula pósterō.
Hor. *carm.* 1,11 (Asclepiadeus maior)

Ō Colônia, quae cúpis pónte lûdere lóngō
et salîre parât[um] hábēs, sed verêris inépta
crûra pontícul[ī] áxulīs stántis in redivîvīs,
nē supînus éat cavâqu[e] in palûde recúmbat:
sīc tíbī bónus ex túā pōns libídine fîat,
in quō vel Salisúbsalī sácra suscipiántur,
mûnus hoc míhi mâximī dā, Colônia, rîsūs:
quéndam mūnícipem méum dē túō vól ŏ pónte
îre praecípit[em] in lútum per capútque pedêsque,
vêrum tôtĭus ut lácūs pūtidaêque palûdis
līvidíssima māximêque [e]st profúnda vorâgō.
Catull. 17,1-11 (Priapeus)

Vīvâmus, méa Lésbi[a], átqu[e] amêmus
rūmōrêsque sénum sevēriôrum
ómnēs ûnĭus aestimêmus ássis!
sôlēs occíder[e] et redîre póssunt:

nôbīs cum sémel óccidit brévis lūx,
nox est perpétuᵃ ûna dormiénda.
Catull. 5,1-6 (Hendekasyllabus)

Ílle mī pār ésse déō vidêtur,
ílle, sī fās est, superâre dîvōs,
quī sédēns advérsus idéntidem tē
spéctat et aûdit
dúlce rīdéntem, míserō quod ómnīs
êripit sênsūs míhi: nam símul tē,
Lésbiᵃ, aspéxī, níhil est súper mī
<vôcis in ôre;>
Catull. 51,1-8 (kleinere sapphische Strophe)

Vídēs, ut áltā stet níve cándidum
Sōrácte nec iam sustíneant ónus
   sílvae labōrántēs gelûque
     flûmina cōnstíterint acûtō?
dissólve frîgus lígna súper fócō
lárgē repônēns átque benígnius
   dēprôme quadrîmum Sabînā,
     ō Thaliárche, mérum diôtā.
Hor. *carm.* 1,9,1-8 (alkäische Strophe)

VIII.   Abkürzungen, Literatur, Register

1. Abkürzungen

Abkürzungen antiker Autoren und Werke richten sich nach den Konventionen des DNP.

DKP   Der Kleine Pauly. Lexikon der Antike in 5 Bänden, auf der Grundlage von Pauly's Realencyclopädie der classischen Altertumswissenschaft unter Mitwirkung zahlreicher Fachgelehrter bearb. u. hg. von Ziegler, K./ Sontheimer, W., München 1975.

DNP   Der Neue Pauly. Enzyklopädie der Antike, hg. von Cancik, H./ Schneider, H., 15 Bde., Stuttgart/ Weimar 1996 ff.

f; ff   folgender; folgende.

Hg.   Herausgeber

Jhdt.   Jahrhundert.

Ndr.   Nachdruck.

PMG   Poetae Melici Graeci: Alcmanis, Stesichori, Ibyci, Anacreontis, Simonidis, Corinnae, poetarum minorum reliquias, carmina popularia et convivialia quaeque adespota feruntur, ed. D.L. Page, Oxford 1962.

RE   Paulys Real-Encyclopädie der classischen Altertumswissenschaft, Neue Bearbeitung, begonnen von Wissowa, G., fortgeführt von Kroll, W./ Mittelhaus, K.; hg. von Ziegler, K./ John, W., Stuttgart 1893 ff.

s. v.   sub voce.

TPMA   Thesaurus Proverbiorum Medii Aevi – Lexikon der Sprichwörter des romanisch-germanischen Mittelalters, 13 Bde. und ein Registerband, begr. von S. Singer, hg. vom Kuratorium Singer der Schweizerischen Akademie der Geistes- und Sozialwissenschaften, Berlin/ New York 1995-2002.

TrRF   Tragicorum Romanorum Fragmenta (TrRF), hg. von Ehlers, W.-W./ Manuwald, G./ Schauer, M./ Seidensticker, B., 4 Bde., Bd. I: Testimonia tragoediae Romanae. Livius Andronicus. Naevius. Poetae tragici minores. Fragmenta tragica adespota. Fabula praetexta, Bd. II: Ennius, Bd. III: Pacuvius, Bd. IV: Accius, Göttingen 2012-2023.

2. Literatur

Für eine ausführliche Bibliographie sei hier auf die umfassende Zusammenstellung bei S. Boldrini, 1999, 163-182, und auf die „Bibliografia della metrica latina" von F. Cupaiuolo (Neapel 1995) verwiesen, außerdem auf die Bibliographie in J. Luque Moreno 2018, 923-963, sowie auf die didaktisch ausgerichtete „Arbeitsbibliographie" in M. Frisch, 2018, 379-383; hilfreich für die Orientierung ist auch die nach einzelnen Kategorien gegliederte Bibliographie von W. Stroh (1999) unter http://stroh.userweb.mwn.de/bibl/metrik.html (Abruf am 27.8.2019).

Albrecht, M.v./ Schubert, W. (Hg.), 1990, Musik und Dichtung. Neue Forschungsbeiträge, Viktor Pöschl zum 80. Geburtstag gewidmet, Quellen und Studien zur Musikgeschichte von der Antike bis in die Gegenwart 23, Frankfurt a. Main/ Bern/ New York/ Paris.

Allen, W.S., 1973, Accent and Rhythm. Prosodic Features of Latin and Greek: a Study in Theory and Reconstruction, Cambridge.

Allen, W.S., 1974, Vox Graeca. A Guide to the Pronunciation of Classical Greek, 2. Aufl., Cambridge (1. Aufl. 1968).

Allen, W.S., 1978, Vox Latina. A Guide to the Pronunciation of Classical Latin, 2. Aufl., Cambridge (1. Aufl. 1965).

Barbaud, T., 2006, „Trois poètes latins et le spirituel en art: (Horace *Carmina* III, 30, Properce III, 2, Ovide, *Métamorphoses*, XV, 871-879)", in: Bulletin de l'Association Guillaume Budé 1, 189-203.

Behaghel, O., 1932, Deutsche Syntax: Eine geschichtliche Darstellung, Bd. IV: Wortstellung, Periodenbau, Heidelberg.

Bentley, R., 1711, Q. Horatius Flaccus, ex recensione et cum notis atque emendationibus Richardi Bentleii, Cambridge.

Berg, N./ Haug, D., 2000, „Innovation vs. Tradition in Homer – an Overlooked Piece of Evidence", in: Symbolae Osloenses 75, 5-23.

Bergk, T., 1854, Über das älteste Versmaß der Griechen, Programm der Universität Freiburg, Freiburg.

Bickel, E., 1912, „Antike Metrik", in: Gercke, A./ Norden, E. (Hg.), Einleitung in die Altertumswissenschaft Bd. I, 2. Aufl., Leipzig, 567-615.

Biddau, F., 2008, Q. Terentius Scaurus, *De orthographia*, Introduzione, testo critico, traduzione e commento a cura di Federico Biddau, Bibliotheca Weidmanniana Bd. VI,5, Hildesheim/ Zürich/ New York.

Biddau, F., 2021, Il canone del ritmo: introduzione alla prosodia e metrica del latino classico, Roma.

Blänsdorf, J., 2011, Fragmenta poetarum Latinorum epicorum et lyricorum praeter Enni *Annales* et Ciceronis Germanicique *Aratea* post W. Morel et K. Büchner curavit J. Blänsdorf, 4., vermehrte Aufl., Bibliotheca Teubneriana, Berlin/ New York.

Blänsdorf, J., 2016, „Ist der *Pronuntiatus restitutus* falsch? Eine Entgegnung auf Axel Schönbergers Thesen", in: Forum Classicum 3/2016, 160-165.

Blänsdorf, J., 2017, „Entgegnung auf A. Schönberger, Forum Classicum 4,2016, 221-230", in: Forum Classicum 1/2017, 26-29.

Boldrini, S., 1997, „Römische Metrik", in: Graf, 1997, 357-384.

Boldrini, S., 1999, Prosodie und Metrik der Römer, aus dem Italienischen übertr. von B.W. Häuptli, Stuttgart/ Leipzig (ital. Orig.: La prosodia e la metrica dei Romani, Roma 1992).

Budelmann, F./ Power, T., 2013, „The Inbetweenness of Sympotic Elegy", in: Journal of Hellenic Studies 133, 1-19.

Buecheler, F., 1895, *Carmina Latina Epigraphica I*, Leipzig.

Burles, E., 1652, Grammatica Burlesa: or A New English Grammar Made Plain and Easie for Teachter & Scholar etc., London (Ndr. hg. von R.C. Alston, Menston 1971).

Ceccarelli, L., 2004, Prosodia e metrica latina classica: con cenni di metrica greca, Rom.

Ceccarelli, L., 2018, Contributions to the History of Latin Elegiac Distich, Studi e testi tardoantichi 15, Turnhout.

Celtis, C., 1486, *Ars versificandi et carminum*, Leipzig.

Christ, W., 1879, Metrik der Griechen und Römer, 2. Aufl., Leipzig (1. Aufl. 1874).

Comotti, G., 1991, La musica nella cultura greca e romana, 2. Aufl., Turin.

Consbruch, M., 1906, Hephaestionis *Enchiridion* cum commentariis veteribus, ed. M. Consbruch, Leipzig (Ndr. Stuttgart 1971).

Courtney, E., 1993, The Fragmentary Latin Poets, ed. with commentary, Oxford.

Crusius, F./ Rubenbauer, H., 1958, Römische Metrik: Eine Einführung, neu bearb. von H. Rubenbauer, 3. Aufl., München.

Cupaiuolo, F., 1995, Bibliografia della metrica latina, Neapel.

Dainotti, P./ Pinheiro Hasegawa, A./ Harrison, S. (Hg.), 2024, Style in Latin Poetry, Trends in Classics Suppl.-Bd. 159, Berlin/ Boston.

Dangel, J. (Hg.), 2001, Le poète architecte. Arts métriques et Art poetique latins, Bibliothèque d'Études Classiques 24, Louvain/ Paris/ Sterling.

Deufert, M., 2002, Textgeschichte und Rezeption der plautinischen Komödien im Altertum, Untersuchungen zur antiken Literatur und Geschichte 62, Berlin/ New York.

Deufert, M., 2004, „Situationsbezogenheit und Improvisation in der frühgriechischen Lyrik: Der Festsaal in der Symposionselegie des Xenophanes", in: Hausmann, A. (Hg.), Text und Handeln. Zum kommunikativen Ort von Minnesang und antiker Lyrik (Beihefte zum Euphorion. Heft 46), Heidelberg, 23-45.

Deufert, M., 2012, „*Maccus vortit barbare*? Eine übersehene Lizenzstelle im iambischen Senar", in: Philologus 156, 78-100.

Devine, A.M./ Stephens, L.D., 2024, Latin elegiac verse: a theory of very free word order, Trends in Classics – Greek and Latin Linguistics 3, Berlin/ Boston.

Dominicy, M., 2001, „De l'anaclomène au galliambe", in: Dangel, 2001, 51-85.

Dover, K., 1993, Aristophanes, Frogs. Edited with an Introduction and Commentary by K. Dover, Oxford.

Draheim, J., 1981, Vertonungen antiker Texte vom Barock bis zur Gegenwart, mit einer Bibliographie für den Zeitraum von 1700-1978, Amsterdam.

Drexler, H., 1967, Einführung in die römische Metrik, Darmstadt.

Drexler, H., 1969, Die Iambenkürzung. Kürzung der zweiten Silbe eines iambischen Wortes/ eines iambischen Wortanfangs, Hildesheim.

Drexler, H., 1982, „Caesur und Diaerese", in: Drexler, H., Ausgewählte kleine Schriften, Collectanea IX, Hildesheim/ New York, 311-345 (= „Caesur und Diaerese" in: Aevum 1950, 332-366).

Dunsch, B., 2018, „Der lateinische Prosarhythmus: Eine induktive Einführung im Lektüreunterricht", in: Frisch, M. (Hg.), Metrik im altsprachlichen Unterricht, Ars Didactica 4, Speyer, 277-309.

Fiedler, F., 1858, Die Verskunst der lateinischen Sprache mit Aufgaben zur Versification zum Gebrauch in den mittleren und oberen Klassen der Gymnasien, 3. bearb. Aufl., Wesel.

Flaucher, S., 2020, Lateinische Metrik. Eine Einführung, 2., durchges. und erw. Aufl., Stuttgart.

Fordyce, C.J., Catullus, A Commentary, Oxford 1961.

Foucher, A., 2013, Lecture ad metrum, lecture ad sensum: études de métrique stylistique, Collection Latomus 341, Bruxelles.

Fraenkel, E., 1927, „Die Vorgeschichte des *versus quadratus*", in: Hermes 62, 357-370.

Fraenkel, E., 1928, Iktus und Akzent im lateinischen Sprechvers, mit einem Beitrag von A. Thierfelder, Berlin.

Fränkel, H., 1955, „Der homerische und der kallimachische Hexameter", in: Ders., Wege und Formen frühgriechischen Denkens. Literarische und philosphiegeschichtliche Studien, hg. von F. Tietze, München, 100-156.

Friedlein, G., 1867, Ancii Manlii Torquati Severini Boetii de institutione arithmetica libri duo. De institutione musica libri quinqe. Accedit Geometria quae fertur Boetii, e libris manuscriptis ed. G. Friedlein, Leipzig (Ndr. Frankfurt a. Main 1966).

Frisch, M., 2018, „Metrik im Unterricht. Gründe – Ziele – Wege", in: ders. (Hg.), Metrik im altsprachlichen Unterricht, Ars Didactica 4, Speyer, 11-20.

Frisch, M. (Hg.), 2018, Metrik im altsprachlichen Unterricht, Ars Didactica 4, Speyer.

Gaisford, T., 1837, Scriptores Latini rei metricae, Oxford.

Geiger, J.D., 2021, Der römische Hexameter. Statistische Untersuchungen zur epischen Verstechnik, Untersuchungen zur antiken Literatur und Geschichte 144, Berlin/ Boston.

Gerick, T., 1996, Der *versus quadratus* bei Plautus und seine volkstümliche Tradition, ScriptOralia 85, Reihe A Bd. 21, Tübingen.

Giesche, M., 1980, Die Differenzierung des Rhythmus als Gliederungsprinzip bei Vergil, Europäische Hochschulschriften Reihe XV, Bd. 16, Frankfurt a. Main.

Gleditsch, H., 1901, „Metrik der Griechen und Römer mit einem Anhang über die Musik der Griechen", in: Volkmann/ Hammer/ Gleditsch, H., 1901, Rhetorik und Metrik der Griechen und Römer, 3., umgearb. Aufl., Handbuch der Klassischen Altertumswissenschaften 2,3, München, 63-328.

Glücklich, H.-J., 2007, Compendium zur lateinischen Metrik. Wie lateinische Verse klingen und gelesen werden (Lernmaterialien, broschiert), Göttingen (2. veränd. Aufl. 2009).

Glücklich, H.-J., 2018, „Verse lesen – Latein lesen und sprechen. Meine persönliche Lösung des Lesens und Analysierens lateinischer Verse", in: Frisch, M. (Hg.), Metrik im altsprachlichen Unterricht, Ars Didactica 4, Speyer, 89-120.

Görgemanns, H., 1990, „Zum Ursprung des Begriffs ʼLyrikʼ", in: Albrecht/ Schubert, 1990, 51-61.

Graf, F. (Hg.), 1997, Einführung in die lateinische Philologie, Stuttgart/ Leipzig.

Groot, A.W. de, 1934, „Le vers saturnien littéraire", in: Revue des Études Latines 12, 284-331.

Haebler, C., 1996, „Akzent", in: DNP 1, 423-425.

Häuptli, B.W., 1995, „Metrik", in: Publius Ovidius Naso, Liebesbriefe: Heroides – Epistulae. Lateinisch – deutsch, hg. und übers. von B.W. Häuptli, Sammlung Tusculum, München/ Zürich, 266-271.

Hagel, S., 2000, Modulation in altgriechischer Musik. Antike Melodien im Licht antiker Musiktheorie, Frankfurt a. Main.

Hagel, S., 2009, Ancient Greek Music. A New Technical History, Cambridge.

Halporn, J. W./ Ostwald, M., 1983, Lateinische Metrik, Studienhefte zur Altertumswissenschaft 8, 3., durchgesehene Aufl., Göttingen (1. Aufl. 1962; Ndr. 1994).

Harrison, S., 2024, „Vertical Juxtaposition in Horace Odes 1", in: P. Dainotti/ A. Pinheiro Hasegawa/ S. Harrison (Hg.), Style in Latin Poetry, Trends in Classics Suppl.-Bd. 159, Berlin/ Boston, 169-198.

Hartenberger, R., 1911, De o finali apud poetas Latinos ab Ennio usque ad Iuvenalem, Bonn.

Heikkinen, S., 2015, „From Persius to Wilkinson: The Golden Line Revisited", in: Arctos. Acta Philologica Fennica 49, 57-77.

Heinze, R., 1960, Vom Geist des Römertums. Ausgewählte Aufsätze, hg. von E. Burck, 3. erw. Aufl., Darmstadt.

Hellegouarc'h, J., 1964, Le monosyllabe dans l'hexamètre latin. Essai de métrique verbale, Paris.

Hengelbrock, M., 2009, Prosodie und Metrik. Unterlagen zur Lehrerfortbildung, 4., erweiterte Aufl., Oldenburg (1. Aufl. 2006).

Hermann, G., 1799, Handbuch der Metrik, Leipzig.

Hermann, G., 1816, Elementa doctrinae metricae, Leipzig.

Hofmann, J.B./ Rubenbauer, H., 1950, Wörterbuch der grammatischen und metrischen Terminologie, Heidelberg (2., erw. Aufl. 1963).

Holzberg, N., 2007, Ovids Metamorphosen, C.H. Beck Wissen, München (2., durchges. Aufl. 2016).

Holzberg, N., 2009, Horaz. Dichter und Werk, München.

Hornig, W., 1972, Theorie einer systematischen lateinischen Metrik, Frankfurt a. Main.

Jacobsohn, H., 1904, Quaestiones Plautinae metricae et grammaticae, Göttingen.

Jacobsson, M., 2017, Augustinus, De musica, with an introduction by Jacobsson, M./ Dorf-
    bauer, L.J., Corpus Scriptorum Ecclesiasticorum Latinorum 102, Berlin/ New York.
Kannicht, R., 1997, „Griechische Metrik", in: Nesselrath, H.-G. (Hg.), Einleitung in die griechi-
    sche Philologie, Stuttgart/ Leipzig, 343-362.
Keil, H. (Hg.), 1874, Grammatici Latini, vol. 6: Scriptores artis metricae, Leipzig (Ndr.
    Cambridge 2009).
Kenney, E.J., 2006, „Ovidius Prooemians", in: Knox, P.E. (Hg.), Oxford Readings in Ovid,
    Oxford, 265-273.
Klingner, F., 1959, Horatius: Opera, tertium recognovit F. Klingner, Leipzig (1. Aufl. 1939).
Kloss, G., 1993, „Zum Problem des römischen Saturniers", in: Glotta 71, 81-107.
Knight, W.F.J., 1939, Accentual Symmetry in Vergil, Oxford (Ndr. 1950, und mit wenigen Ver-
    besserungen von J.D. Christie: New York/ London 1979).
Koller, H., 1963, Musik und Dichtung im alten Griechenland, Bern/ München.
Kompatscher, G./ Pichler, R., 2011, Lehr- und Übungsbuch zur lateinischen und griechischen
    Metrik, Latein-Forum Heft 73/74, Innsbruck.
Korzeniewski, D., 1968, Griechische Metrik, Darmstadt (Ndr. 1991).
Korzeniowski, G.S. (= Graf von Gries), 1998, Verskolometrie und hexametrische Verskunst rö-
    mischer Bukoliker, Hypomnemata 118, Göttingen.
Kramer, J. (Hg.), 1978, Desiderii Erasmi Roterodami De recta Latini Graecique sermonis pro-
    nuntiatione dialogus – Dialog über die richtige Aussprache der lateinischen und griechi-
    schen Sprache, als Lesetext hg., übers. und kommentiert von J. Kramer, Beiträge zur Klas-
    sischen Philologie 98, Meisenheim am Glan.
Kramer, J., 1997, „Die Geschichte der lateinischen Sprache", in: Graf, 1997, 115-162.
Kruschwitz, P. (Hg.), 2007, Die metrischen Inschriften der römischen Republik, Berlin/ New
    York.
Kruschwitz, P., 2020, „Five Feet Under: Exhuming the Uses of the Pentameter in Roman Folk
    Poetry", in: TYCHE 35, 71-98.
Kurke, L., 2000, „The strangeness of 'song culture': Archaic Greek poetry", in: Taplin, O. (Hg.),
    Literature in the Greek World, Oxford, 40-69.
Lachmann, K., 1850, In T. Lucretii Cari de rerum natura libros commentarius, Berlin.
Lange, A., 1851, Quaestiones metricae, Bonn.
Latacz, J., 1998, „Epos II. Klassische Antike A. Definitionsprobleme, Gattungsmerkmale", in:
    DNP 4, 11-13.
Lausberg, H., 2008, Handbuch der literarischen Rhetorik. Eine Grundlegung der Literaturwis-
    senschaft, 4. Aufl. in einem Band, Stuttgart (1. Aufl. in 2 Bänden München 1960).
Lautenbach, E., 2002, Latein – Deutsch: Zitaten-Lexikon. Quellennachweise, libri scientiae 2,
    Berlin/ Münster/ Wien u. a.
Leitzmann, A. (Hg.), 1927, Briefwechsel der Brüder Jacob und Wilhelm Grimm mit Karl Lach-
    mann, mit einer Einleitung von K. Burdach, Jena.

Leo, F., 1905, Der saturnische Vers, Abhandlungen der Königlichen Gesellschaft der Wissenschaften zu Göttingen 8/5, Berlin.

Leonhardt, J., 1989, *Dimensio syllabarum*. Studien zur lateinischen Prosodie- und Verslehre von der Spätantike bis zur frühen Renaissance, mit einem ausführlichen Quellenverzeichnis bis zum Jahr 1600, Hypomnemata 92, Göttingen.

Leonhardt, J., 2000, „Metrik VI. Lateinisch", in: DNP Bd. 8, 123-129, und „Übersichtstabelle zur griechischen und lateinischen Metrik", in: DNP Bd. 8, 115 f.

Leumann, M., 1977, Lateinische Grammatik Bd. 1: Lateinische Laut- und Formenlehre, Neuausgabe der 5., völlig neu bearb. Aufl. von 1926-1928, Handbuch der Altertumswissenschaft II,2.1, München.

Lohmann, D., 2007, „Auf Neues habe ich Lust. Über die Bedeutung der Reihenfolge für das Verstehen und Übersetzen, dargestellt an deutschen und lateinischen Text-Beispielen von Ovid bis Horaz", in: Forum Classicum 3, 164-175.

Lorenzo, E. Di (Hg.), 2004, L'esametro greco e latino: analisi, problemi e prospettive: Fisciano, 28-29 maggio 2002, Neapel.

Luchs, A., 1873, „Quaestiones metricae", in: Studien auf dem Gebiete des archaischen Lateins Bd. I, hg. von W. Studemund, Berlin, 3-75.

Luque Moreno, J. (u. a.), 1987 ff, Scriptores Latini de re metrica, Granada.

Luque Moreno, J., 2009, Versus quadratus. Crónica milenaria de un verso popular, Granada.

Luque Moreno, J., 2018, Conspectus metrorum. Guía práctica de los versos latinos, Granada.

Lynch, T.A.C./ Rocconi, E. (Hg.), 2020, A Companion to Ancient Greek and Roman Music, Blackwell Companions to the Ancient World, Malden/ Oxford.

Lyons, S., 2007, Horace's Odes and the Mystery of Do-Re-Mi (with full verse translation oft he Odes), 2., überarb. Aufl., Oxford.

Lyons, S., 2010, Music in the Odes of Horace, Oxford.

Maas, P., 1923, Griechische Metrik, Leipzig (engl. Übers. mit Ergänzungen, auch von P. Maas, von H. Lloyd-Jones, 1962, Oxford).

Mandolfo, C., 2019, Lineamenti di prosodia e di metrica latina, Lugano.

Marouzeau, J., 1936, „Horace artiste des sons", in: Mnemosyne II/4, 85-94 (von H. Froesch übers. 1972, „Horaz als Meister der Lautmalerei", in: Oppermann, H., Hg., Wege zu Horaz, Wege der Forschung Bd. IC, Darmstadt, 62-73).

Marx, F., 1922 (erschienen 1926), Molossische und baccheische Wortformen in der Verskunst der Griechen und Römer, Abhandlungen der Philologisch-Historischen Klasse der Sächsischen Akademie der Wissenschaften 37/1, Leipzig.

Mayer, K., 2002, „The Golden Line: Ancient and Medieval Lists of Special Hexameters and Modern Scholarship", in: C. Lanham (Hg.), Latin Grammar and Rhetoric: Classical Theory and Modern Practice, London, 139-179.

Mayer, K., 2020, „The schoolboys' revenge: how the golden line entered classical scholarship", in: Classical Receptions Journal 12/2, 248-278.

Meiser, G., 1998, Historische Laut- und Formenlehre der lateinischen Sprache, Darmstadt (4. Aufl. 2015).

Mellmann, K., 2007, „Versanalyse", in: Anz, T. (Hg.), Handbuch Literaturwissenschaft. Gegenstände – Konzepte – Institutionen, Bd. 2: Methoden und Theorien, Stuttgart, 81-97.

Mercado, A., 2012, Italic Verse. A Study of the Poetic Remains of Old Latin, Faliscan, and Sabellic, Innsbrucker Beiträge zur Sprachwissenschaft 145, Innsbruck.

Meyer, W., 1884, Über die Beobachtung des Wortaccentes in der altlateinischen Poesie, Abhandlungen der Bayerischen Akademie der Wissenschaften, Philosophisch-philologische Classe 17, Heft 1, München.

Moore, T.J., 2012, Music in Roman Comedy, Cambridge.

Moore, T.J., 2016, „Music in Roman Tragedy", in: S. Frangoulidis/ S.J. Harrison/ G. Manuwald (Hg.), Roman Drama and its Contexts, Trends in Classics Suppl-Bd. 34, Berlin/ Boston, 345-362.

Morelli, G., 2011, Caesii Bassi De metris. Atilii Fortunatiani De metris Horatianis, vol. I: Introduzione, testo critico e appendice, Bibliotheca Weidmanniana Bd. VI.11.1, Hildesheim.

Müller, C.F.W., 1869, Plautinische Prosodie, Berlin.

Muñoz, A.-I. (Hg.), 2020, Autour de l'enjambement, Caen.

Musäus, I., 2018, „Metrik und Musik", in: Frisch, M. (Hg.), Metrik im altsprachlichen Unterricht, Ars Didactica 4, Speyer, 311-345.

Neumaier, W., 1989, Antike Rhythmustheorien. Historische Form und aktuelle Substanz, Heuremata 11, Amsterdam.

Norberg, D., 1958, Introduction à l'étude de la versification latine médiévale, Studia Latina Stockholmensia 5, Stockholm.

Norden, E., 1957, P. Vergilius Maro Aeneis Buch VI, 4. Aufl. (neu mit dem Text der 2. Aufl. 1915 verglichen), Darmstadt.

Nougaret, L., 1948, Traité de métrique latine classique, Nouvelle Collection, à l'Usage des Classes 36, Paris (Ndr. 1977).

Ophuijsen, J.M.van, 1987, Hephaistion on Metre. A Translation and Commentary, Mnemosyne Suppl. 100, Leiden.

Palmer, L.R., 2000, Die lateinische Sprache. Grundzüge der Sprachgeschichte und der historisch-vergleichenden Grammatik, aus dem Engl. übers. von J. Kramer, Hamburg (engl. Orig. The Latin Language, London 1954).

Pinheiro Hasegawa, A., 2024, „Iconic Word Order in Horace's *Odes*", in: P. Dainotti/ A. Pinheiro Hasegawa/ S. Harrison (Hg.), Style in Latin Poetry, Trends in Classics Suppl.-Bd. 159, Berlin/ Boston, 149-168.

Platnauer, M., 1951, Latin Elegiac Verse. A Study of the Metrical Usages of Tibullus, Propertius and Ovid, Cambridge (Ndr. Hamden, Conn. 1971).

Pöhlmann, E./ West, M.L. (Hg.), 2001, Documents of Ancient Greek Music. The Extant Melodies and Fragments, edited and transcribed with commentary by E. Pöhlmann/ M.L. West, Oxford (Ndr. 2009).

Questa, C., 1967, Introduzione alla metrica di Plauto, Testi e manuali per l'insegnamento universitario del latino 4, Bologna.

Questa, C., 2007, La metrica di Plauto e di Terenzio, Urbino.

Radke, G., 1981, Archaisches Latein. Historische und sprachgeschichtliche Untersuchungen, Erträge der Forschung 150, Darmstadt.

Radke, A.E., 2018, „Dichten und Dichtung im Lateinunterricht – eine Vision ganzheitlichen Lateinunterrichts", in: Frisch, M. (Hg.), Metrik im altsprachlichen Unterricht, Ars Didactica 4, Speyer, 347-377.

Raven, D.S., 1965, Latin Metre, London (Ndr. 2001).

Richter-Reichhelm, J., 2010, Spirans cum liquida. Eine Untersuchung zur römischen Metrik, 3., verb. und erw. Aufl., München.

Riemer, P./ Weißenberger, M./ Zimmermann, B., 2000, Einführung in das Studium der Gräzistik, C.H. Beck Studium, München.

Rios, R. da, 1954, Aristoxeni Elementa harmonica, Scriptores graeci et latini, Rom.

Ritschl, F., 1867-1879, *Opuscula Philologica*, Bde. I-V, Leipzig.

Robbins, E., 1999, „Lyrik I. Griechisch", in: DNP 7, 586-591.

Ross, J., 1818, A Short, Plain, Comprehensive, Practical Latin Grammar, Comprising All the Rules and Observations Necessary to an Accurate Knowledge of the Latin Classics, Philadelphia.

Rossi, L.E., 1975, „Verskunst", in: Ziegler, K./ Sontheimer, W./ Gärtner, H. (Hg.), Der Kleine Pauly, Bd. 5, München, 1210-1218.

Rubenbauer, H./ Hofmann, J.B., 1995, Lateinische Grammatik, neu bearbeitet von R. Heine, 12., korr. Aufl., Bamberg/ München (Ndr. 2014).

Scherr, V.U.G., 1991, Aufführungspraxis Vokalmusik. Handbuch der lateinischen Aussprache, Klassisch – Italienisch – Deutsch, mit ausführlicher Phonetik des Italienischen, Kassel/ Basel/ London/ New York (5., erw. Aufl. 2018).

Schmitt, A., 1953, Musikalischer Akzent und antike Metrik. Zwei Vorträge, Münster.

Schönberger, A., 2008, Die *Ars minor* des Aelius Donatus. Lateinischer Text und kommentierte deutsche Übersetzung einer antiken Elementargrammatik aus dem 4. Jahrhundert nach Christus, Bibliotheca Romanica et Latina VI, Frankfurt a. Main.

Schönberger, A., 2009, Die *Ars maior* des Aelius Donatus. Lateinischer Text und kommentierte deutsche Übersetzung einer antiken Lateingrammatik des 4. Jahrhunderts für den fortgeschrittenen Anfängerunterricht, Bibliotheca Romanica et Latina VII, Frankfurt a. Main.

Schönberger, A., 2016a, „Zur Aussprache, Schreibung und Betonung des Lateinischen – Weshalb der *Pronuntiatus restitutus* in einigen Punkten falsch ist", in: Forum Classicum 1/2016, 12-18.

Schönberger, A., 2016b, „Der *Pronuntiatus restitutus* ist teilweise falsch. Eine Entgegnung auf Jürgen Blänsdorfs Verteidigungsversuch", in: Forum Classicum 4/2016, 221-230.

Schroeder, O., 1929, Nomenclator Metricus. Alphabetisch geordnete Terminologie der griechischen Verswissenschaft, Heidelberg.

Sicking, C.M.J., 1993, Griechische Verslehre, Handbuch der Altertumswissenschaften II,4, München.

Siedow, A., 1911, De elisionis aphaeresis hiatus usu in hexametris Latinis ab Ennii usque ad Ovidii tempora, Greifswald.

Skutsch, O., 1934, Prosodische und metrische Gesetze der Iambenkürzung, Göttingen.

Skutsch, O., 1985, The Annals of Q. Ennius, ed. with introduction and commentary by O. Skutsch, Oxford, 1985.

Snell, B., 1982, Griechische Metrik, 4., neubearb. Aufl., Göttingen (Ndr. 2010).

Sommer, F., 1977, Handbuch der lateinischen Laut- und Formenlehre, Bd. 1: Einleitung und Lautlehre, 4., neu bearb. Aufl. von R. Pfister, Heidelberg.

Soubiran, J., 1959, „*Intremere omnem* et *Si bona norint*. Recherches sur l'accent de mot dans la clausule de l'hexamètre latin", in: Pallas 8, 23-56.

Soubiran, J., 1966, L'élision dans la poésie latine, Études et commentaires 63, Paris.

Soubiran, J., 1988, Essai sur la versification dramatique des Romains. Sénaire iambique et septénaire trochaïque, Paris.

Spaltenstein, F./ Bianchi, O. (Hg.), 2004, Autour de la césure. Actes du colloque Damon des 3 et 4 novembre 2000, sous la direction de M. Steinrück et A. Lukinovich, Echo 3, Bern u. a.

Spangenberg, W., 1621, Sämtliche Werke, unter Mitwirkung von A. Tarnai hg. von A. Vizkelety, Bd. V, Anmuetiger Weißheit LustGarten 1, Darinnen die Vornemesten / der Teutschen Nation bekandte / Baeume etc., Straßburg (Ndr. Berlin/ New York, 1982).

Stachon, M., 2022, „Terentianus Maurus und andere Metriker über den Ursprung und die Gestalt des heroischen Hexameters", in: Rheinisches Museum für Philologie 165, 156-201.

Stachon, M., 2024, Christian Friedrich Ruppe, Q. Horatii Flacci Odae IV et alia Ode in Laudem Musicae, descriptae modis musicis vocis et instrumenti dicti piano-forte / Four Odes of Horace and Another Ode in Praise of Music, set to music for voice and piano / Vier Oden des Horaz und eine weitere Ode auf die Musik, vertont für Gesang und Klavier (1803), Wilmington.

Stachon, M., 2025, Michael, Undeviginti Odarum Horatianarum Melodiae (1526). Tonsätze zu den neunzehn lyrischen Versmaßen des Horaz und weitere Stücke anonymer Komponisten im Stile der Humanistenoden nach den Quellen neu hg. und mit einem einführenden Essay zur Geschichte der humanistischen Odenkomposition versehen, Dresden.

Steinrück, M., 2003, „Zum Rhythmus der homerischen Verse", in: Studia Humaniora Tartuensia 4, 1-19.

Stroh, W., 1979, „Der deutsche Vers und die Lateinschule", in: Antike & Abendland 25, 1-19.

Stroh, W., 1981, „Kann man es lernen, lateinische Verse zu sprechen?", in: Neukam, P. (Hg.), Begegnungen mit Neuem und Altem, Dialog Schule-Wissenschaft, Klassische Sprachen und Literaturen 15, München, 62-89.

Stroh, W., 1990, „Arsis und Thesis, oder: Wie hat man lateinische Verse gesprochen?", in: Albrecht/ Schubert, 1990, 87-116.

Stroh, W., 1994, „Hilfen zum Lateinsprechen. Bibliographie von hundert ausgewählten Titeln", in: Der Altsprachliche Unterricht 37/5, 87-90.

Stroh, W., 2007a, Latein ist tot, es lebe Latein! Kleine Geschichte einer großen Sprache, Berlin.

Stroh, W., 2007b, Proben lateinischer Verskunst. Gesprochen und erläutert von W. Stroh, 2 CDs mit Beiheft (2. durchges. und ergänzte Aufl. München), Antike zum Begreifen, Hochheim.

Stroh, W., 2009, Die Macht der Rede. Eine kleine Geschichte der Rhetorik im alten Griechenland und Rom, Berlin.

Strzelecki, W., 1938, De Senecae trimetro iambico quaestiones selectae, Krakau.

Strzelecki, W., 1952, „De re metrica tragicorum Romanorum quaestiones", in: Tragica I, Travaux de la Société des Sciences et des Lettres de Wrocław, 41-66.

Sturtevant, E.H., 1919, „The Coincidence of Accent and Ictus in the Roman Dactylic Poets", in: Classical Philology 14, 373-385.

Swift, L./ Carey, C. (Hg.), 2016, Iambus and Elegy. New Approaches, Oxford.

Syndikus, H.P., 2001, Die Lyrik des Horaz. Eine Interpretation der Oden, 2 Bde., 3., völlig neu bearb. Aufl., Darmstadt.

Szlezák, T.A., 2010, Was Europa den Griechen verdankt. Von den Grundlagen unserer Kultur in der griechischen Antike, UTB, Tübingen.

Tagliavini, C., 1973, Einführung in die romanische Philologie, aus dem Ital. übers. von Meisterfeld, R./ Petersen, U., München (ital. Orig.: Le origini delle lingue neolatine. Introduzione alla filologia romanza, 6. Aufl., Bologna 1972).

Thraede, K., 1978, Der Hexameter in Rom. Verstheorie und Statistik, Zetemata 71, München.

Tilg, S./ Harter, B. (Hg.), 2019, Neulateinische Metrik. Formen und Kontexte zwischen Rezeption und Innovation, NeoLatina 33, Tübingen.

Tola, E., 2001, „La négation monosyllabique en début de vers: un cas particulier, le livre II des Tristes", in: Dangel, 2001, 121-138.

Tordeur, P., 1992, „Réflexions sur la rime", in: Latomus 51, 315-328.

Traina, A., 2002, L' alfabeto e la pronunzia del latino, Testi e manuali per l'insegnamento universitario del latino 1, 5. Aufl., Bologna (1. Aufl. 1957).

Vandvik, E., 1937, Rhythmus und Metrum, Akzent und Iktus, Symbolae Osloenses Suppl. 8, Oslo.

Walter, H., 2002, Rezension zu Boldrini, 1999, in: Gnomon 74, 497-501.

Walther, H., 1963-1967, PROVERBIA SENTENTIAEQUE LATINITATIS MEDII AEVI – Lateinische Sprichwörter und Sentenzen des Mittelalters in alphabetischer Anordnung, gesammelt und hg. von H. Walther, CARMINA MEDII AEVI POSTERIORIS LATINA Bde. II,1-5, Göttingen.

Wander, K.F.W., 1867-1880, Deutsches Sprichwörter-Lexikon. Ein Hausschatz für das deutsche Volk, 5 Bde., Leipzig (Ndr. 2007).

Weis, H., 1941, Jocosa. Lateinische Sprachspielereien, ges. u. erl. von H. Weis, 3. Aufl. München (5., erw. Aufl. 1952).

West, D., 2002, Horace *Odes* III: *Dulce Periculum*, Text, Translation and Commentary, Oxford.

West, M.L., 1982, Greek Metre, Oxford.

West, M.L., 1992, Ancient Greek Music, Oxford (Ndr. 2005).

West, M.L., 2000, „Metrik V. Griechisch", in: DNP 8, 115-122.

West, M.L., 2007, Indo-European Poetry and Myth, Oxford (Ndr. 2008).

Westphal, R.G.H., 1866, Scriptores metrici Graeci, vol. I, Leipzig.

Wilamowitz-Moellendorff, U.v., 1921, Griechische Verskunst, Berlin (Ndr. 1984).

Wili, W., 1948, Horaz und die augusteische Kultur, Basel (Ndr. 1966).

Wilkinson, L.P., 1963, Golden Latin Artistry, Cambridge (Ndr. 1985).

Wille, G., 1954, „Zur Musikalität der alten Römer", in: Archiv für Musikwissenschaft 11, 71-83.

Wille, G., 1967, Musica Romana. Die Bedeutung der Musik im Leben der Römer, Amsterdam.

Woodman, T., 1974, „*EXEGI MONVMENTVM*: Horace, *Odes* 3. 30", in: Woodman, T./ West, D. (Hg.), Quality and Pleasure in Latin Poetry, Cambridge, 115-128.

Yeh, W., 2001, „Les monosyllabes initiaux dans les distiques élégiaques latins", in: Dangel, 2001, 99-119.

Zaminer, F., 1989, „Musik im archaischen und klassischen Griechenland", in: Riethmüller, A./ Zaminer, F. (Hg.), Die Musik des Altertums, Neues Handbuch der Musikwissenschaft 1, Laaber, 113-206.

Zaminer, F., 2000, „Musik IV: Griechenland", in: DNP 8, 520-533.

Zeleny, K., 2008, Itali Modi. Akzentrhythmen in der lateinischen Dichtung der augusteischen Zeit, mit einer Audio-CD, Wiener Studien Beiheft 32, Wien.

Zgoll, C., 2004, Phänomenologie der Metamorphose. Verwandlungen und Verwandtes in der augusteischen Dichtung, Classica Monacensia 28, Tübingen.

Zgoll, C., 2009, „Ilia und Anio bei Ovid, *Amores* 3,6: Eine amphibolische Vermählung", in: Studia Humaniora Tartuensia 10.A.4, 1-49.

Zgoll, C., 2016, „Der Koloss von Rom: Ein Weltwunder aus Worten (Horaz, Ode 3,30)", in: Gymnasium 123, 597-630.

Zgoll, C., 2017, Rezension zu: Foucher, A., 2013, Lecture ad metrum, lecture ad sensum: études de métrique stylistique, Collection Latomus 341, Bruxelles, in: Gnomon 89/2, 2017, 120-123.

Zinn, E., 1940, Der Wortakzent in den lyrischen Versen des Horaz, München (Ndr. Zürich/ New York 1997, Spudasmata 65, mit einem Nachw. zur Neuaufl. von W. Stroh).

Zirin, R.A., 1970, The Phonological Basis of Latin Prosody, The Hague/ Paris.

Zuntz, G., 1984, „Wie spricht man griechische Verse?", in: Zuntz, G., Drei Kapitel zur griechischen Metrik, Sitzungsberichte der Österr. Akad. der Wiss., Philosoph.-Hist. Klasse Bd. 443, Wien, 5-27.

3. Hinweise auf weitere Medien und Internetseiten

Für knappe Hinweise auf fachdidaktische Literatur und auf Ton- und Bildaufnahmen s. die z. T. kommentierten Einträge bei Hengelbrock, 2009, 4 f und 13 f. Die CDs von Stroh (2003 und 2007b) sind auch dort erwähnt. Ein E-Learning-Modul zur Einführung in die lateinische Metrik hat Fabian Zogg erarbeitet (https://www.fabianzogg.ch/latmetrik/index.html, Abruf am 25.2.2025). Die unten angeführten Beispiele für griechische Musik bzw. die Rezitation griechischer Verse sind eine Zugabe für diejenigen, die einmal über den Tellerrand der lateinischen Metrik hinausschauen wollen. Weitere Hinweise auf Vertonungen findet man in der Rezension zur 1. Auflage des vorliegenden Buches von Lingenberg (Bryn Mawr Classical Review 2013.05.23, Anmerkung 12), und in der „Diskographie" von Musäus, 2018, 344 f. Im Rahmen eines DFG-Forschungsprojekts „Griechische und lateinische Poesie der Antike in der Musik der Neuzeit" gibt Markus Stachon Musikeditionen mit Partituren heraus (bspw. sind Stachon 2024 und 2025 über seine Homepage https://www.klassphil.uni-mainz.de/stachon/ als Volltexte erhältlich, Abruf am 27.2.2025); zu Vertonungen antiker Texte vom Barock bis zur Gegenwart s. auch Draheim, 1981. Vollständigkeit ist hier nicht angestrebt; inzwischen sind außerdem Medien wie *youtube* erfolgversprechende Anlaufstellen für Recherchen zu Rezitationen oder Vertonungen antiker Texte geworden (s. bspw. https://www.youtube.com/@musisamicus8960, den Kanal „Musis amicus" von Markus Flaig, oder www.youtube.com/@ScholaCatilina, den Kanal „Schola Catilina" von Sabú Gudrich, beide abgerufen am 25.2.2025, um nur zwei sehr unsystematisch herausgegriffene Beispiele zu nennen).

Glau, K., 1998, Rezitation griechischer Chorlyrik. Die Parodoi aus Aischylos' Agamemnon und Euripides' Bakchen als Tonbeispiel auf CD mit Text und Begleitheft, Bibliothek der klassischen Altertumswissenschaft, N. F. 2/101, Heidelberg.

Hagel, S./ Harrauer, C. (Hg.), 2005, Ancient Greek Music in Performance, Book & Audio CD, Wien.

Henke, R./ Menze, M. (Hg.), 2014, Recitationes. Hörbeispiele aus der lateinischen und griechischen Literatur der Antike. Mit Einführung in Metrik und Klauseln, unter Beratung und Mitwirkung von H.-D. Blume, Münster.

Kimm, K., 2009, Vivamus! Zehn lyrische Gedichte, vertont und zur Harfe gesungen von Katharina Kimm. Mit Übersetzungen und einer Einführung in die antike Metrik von Dr. Christian Zgoll, Audio-CD im Selbstverlag, Göttingen.

Kimm, K., 2010, Carmina viva, Audio-CD im Selbstverlag, Göttingen.

Kimm, K., 2011, Lieder von Catull und Horaz. Lateinische Lyrik, gesungen zur Harfe, Audio-CD, Göttingen.

Knaus, W./ Pöschl, V., 1972, Terenti Adelphoe, CD 1 lateinisch, CD 2 deutsch, lateinische Fassung von W. Knaus und V. Pöschl, übers. und bearb. von W. Knaus, Bayerischer Rundfunk/ FWU, München.

Novák, J., 1991, Cantica Latina, Bariton: Andreas Näck, Klavier: Wilhelm Pfaffel, Live-Mitschnitt vom 3. Sept. 1991 auf CD (Marktoberdorf im Allgäu), Otter-Records, Regensburg.

Stroh, W., 2003, Vergilii Aeneidos liber IV – Vergils Didobuch, lateinisch gesprochen von W. Stroh, Audio-CD, Antike zum Begreifen, Hochheim. Ebenso: Stroh, W., 2007b (s. Kapitel VIII,2).

Zeleny, K., 2008 (s. Kapitel VIII,2), Audio-CD als Beilage mit von der Autorin gelesenen Versen (Hor. *carm.* 1,10; 4,11; Catull. 11; Ov. *met.* 10,243-297; Ov. *rem.* 1-40).

Ziegler, K., 2005, Griechische Verse – Griechische Prosa: Homer – Sophokles – Aristophanes, Xenophon – Thukydides – Platon, vorgetragen von K. Ziegler, Audio-CD, Hildesheim/ Zürich/ New York.

Erwartungsgemäß nimmt die Anzahl an Seiten im Internet zu, die, kritisch benutzt, Hilfestellungen für die Analyse lateinischer (und griechischer) Verse bieten können. Stellvertretend sollen hier genannt sein (Abruf jeweils am 28.2.2025):

https://hypotactic.com/: Internetseite „Greek and Roman Verse, Audio-Visually Enhanced" von David Chamberlain, mit metrischen Analysen von über 250000 griechischen und lateinischen Versen, z. T. mit Vertonungen bzw. Rezitationen.

https://www.lucius-hartmann.ch/unterricht/altesprachen/verse/verse.php: Ein Tool auf der Homepage von Lucius Hartmann mit dem Titel „Griechische und lateinische Verse analysieren".

https://romancomedy.wustl.edu/: Internetseite von Timothy J. Moore, „a database of all metrical units (passages in an individual meter) in the extant plays of Plautus and Terence except for the fragmentary *Vidularia*".

4. Namens-, Sach- und Stellenregister

Seitenzahlen für Stellenangaben sind kursiviert.

J

K